核実験禁止の研究
―― 核実験の戦略的含意と国際規範 ――

一 政 祐 行

核実験禁止の研究
—— 核実験の戦略的含意と国際規範 ——

学術選書
160
国際法

信 山 社

はしがき

　本書は，従来はあまり体系的に論じられてこなかった核実験の歴史的変遷と，それに対する国際条約による禁止の歩みについて，国際政治，国際法及び安全保障論の視座から再検討し，今日の国際政治環境下での核実験の戦略的含意及び，その包括的禁止の意義を分析した研究書である。

　核兵器を開発しようとする国が核実験を行う前提には，必ず軍事的な動機が存在し，国内政治・国際政治上の様々な戦略的考慮がなされている。しかしながら，これまでに国際法の研究対象として，或いは核軍縮外交論として核実験禁止を扱った優れた先行研究は数多くあれども，核実験そのものの歴史や政治，外交安全保障政策，そして戦略上の含意にまで踏み込んだ研究は殆ど行われてこなかった。特に，戦略兵器としての核兵器開発において，各国でいかなる考慮のもとに核実験が行われるのか，そして外交安全保障政策上，どのような条件下で核実験実施に踏み切る政治的判断が行われてきたのかといった論点は，多くの場合，見過ごされてしまっていた。

　以上の問題意識のもとに，本書は部分的核実験禁止条約（PTBT，1963年締結）や包括的核実験禁止条約（CTBT，1996年署名開放，2018年現在も未発効）などの国際条約によって，禁止される対象として既に所与のものとなって久しい核実験の本質を，国際政治，国際法，そして安全保障論の観点から改めて見つめなおすことを提案するものである。核実験とその禁止にかかる広範な論点を網羅するべく，本書は序章以降，以下に述べる8つの章から構成される。はじめに，序章では核実験の戦略的含意と，核実験禁止の意義に対する研究視角を述べる。第1章「核実験とは何か」は，これまでの世界の核実験の全体像を概観しつつ，主に米国の事例を中心に，核兵器開発のための核実験の歴史を時代ごとの国際安全保障環境の影響も踏まえて解き明かす。第2章「核実験禁止の試み」ではPTBT，地下核実験制限条約（TTBT），平和目的核爆発条約（PNET），そしてCTBTへと至る，核実験の制限や禁止のための多国間合意の形成と，合意遵守の検証を巡る論点を検討する。第3章「核実験の探知と検証の論理」から第4章「CTBTの検証制度」，そして第5章「核実験査察を巡る

はしがき

問題」では，核実験の探知と検証に求められる技術的検討の経緯と，そうした検討の成果としての今日のCTBTの検証制度について多角的に分析し，今後の課題を指摘する。第6章「CTBT署名開放以後の核実験」は，インド，パキスタン，北朝鮮による核実験に焦点を当て，これらの核実験が示唆するものも含めて，核実験の持つ戦略的含意とは何かを考察する。第7章「CTBT発効の見通し」では，CTBT発効の鍵である米国での条約批准を巡る議論の変遷を辿るほか，残された発効要件国であるイスラエル，エジプト，イラン，中国，インド，パキスタン，北朝鮮のCTBTに対する姿勢の分析を試みる。そして第8章「終章」として，核兵器国や実質的な核兵器保有国で核実験のモラトリアムが長期化し，それぞれの備蓄された核兵器の老朽化が進むなか，核実験禁止の国際的な取り組みが今後直面するであろう課題を明らかにする。また，この第8章では，日本国内における核実験監視の取り組みについても概観する。

2018年6月

一政　祐行

目　次

はしがき

序章　核実験の戦略的含意とその包括的禁止の意義 ……………… 3

第1章　核実験とは何か ……………………………………………… 9
1　何を目的に核実験が行われるのか ……………………………… 9
2　5核兵器国（N5）による核実験の概要 ………………………… 10
　（1）米　　　国（*11*）
　（2）ソ　　　連（ロシア）（*11*）
　（3）英　　　国（*12*）
　（4）フ ラ ン ス（*12*）
　（5）中　　　国（*12*）
3　ケーススタディ　米国の核実験史1：大気圏内核実験の時代 ………… *13*
4　ケーススタディ　米国の核実験史2：地下核実験の時代 …………… *32*
5　イスラエルと南アフリカ ………………………………………… *41*

第2章　核実験禁止の試み ………………………………………… *51*
1　部分的核実験禁止条約（PTBT）………………………………… *51*
2　地下核実験制限条約（TTBT）…………………………………… *56*
3　平和目的核爆発条約（PNET）…………………………………… *60*
4　包括的核実験禁止条約（CTBT）………………………………… *62*

第3章　核実験の探知と検証の論理 ……………………………… *71*
1　包括的な核実験禁止に向けた技術的検討 ……………………… *72*
2　CTBTが探知すべき地下核実験の物理的特徴 ………………… *74*
3　デカップリング技術 ……………………………………………… *79*
4　核実験場について ………………………………………………… *81*

目　次

　　5　核実験が行われた証拠とは……………………………………… 82
　　6　未臨界実験……………………………………………………… 87

第4章　CTBTの検証制度 …………………………………………… 93
　　1　国際監視制度（IMS）…………………………………………… 93
　　2　協議と説明（C&C）…………………………………………… 97
　　3　信頼醸成措置（CBM）………………………………………… 97
　　4　現地査察（OSI）………………………………………………… 98
　　5　技術刷新に向けた検討課題…………………………………… 104

第5章　核実験査察を巡る問題 …………………………………… 109
　　1　OSIの制度確立の問題点……………………………………… 110
　　2　対立する権利義務の構造……………………………………… 113
　　3　OSI運用手引書………………………………………………… 120
　　4　他の軍備管理・軍縮条約における査察の扱い……………… 121
　　5　主権国家に対するOSIの要件——査察関連情報と機微情報の保護——… 141
　　6　査察団と被査察国との「せめぎ合い」を巡る考察………… 145
　　7　OSI演習を通じた制度整備と人材育成……………………… 154

第6章　CTBT署名開放以後の核実験 …………………………… 159
　　1　インドの核実験………………………………………………… 159
　　2　パキスタンの核実験…………………………………………… 163
　　3　北朝鮮の核実験………………………………………………… 167
　　4　問い直される核実験の戦略的含意…………………………… 186

第7章　CTBT発効の見通し ……………………………………… 193
　　1　CTBT発効要件国としての米国……………………………… 193
　　　（1）米国歴代政権の包括的な核実験禁止へのアプローチ（193）
　　　（2）備蓄核兵器の信頼性維持と核実験再開に向けた「セーフガード」（202）

2　その他の発効要件国の姿勢 …………………………………………… 208
　　　（1）イスラエル・エジプト・イラン（*209*）
　　　（2）中　　国（*212*）
　　　（3）インド・パキスタン（*216*）
　　　（4）北　朝　鮮（*220*）

第8章　終　　章 …………………………………………………………… 223
　　1　包括的な核実験禁止を巡る取り組みの現在と未来 ………………… 223
　　2　日本国内における核実験監視の取り組み …………………………… 231

あ と が き ……………………………………………………………………… *235*

謝　　辞（*241*）

核実験禁止の研究
――核実験の戦略的含意と国際規範――

序章　核実験の戦略的含意とその包括的禁止の意義

　冷戦期，米国とソ連が互いに核実験を続ける背景にある「軍事的な魅力」，即ちなぜ核実験を行うのかという問題を巡って，1972年にストックホルム国際平和研究所（Stockholm International Peace Research Institute: SIPRI）が提示した四つの仮説[1]がある。今を遡ること40年以上も前の仮説ではあるが，当時，世界で公然と核兵器を保有する国は5カ国（米国，ソ連，英国，フランス，中国）の時代であり，米ソは20年以上の核実験史を有する一方，仏中は，まだ核兵器の開発・保有から何年も経過していないという，同じ核兵器国同士でも相当の技術格差が見える状況であった。こうしたなかで，核実験を行う軍事的な魅力の第一に挙げられたのが，「核兵器の信頼性検証実験（兵器として運用するための信頼性や安全性の検証の意）」だとされたのは興味深い。実際に今日に至るまで，備蓄核兵器の信頼性維持のために，核兵器国では折々に核実験が行われており，これは昨今の米国での核弾頭の信頼性維持を巡る議論でも散見される[2]ポイントである。しかしながら，（当時）可動部分のない核弾頭において，核関連部分を外しても全体の装置の作動は実験可能であり，また兵器用核分裂性物質の製造や，その化学的な完全性に関しても通常の科学的手法で検査ができるとして，SIPRIは信頼性検証目的での核実験について懐疑的な評価を行っている。

　軍事的魅力の二つ目は，「核兵器の実証としての核実験（兵器としての強い威力，或いは性能を確認する実験の意）」である。実験の効果は，核出力（yield）を一層大きくして，さらなる核抑止力の獲得を期待できる兵器を開発すること

---

[1] 　ストックホルム国際平和研究所（編）『核時代の軍備と軍縮』服部学（訳），時事通信社，1979年，195-196頁。SIPRIは核兵器開発競争の実態に鋭く迫り，各国の軍備にも踏み込んだ『SIPRI年鑑』を毎年刊行してきたことで世界的にも著名なスウェーデンのシンクタンクである。

[2] 　"Stockpile Stewardship Under the CTBT," Project for the CTBT website, projectforthectbt.org/stockpile.

序章　核実験の戦略的含意とその包括的禁止の意義

なのか，それとも戦闘力を強化するための，より実戦的な兵器体系の構築を目指すのかによっても異なるとされる。1996年の包括的核実験禁止条約（Comprehensive Nuclear Test-Ban-Treaty: CTBT）の署名開放に前後して，核兵器不拡散条約（Nuclear Non-Proliferation Treaty: NPT）が定める5核兵器国（以下，N5）の核実験モラトリアム（一時停止）が宣言され，今日に至っていることからも，N5に関する限り，既に核兵器の実証にかかる核実験の価値はさほど大きなものではないと見ることもできよう。他方，1996年以降に核実験を行ったインドやパキスタン，北朝鮮を念頭におくならば，依然として核兵器の実証としての実験に価値を見出す国，新たに核兵器の開発・保有を狙う国が存在すると考えざるを得ない。なお，SIPRIは当時の米ソ両国の文脈において，核兵器の長い研究開発の歴史と，既に様々なバリエーションの核兵器を保有している実績に加えて，戦闘用の兵器体系にはその他の多くの技術的側面や戦術，練度なども加味して捉える必要があるため，核弾頭の細かな特性そのものは，実は最重要の事柄ではないと指摘している。こうして見ると，SIPRIの唱えた仮説から40年以上が経過して，N5の核兵器開発状況も40年前の当時の米ソ並のレベルに達し，新規に核兵器の実証実験を行うことへの需要自体，相対的に低減されたとも言えよう。

核実験の軍事的魅力の三つ目は，「効果の実験」である。これは核爆発によって，実際に材料や電子工学装置，防御措置に対する生存可能性などを試験するものである。この点で部分的核実験禁止条約（Partial Test Ban Treaty: PTBT）以前と，それ以後の核実験の事例に鑑みれば，効果の実験はPTBT発効以後，大きく役割を縮小したと考えざるを得ない。かかる論点は第1章で詳しく述べるとおり，米国の大気圏内核実験において，その折々の核実験のデザインや，実施形態の試行錯誤の歴史を見れば明白だと考えられる。

そして最後に四つ目として，SIPRIは核実験の軍事的魅力において，例えばレーザー点火の純核融合爆弾，中性子爆弾，威力対重量比を大幅に改善した小型核兵器といったような，当時として全く新しい原理の兵器設計のための実験を含む「研究開発用の実験」[3]を挙げている。

---

(3)　ストックホルム国際平和研究所（編）『核時代の軍備と軍縮』服部学（訳），時事通信社，1979年，195-196頁。なお，こうした核実験の意義を踏まえた上で，SIPRIは4つ

序章　核実験の戦略的含意とその包括的禁止の意義

歴史的に見て，こうした核実験は公になっているものだけで，8カ国2,046回にのぼると報じられている[4]。なお，この数字にはいくつかのバリエーションがある。SIPRIが2006年の北朝鮮による最初の核実験までの間の核実験数を取りまとめた資料によれば，2,053回である[5]。この数字に北朝鮮が2009年，2013年，2016年，2017年に行った計5回の核実験を加えれば，合計核実験数は2,058回となる。他方，米国軍備管理協会（Arms Control Association: ACA）では，世界の核実験数を2017年9月現在で2,056回としている[6]。CTBT機関（Comprehensive Nuclear Test-Ban Treaty Organization: CTBTO）準備委員会では，世界の核実験実施数について正確な回数を表記しておらず，「2,000回以上」という表現にとどめている[7]。これらが意味するのは，核実験の実施を明確に把握することは必ずしも容易ではなく，また歴史的にも核実験が行われたか否か，未だに不明瞭なケースが残されているという現実である。勿論，こうした核実験に関して，その実施概要に関する大まかな記録は存在するものの，詳細については多くの場合，情報開示がなされていない。

さて，核実験がどれ程の頻度で実施されているかは，時代区分によってその様相が大きく異なる。例えば，米ソの核兵器開発競争の黎明期においては，今日よりも遙かに頻繁に，世界各地で核実験が行われていた。前述したSIPRIが1979年に行った当時の試算では，米国とソ連が初めて核実験を行って以来，30年間で約1,000回の核実験が記録されており，これは両国の核実験場で，概ね10日に1回の割合で核実験が行われたのと同じ計算となる[8]。しかし，これ

の仮説の全てに否定的な評価を下している。

(4) Kevin Schaul, "North Korea is the Only Country that has Performed a Nuclear Test in the 21st Century," *Washington Post*, September 3, 2017, www.washingtonpost.com/graphics/world/nuclear-tests/?utm_term=.d1971fecfa4d.

(5) "Table 12B.2. Estimated Number of Nuclear Explosions, 1945-2006," Stockholm International Peace Research Institute, www.ctbto.org/fileadmin/user_upload/pdf/Sipri_table12b.pdf.

(6) Daryl Kimball, "The Nuclear Testing Tally," Arms Control Association website, September 2017, www.armscontrol.org/factsheets/nucleartesttally.

(7) "World Overview," CTBTO Preparatory Commission website, www.ctbto.org/nuclear-testing/history-of-nuclear-testing/world-overview/.

(8) ストックホルム国際平和研究所（編）『核時代の軍備と軍縮』服部学（訳），時事通信社，1979年，56頁。

をCTBTが1996年に署名開放されて以降の20年間に区切ってみれば，1998年のインド（計5回。なおインド政府が発表した三つの核爆発装置の同時起爆は，3回の核実験を実施したものと同じとカウントする），パキスタン（計6回），2006年から2017年の北朝鮮の核実験（※本書執筆時点で計6回）で，合わせて17回となる。これを前述した1979年当時のSIPRIによる試算方式に当てはめるならば，CTBTが署名開放されて以来，概ね450日に1回の割合で核実験が行われたこととなる。この数字に対して，その全容が不明瞭な未臨界実験の実施回数を加えたとしても，米ソの核兵器開発競争当時の頻度と比べて，一桁違う数値上の差異が埋まる訳ではないであろう。国際規範を重視する視座から見れば，CTBTの署名開放によって，明らかに核実験の実施回数は激減したことになる。

それでは核実験の戦略的な含意は，米ソ核兵器開発競争が激化していた冷戦期当時と，CTBTが署名開放され，あらゆる核兵器の実験的爆発が禁止された今日とでどのような変化を遂げたのであろうか。そして，こうした核実験を禁止するための取り組みはいかなる経緯を辿り，現在に至っているのだろうか。そもそも包括的に核実験を禁止し，それを検証することはどの程度可能で，意義のあることなのだろうか。

このような問題意識のもと，本書はPTBT（1963年締結）やCTBT（1996年署名開放，2018年現在も未発効）などの国際条約により，禁止される対象として既に所与のものとなって久しい核実験の本質を，国際政治，国際法，そして安全保障論の観点から改めて見つめなおすことを提案するものである。具体的には，こうした核実験という，実は捉え方が非常に難しい核軍備の維持管理／拡張，或いは新たな核兵器開発に付随した，様々な技術調査ニーズを包括する行為を巡って考察する。そのために，核実験の長い歴史を紐解くことで，その時々の国際安全保障環境，当事国の脅威認識，仮想敵国との軍拡競争の状況などから，いかなるアプローチで核実験がデザインされ，実施に移されてきたのかをすくい上げる。この点について，情報の透明性が比較的高い米国の，なかでも大気圏内核実験の諸作戦に関わる情報の充実度は特筆に値する。当時の米国の核実験は，核実験そのものの持つ戦略的な含意を理解する上でも好適であり，近年まで相次いで行われてきた新たな地下核実験の，その当事国にとって

の価値や背景を読み解くためにも有益な視座をもたらしてくれる。

　そして，本書のもう一つの目的に，核実験をいかに禁止し，検証するかという大きなテーマを掲げたい。そもそも，核実験の制限，或いは禁止に関する国際的な取り組みは，当初，必ずしも核軍縮を追求したものではなかった。それは，あくまでも当事国の外交・安全保障上の需要を満たすべく，明確な目的のもとに交渉され，国際条約として積み重ねられてきたものであった。しかし，経緯がどうであれ，核実験の実施に関する制限や禁止が合意され，合意遵守の検証手段が核実験監視網として現実化するなか，将来の核軍縮を見据えた包括的な核実験の禁止の議論は，非同盟諸国を中心に大きな盛り上がりを見せ，確実にその勢いを強めてきた。そして遂に1996年に署名開放されたCTBTは，包括的な核実験の禁止を打ち出し，かつ前例のない地球規模での核実験監視網を構築することで，秘密裏に行われる核実験を暴き，その責任の所在を明らかにする検証制度を備えるに至っている。こうした紆余曲折を経た包括的な核実験禁止の取り組みだが，CTBTはその特異な発効要件を満たすことができず，過去20年にわたって未発効のままとなっている。条約交渉当時の予想よりも大幅に未発効期間が長期化するなか，核実験をいかに禁止し検証するかは，ここで立ち止まって改めて問い直されるべき重大な論点である。なぜCTBTは発効しないのか。そして，1963年のPTBTから数えれば，60年以上に及ぶ核実験禁止の国際的な取り組みが行われて，なおも核実験を行う国が後を絶たないのは何故なのか。本書の目的は，こうした基本的な問いに対して，政治的側面，法的側面，そして技術的側面から一つの解を見出すことにある。

※なお，本書の内容は筆者の研究者としての個人的見解であり，所属する組織を代表するものではない。

第1章　核実験とは何か

1　何を目的に核実験が行われるのか

　本書が焦点とする核実験とは，その多くが過ぎ去った軍事史であると同時に，より高度な技術基盤のもとに，今日まで連綿と続く核兵器の信頼性維持を目的とした技術試験に通じる行為である。また，同時に既に複数の国際条約によって制限や禁止の対象とされ，国際社会の技術的な監視網によって見張られた行為でもある。

　それがどのようなものであれ，核兵器を開発し，配備し，それを長期的に運用しようとする国が核実験を行う前提には，必ず軍事的な動機が存在し，国内政治・国際政治上の様々な戦略的考慮がなされている。これは洋の東西を問わず，冷戦期から今日に至るまで，ある種の普遍性すら認められる事実である。しかしながら，これまでに国際法の研究対象として，或いは核軍縮外交として核実験禁止を扱った議論は数多くあれども，核実験そのものの歴史や政治，外交安全保障政策，そして軍事戦略上の含意にまで踏み込んだ研究はほとんど行われてこなかった。この背景には，核実験や核兵器開発が多くの国において，秘密のヴェールに閉ざされた行為であったからに他ならない。特に，戦略兵器としての核兵器開発において，いかなる考慮のもとに核実験が行われるのか，そして外交安全保障政策上，どのような条件下で核実験実施に踏み切る政治的判断が行われてきたのかは，多くの先行研究で見過ごされてしまっていた。

　しかし，後述する米国の取り組みのように，軍事的に非常に機微な核実験のプロセスに対して，核実験関係者の被曝管理という観点から政府レベルでの検証が進み，その過程で核実験を巡って，ある程度の情報開示が行われるケースも出てきた。他方，自国の核兵器やその運搬手段の開発の取り組みに対して，米国や英国を舞台に，市民社会からも一定の透明性を求める動きが高まっ

第1章 核実験とは何か

た[9]。そして，こうした取り組みの成果として，核兵器国が過去どのような意図のもとに核兵器の開発と核実験を行ってきたのか，ある程度，外から推察できる素地が提供されることになった。

将来起こるであろう核拡散と，新たな核実験に備えるうえでも，核兵器開発の歴史は軽視すべきではないというのが本書の考え方である。過去の核実験を紐解き，核実験の形態や目的，その効果の測定などを振り返ることで，今日のCTBTが備える核実験監視・検証のための多国間インフラの意図や目的，そしてその限界について評価を行う新たな視座も生まれ得るのではないだろうか。

本節では，以下に歴史的な見地から各核兵器国の核実験を概観する。そして，なかでも情報公開が進んでいる米国の核実験史を基軸に，大気圏内から地下へと移行した核実験の諸相について考察する。その上で，核実験の実施を巡って諸説あるイスラエルと南アフリカの核兵器開発についても検討を行う。なお，インド，パキスタン及び北朝鮮の核実験については，第6章CTBT署名開放以後の核実験で詳述する。

2　5核兵器国（N5）による核実験の概要

人類史上，初めて行われた核実験から早70年が経過した今日，過去に実施された一連の核実験とその様相を辿ることは，必然的に歴史学的な色彩を帯びることになる。このとき，問題はその全容が必ずしも明らかではない点にある。こうした20世紀の核実験史について，その実施形態から核出力に至る概要を取りまとめたスウェーデン国防研究所（Swedish Defense Research Agency: FOI）とSIPRIのベリュクイストとフェルム（Bergkvist and Ferm）の報告書"Nuclear Explosions 1945-1998"[10]は，当該分野における重要な先行研究の一つである。国際原子力機関（International Atomic Energy Agency: IAEA）の

---

(9) こうした市民社会による核兵器の透明性を求めた取り組みも，冷戦期以来の膨大な蓄積がある。本書の執筆に際して参照した代表的な資料としては，米国科学者協会（Federation of American Scientists: FAS），英国アクロニム研究所（Acronym Institute），そして米国軍備管理協会（ACA）などの定期刊行物やweb上の資料が挙げられる。
(10) Nils-Olov Bergkvist and Ragnhild Ferm, "Nuclear Explosions 1945-1998," Defense Research Establishment Division of Systems and Underwater Technology, July 2000, www.iaea.org/inis/collection/NCLCollectionStore/_Public/31/060/31060372.pdf.

2　5核兵器国（N5）による核実験の概要

Webサイトで配布されている同報告書によれば，N5の核実験の概要は以下のとおりである。

(1) 米　国

米国はこれまでに全1,030回の核実験を行っている[11]。内訳としては，太平洋において106回（うち，101回が大気圏内核実験，5回が水中核実験），南太平洋で3回（いずれも大気圏内核実験），ネバダ核実験場で904回（うち100回が大気圏内核実験，804回が地下核実験），さらに米国国内各所において，17回の地下核実験が行われている（※なお，英国との協力として，ネバダ核実験場で24回の合同核実験の実施歴がある）[12]。

(2) ソ連（ロシア）

ソ連（ロシア）は全715回の核実験を行っており，その内訳はセミパラチンスク核実験場で456回（うち，116回が大気圏内核実験，340回が地下核実験），ノバヤゼムリアで130回（うち，88回が大気圏内核実験，3回が水中核実験，39回が地下核実験），そして，アルハンゲリスク，アストラハン，クラスノヤルスク，ムルマンスク地域といったその他のソ連邦各地域と，カザフスタン，トルクメニスタン，ウクライナ，ウズベキスタンにおける，主として平和目的核爆発に位置付けられる実験が129回となっている[13]。なお，WebサイトのNuclear Weapons Archive.orgによれば，米ソ両国ともに複数発を同時起爆させる核実験は，実験回数をそれぞれ1回とみなしてカウントする方式を採ってきたため，ソ連の場合，実際の核実験実施数は969回，また米国については，1,056回の核実験のために1,151の核爆発装置を使用した可能性（※核実験実施数は同Webサイトとしての取りまとめによるものであり，報告書"Nuclear Explosions

---

(11) Ibid., p.7. なお，同報告書では広島と長崎における原爆投下（核兵器の空中投下）も核実験として2回分カウントしている。しかし，例えば米国国防省においては，1970年代以降，これらは核兵器の実戦使用であったとして，明確にその他の核実験とは区別している。本書においても，以下，特に断りがない限り広島と長崎の事例は核攻撃であって，核実験ではないとのスタンスのもと，米国の核実験実施数から除外する。

(12) Ibid.

(13) Ibid., p.8.

第 1 章　核実験とは何か

1945-1998" の数値とは乖離がある。）があると指摘している[14]。

(3)　英　　国

英国は全 45 回の核実験を行っており，その内訳はオーストラリアで 12 回の大気圏内核実験，太平洋のマルデン島及びクリスマス島での 9 回の大気圏内核実験，米国との協力の下でネバダ核実験場において行った 24 回の地下核実験となっている[15]。

(4)　フランス

フランスは全 210 回の核実験を行っており，その内訳はアルジェリアで 17 回（うち，レッガーヌにおける 4 回が大気圏内核実験，イネケルでの 13 回が地下核実験），仏領ポリネシアのムルロアで 42 回の大気圏内核実験，138 回の地下核実験，ファンガタウファで 4 回の大気圏内核実験と 9 回の地下核実験となっている[16]。なお，フランスが最初の地下核実験を行うまでの核実験実施回数は僅か 5 回であり，同国初の大気圏内核実験から 1 年という極短期間での地下核実験の実施は，N5 においてもほかに例を見ないものである。

(5)　中　　国

中国はロプノールにおいて全 45 回の核実験を行っており，その内訳は 23 回の大気圏内核実験と 22 回の地下核実験となっている[17]。N5 において核兵器開発では後発国と見なせる中国だが，地下核実験に至るまでに要した大気圏内核実験の実施回数は 9 回となっている。

こと核実験に関する限り，情報の透明性で米国に比肩しうる核兵器国や実質的な核保有国は現時点で存在していない。具体的な核実験の目的や核出力，実験の様相に関する公開記録においても，米国とその他とでは，冷戦期から今日

(14)　"Soviet Nuclear Test Summary," Nuclear Weapons Archive.org website, October 7, 1997, nuclearweaponarchive.org/Russia/Sovtestsum.html.
(15)　Ibid., p.10.
(16)　Ibid., p.11.
(17)　Ibid.

に至るまで大きな格差がある。そのため、1945年に世界最初の核実験を行ない、過去、名実ともに世界で最も多くの核実験を実施した国である米国をケーススタディに取り上げ、以下、同国にとっての核実験の戦略的含意や国際政治上の意味、そしてその実践面における論理などについて検討することとしたい。

3　ケーススタディ　米国の核実験史1：大気圏内核実験の時代

　米国エネルギー省が2000年に公開した資料[18]によれば、同国が核実験を行なう目的を歴史的な観点から整理すると、①米英2カ国での共同実験、②平和目的核爆発を意味するプラウシェア（Plowshare）実験、③核兵器の安全性にかかる実験、④貯蔵と輸送、⑤米国国防省による地下核実験探知・同定・場所特定のための能力開発プログラムを意味するヴェラ・ユニホーム（Vela Uniform）実験、⑥兵器の効果、そして⑦兵器に関連する実験の全7項目に及ぶとされる。本書冒頭で引用したSIPRIによる4項目の整理（仮説）と比較すると、より広範な関心に基づいて核実験が行われてきたことが伺い知れて興味深いものがある。そして、これらの多岐に及ぶ核実験の実施目的は、今日では(1)核爆発装置のデータ収集、(2)軍の攻撃用及び防御用システムに対する核爆発の効果の測定、そして(3)英国のために行われる核実験の3項目へと収斂している[19]。ちなみに、米国も含めてN5が現在配備している熱核兵器（水爆）とは、多くの場合、構造も複雑で技術的に洗練された兵器である。そのため、こうした兵器を新たに開発しようとすれば、例えそれが米国やロシアといった国であろうとも、核実験を行わずに済ますことは、未だ非常に困難なことだとされている[20]。

　それでは、核実験とは実際にどのようなものであったのだろうか。過去に米国が実施した大気圏内核実験の実験形態についても、近年では情報公開が進ん

---

(18)　US Department of Energy Nevada Operation Office, "United States Nuclear Tests: July 1945 through September 1992（DOE/NV--209-REV15），" December 2000, nnsa.energy.gov/sites/default/files/nv_sweis/appendixH/DOE%202000.pdf, p.viii.

(19)　Ibid.

(20)　Nils-Olov Bergkvist and Ragnhild Ferm, "Nuclear Explosions 1945-1998," FOA Defense Research Establishment and Stockholm International Peace Research Institute, July 2000, www.iaea.org/inis/collection/NCLCollectionStore/_Public/31/060/31060372.pdf, p.13.

第 1 章　核実験とは何か

でいる。これらの大気圏内核実験形態について，米国エネルギー省が開示したところでは，鉄塔上（tower），地表（surface），気球からのつり下げ（balloon），空中投下（airdrop），空中爆発（airburst），はしけ（barge），ロケット（rocket）という分類・整理法が採用されている[21]。それぞれの実施回数について見れば，鉄塔上での核実験が最多で，その数は計 56 回となっている。これに次いで空中投下が 52 回，はしけが 36 回，地表が 28 回，気球からの吊り下げが 25 回，ロケットが 12 回，空中爆発が 1 回であり，合計数は 210 回となっている[22]。また，水中核実験としては，公式に計 5 回実施されている[23]。

さて，核実験の形態として鉄塔を用いたケースとしては，世界で最初の核実験となった 1945 年のニューメキシコ・アラゴモードにおけるトリニティ（Trinity）実験がまず挙げられる。同実験では，核爆発装置「ガジェット（Gadget）」を高さ約 213 メートル（m）（700 フィート（ft））の鉄塔上で爆発させ，19 キロトン（kt）の核出力を発揮したことが記録されている。そもそも，米国の核兵器開発プロジェクトとしてその名を知られたマンハッタン計画（Manhattan Project）のもと，トリニティ実験は核兵器の爆発と，その効果を検証する目的で行われていた[24]。この実験に続いて，同年 8 月 6 日と 8 月 9 日に広島と長崎に世界で初めて，米国の核攻撃（空中投下）が行われたが，このときの核出力はそれぞれ 13kt と 21kt であったと記録されている[25]。広島と長崎に投下された核兵器は，ウランを用いるガンバレル（gun barrel）型（右図[26]参照。なお，ガンアセンブリ（gun assembly）

図 1：ガンバレル型の模式図

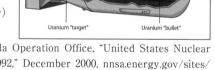

---

(21) U.S. Department of Energy Nevada Operation Office, "United States Nuclear Tests July 1945 through September 1992," December 2000, nnsa.energy.gov/sites/default/files/nnsa/inlinefiles/doe%20nv%202000e.pdf, p.xii.
(22) Ibid.
(23) Ibid.
(24) Defense Threat Reduction Agency, "NTPR Fact Sheet: Project Trinity," www.dtra.mil/Portals/61/Documents/NTPR/1-Fact_Sheets/6_TRINITY.pdf.
(25) "Types of Nuclear Weapons," CTBTO Preparatory Commission website, www.ctbto.org/nuclear-testing/types-of-nuclear-weapons/.
(26) 模式図の出典は以下のとおり。"The Physics of Nuclear Weapons," Stanford

3 ケーススタディ 米国の核実験史1：大気圏内核実験の時代

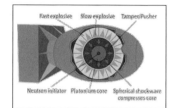

図2：爆縮型の模式図

型，或いは単純にガン型（gun-type）と呼ぶこともある。）のものと，プルトニウムを用いる爆縮（implosion）型（左図[27]参照。）という異なる設計方式によって組み上げられたものであった。言うまでもなく，前者はMk-1「リトルボーイ」，後者がMk-2「ファットマン」である。

なお，米国は1945年のトリニティ実験以後，1961年頃までの大気圏内核実験を，いずれもほとんど制約のない環境下で，その大半は兵器化されていない核爆発装置を用いて実施している[28]。

実際にトリニティ実験以後，1946年ビキニ環礁でのクロスローズ（Crossroads）作戦，1948年エニウェトク環礁でのサンドストーン（Sandstone）作戦のいずれも，米国本土を遠く離れた洋上へと実験場所を移している。クロスローズ作戦は，B-29爆撃機での核爆弾の空中投下による高度158m（520ft）での実験及び，海中27m（90ft）に設置した核爆発装置を起爆させる連続2回の核実験シリーズであった。当時，第二次世界大戦の戦果と教訓が検討されるなかで，ドイツのV-2ロケットと，重爆撃機による大都市への戦略爆撃は新たな時代の軍事戦略に結びつく技術的な発展とみなされていた。なかでも，まだ大きく重かった核兵器を搭載可能な，重爆撃機による戦略爆撃への評価は高かった[29]。こうした背景から，クロスローズ作戦において，B-29爆撃機による核爆弾の空中投下を中心に実験を行ったことは，核兵器とその運用戦略の検討が始まった黎明期において，まずは理に叶ったアプローチであったと言えよう。同実験には，長崎へ投下されたMk-2型と同型の核爆弾が用いられ，それぞれ核出力23ktを記録した。実験における起爆点には第二次世界大戦後に接収した日独両国の軍用艦船（「戦艦長門」や「重巡洋艦プリンツオイゲン（Prinz

---

University website, ee.stanford.edu/~hellman/sts152_02/handout02.pdf.
(27) Ibid.
(28) L. Berkhouse, et al., "DNA6034F: Operation Greenhouse 1951," report prepared by the Defense Nuclear Agency as Executive Agency for the Department of Defense, June 15, 1983, p.22.
(29) Lawrence Freedman, *The Evolution of Nuclear Strategy 3rd Edition*, Palgrave Macmillan, 2003, pp.21-23.

Eugen)」）を含む米軍の老朽艦などが複数隻配置され，同実験実施の第一目的であるところの，船舶への核兵器の効果について調査研究が行われた[30]。同実験の第二目的は陸軍航空隊による対艦核攻撃訓練であり，その範疇において，核実験を通じて軍用資機材に対する核爆発の影響が調査対象となった[31]。なお，当時の米国では1947年から1950年頃にかけて，ソ連が核兵器開発に成功すると予測されていた。こうした予測のもとに，1947年の米国陸軍省報告では，米国が保有すべき核兵器は8から15で必要十分を満たすとの見方を示していた[32]。実際にクロスローズ作戦で用いられた核兵器は，当時の米国が保有していた核兵器数の3分の1に相当するものであった[33]が，それでも米国の安全保障上の優位性は十分に維持されるとの見通しが成立しえたであろうことも，併せてここに指摘しておきたい。

　サンドストーン作戦は連続3回の核実験シリーズとして，新たな核兵器の設計に関する実証実験を第一目的とし，これに付随して核出力の測定，核爆発装置の効率性の測定，そして核爆発の軍事的効用の調査が行われた[34]。サンドストーン作戦の実施計画が米国大統領により承認された時点で，同国の保有する核兵器は13発であった[35]。同実験の舞台になったエニウェトク環礁は貿易風の影響に強く晒される地域であり，風が放射性降下物（fallout）を西方に押し流してくれることが期待されていた。この核実験シリーズは同環礁内の三つの無人島に設置された鉄塔上61m（200ft）で実施され，核出力はそれぞれ37kt，

---

(30) L. Berkhouse et al., "DNA 6032F: Operation Crossroads 1946," Report Prepared by the Defense Nuclear Agency as Executive Agency for the Department of Defense, May 1, 1984, p.17.

(31) Ibid., p.18.

(32) Lawrence Freedman, *The Evolusion of Nuclear Strategy 3rd Edition*, Palgrave Macmillan, 2003, p.26.

(33) L. Berkhouse et al., "DNA 6032F: Operation Crossroads 1946," Report Prepared by the Defense Nuclear Agency as Executive Agency for the Department of Defense, May 1, 1984, pp.18-19.

(34) L. H. Berkhouse, et al., "DNA 6033F: Operation Sandstone 1948," Report Prepared by the Defense Nuclear Agency as Executive Agency for the Department of Defense, December 19, 1983, p.17.

(35) Ibid.

49kt, 18ktであった[36]。

　そして1949年, ソ連が米国の予想を裏切るスピードで最初の核実験に成功し, 翌1950年には朝鮮戦争が勃発する。この結果, 米国では量産型のMk4核爆弾を用い, より多くの核爆発データをもとにシステマティックに核爆弾の設計を行うニーズが生じ[37], 鉄塔上での実験に続いて, 戦略爆撃機を用いた核爆弾の空中投下実験を相次いで行う必要性に迫られた。また, それまでは物理的な実験環境の制約や国内政治上の考慮から, 本土での核実験実施に消極的であった米国政府も, 原子力委員会 (Atomic Energy Commission: AEC) の設けた核実験場選定基準, 即ち気象条件, 人口密集地からの距離的懸隔, さらに核兵器運用関連施設との近接性の観点で, 六つの国内候補地のなかから, ラスベガス爆撃・射撃訓練地と核実験場 (ネバダ核実験場) を選定した[38]。こうして, 1951年にネバダ核実験場において, 同一仕様の五つの核爆発装置の全てをB-50爆撃機からの空中投下によって爆発させるレンジャー (Ranger) 作戦が行われた。公開されている米国国防省の報告書によれば, レンジャー作戦では五つの核爆発装置が上空323m (1,060ft) から437m (1,435ft) の地点で爆発しており, 核出力はそれぞれ1ktから22ktまでと幅があった[39]。レンジャー作戦が実施された背景としては, 1950年に行われた米国ロスアラモス国立研究所 (LANL) 内での検討において, 次なる核実験に用いる核爆発装置の設計仕様を検討するためのデータが決定的に不足していたことが指摘されている[40]。なお, 核実験のデータ収集と検証にかかる興味深いポイントとして, レンジャー作戦では初めて有人機 (B-29s) による, 核実験で生成された核分裂物質の大気収集 (cloud sampling) が主要ミッションの一部として実施されたことを挙げられる。前掲した米国防省の報告書によれば, この大気収集の目的は,

---

(36) Ibid.
(37) "Operation Ranger, 1951," Nuclear Weapons Archive.org, January 3, 2005, nuclearweaponarchive.org/Usa/Tests/Ranger.html.
(38) Carl Maag, Stephen Rohrer and Robert Shepanek, "DNA 6022F: Operation Ranger Shots Able, Baker, Easy, Baker-2, Fox, 25 January-6 February 1951," report prepared by the Defense Nuclear Agency as Executive Agency for the Department of Defense, February 26, 1982, pp.18-20.
(39) Ibid., p.26.
(40) Ibid., pp.25-26.

核出力及び各種装置の効率性をそれぞれ測定するためであった[41]。また，同作戦では民間航空機に対する被曝の影響を回避するべく，放射能雲のトラッキング（追跡）も実施している[42]。さらに，米国本土における大気中の放射能を測定するとともに，ソ連の実施する核実験の放射性降下物を測定するための地上観測所を設置し，アラスカ，日本，グァム，サウジアラビアにそれぞれ大気収集機を配備した[43]。

こうして，レンジャー作戦で得られたデータを元に，同年 1951 年エニウェトク環礁にてグリーンハウス（Greenhouse）作戦が行われた。実験環境は全て鉄塔上であった。91.4m（300ft）と 61.5m（200ft）の二種類の高度設定のもとに，当時進められていた水爆開発の一環として，そして核兵器の生物学的・物理学的影響の研究を目的として実験が実施された。なお，グリーンハウス作戦として行われた 4 回の核実験シリーズのうち，核出力が公式に明らかにされているのはシリーズの順番上，2 番目の核実験であったイージー実験（Easy）のみで，核出力は 47kt であった[44]。また，水爆の開発を目的としているとは言え，グリーンハウス作戦に水爆そのものが使用された訳ではなく，あくまでも核融合反応の実証が行われたのに過ぎなかった[45]。

同 1951 年にはネバダ核実験場でのバスタージャングル（Buster-Jungle）作戦とタンブラースナッパー（Tumbler-Snapper）作戦，そして 1952 年にはエニウェトク環礁でのアイヴィ（Ivy）作戦が相次いで実施された。ソ連の核開発に対して，先行する米国としての優位性を高めるべく行われたバスター作戦とジャングル作戦（注：米国防省の公開資料上では，これらの作戦をあわせてバスタージャングル作戦と呼んでいる）は，ネバダ核実験場での二度目の核実験シリーズであった。バスター作戦として企画された高度 360.8m（1,184ft）から 431.9m（1,417ft）までの範囲での 4 度の空中投下実験で，それぞれの核出力は

---

(41) Ibid., pp.55-56.
(42) Ibid., p.57.
(43) Ibid., p.60.
(44) L. Berkhouse, et al., "DNA6034F: Operation Greenhouse 1951," report prepared by the Defense Nuclear Agency as Executive Agency for the Department of Defense, June15, 1983, p.19.
(45) Ibid., p.21.

3.5kt，14kt，21kt，31kt であった。これに加えて，相対的により低出力な核実験として，地上 30.4m（100ft）の鉄塔上で核出力 0.1kt の実験と，地上 1m（3.5ft）での核出力 1.2kt の地表核実験（シュガー（Sugar shot）実験）及び地下 5m（17ft）で 1.2kt の地下核実験（アンクル（Uncle shot）実験）が各 1 回ずつ，ジャングル作戦として行われた[46]。バスター作戦では爆風，熱線，放射線が衣服や塗装物，プラスティック成型物，その他各種の素材や森林の樹木に及ぼす効果に加えて，軍の防御構造物に中性子とガンマ（γ）線が及ぼす影響が測定された[47]。特に放射線の影響については，放射性降下物も含めた汚染度の測定，放射能汚染の除去手法の検討などが様々な角度から実施された[48]。また，空中投下によって生じた核爆発について，地表に敷設された対戦車地雷や水際地雷（beach mine）の破壊効果や，駐機中の航空機や貯水槽に対する爆風や熱線，放射線の影響が検証されている[49]。シュガー実験と非常に小さな核出力で実施されたアンクル実験に際しては，遠隔地からの核実験探知技術の検討として，放射線デブリ（radiation debris）の大気輸送，核爆発の閃光（light），大気収集で得られた放射線デブリの放射化学・物理・化学的解析，大陸における核爆発で生じた地震波，核爆発を探知するための微気圧振動観測への評価などが実施された[50]。興味深いことに，アンクル実験では核爆発後の地表における変化事象の記録や，クレーターの形成状況の検分，また噴出する放射線デブリの同定などが行われている[51]。これらは，いずれも他国の核実験探知に資する技術開発を念頭においたものであり，後の米国による核実験検証技術開発の布石になっていったものだと指摘できよう。

他方，ジャングル作戦が行った地表と地下での実験は，米国本土ではこれが初の試みであった[52]。同作戦の目的は，それまでの核実験とは打って変わって，

---

(46) Jean Ponton, et al., "DNA 6023F: Operation Buster-Jungle 1951," report prepared by the Defense Nuclear Agency as Executive Agency for the Department of Defense, June 21, 1982, p.26.
(47) Ibid., pp.60-63.
(48) Ibid., pp.86-92, pp.99-103.
(49) Ibid., p.66.
(50) Ibid., pp.72-73.
(51) Ibid., pp94-97.
(52) Ibid., pp.1-4.

第 1 章　核実験とは何か

核兵器庫に実際に納められる可能性のある核兵器の実験的爆発と，軍事面からの核兵器の運用戦術の研究，そしてデザートロック（Desert Rock I, II, III）演習と呼ばれる，やはり初の核実験下で兵士を動員した軍事訓練の実施に主眼が置かれていた[53]。デザートロック演習では核戦争での核兵器の軍事利用研究，戦術核兵器の運用に関する軍事訓練，核爆発によって兵士が受けるであろう心理的衝撃の研究，実験用動物と各種機器を用いた核爆発の影響に関する医学的実験，核爆発が要塞や防御用構築物に及ぼす影響，訓練参加者に対する最適な放射線防護の検討が行われている[54]。

1951年のタンブラースナッパー作戦はソ連の核兵器開発の進展を考慮し，敵対国の攻撃を大規模な核による反撃の恐怖によって抑止しようとする米国の防衛政策を実現する観点で，周到な準備のもとに行われた。折しも朝鮮戦争と欧州正面での米国の兵員不足が露見するなか，米国では核兵器を中心とした技術的優位性によって抑止力を補う必要性が認識されており，なかでも当時，戦術核兵器へのニーズは大きく高まっていた[55]。こうしたなか，タンブラースナッパー作戦は，核出力1ktから31ktまでの合計8回の核実験シリーズとなり，またバスタージャングル作戦に続くデザートロック（Desert Rock IV）演習として，敵対国による地上侵攻を念頭に，戦術核兵器の運用を含めた広範な軍の部隊運用試験が実施された[56]。このうち4回の核実験は核兵器の影響の検証に重点をおく「タンブラーフェーズ」と呼ばれ，上空241mから1,050m（793ft-3,447ft）での空中投下実験を行うことで，気圧の高さが核爆発に及ぼす効果の測定などが試みられた[57]。また，残り4回の核実験は新型の核兵器設計のために必要な熱線や爆風などのデータを得るための「スナッパーフェーズ」と呼ばれ，地上91m（300ft）の鉄塔上に設置された核爆発装置を爆発させ，そ

---

(53)　Ibid., p.46.
(54)　Ibid., pp.46-47.
(55)　Jean Ponton, et al., "DNA 6019F: Operation Tumbler-Snapper 1952," report prepared by the Defense Nuclear Agency as Executive Agency for the Department of Defense, June 14, 1982, pp.24-26.
(56)　Ibid.
(57)　Ibid., p.1, p.9.

3 ケーススタディ 米国の核実験史1：大気圏内核実験の時代

れぞれ11ktから15ktの範囲での核出力を観測した[58]。

　1952年のアイヴィ作戦は，核融合によって10.4メガトン（Mt）の核出力を観測した史上初の水爆である地表でのマイク（Mike）実験と，500ktという当時でも最大級の核出力を持つ従来型（プルトニウム型）核兵器を空中投下したキング（King）実験の計2回の実験シリーズであった[59]。記録によれば，ソ連の核兵器開発面での追い上げに対抗するべく，より強大な破壊力を持つ兵器が必要であるとの米国国内での議論があり，マイク実験のために用意された水爆は，想定上，4Mtから10Mtもの核出力を生じるよう設計された[60]。他方，キング実験においては，仮にマイク実験が失敗に終わった場合のバックアップとして，また米国内の水爆懐疑派による対案としての意味合いから，これまで核実験を重ねてきた従来型をベースに，過去最大級の核出力を発揮できる核兵器として設計された[61]。こうした背景から，アイヴィ作戦の目的は使用された核爆発装置の実態分析（注：核爆発の結果として生じる核出力の測定ではなく，核爆発装置から生じるトータルでのエネルギーの把握を目的とする。）と，実験で生じた爆発及び放射線影響の測定に力点が置かれた[62]。そして，これらの目的を達成するために，航空機によるキノコ雲からの放射線デブリのサンプル（試料）収集が行われた。このように，様々な意味で米国の核実験史における分岐点となったアイヴィ作戦だが，米国の大気圏内核実験はこの後，実施規模や実験範囲を一層拡大してゆくことになる。なお，米国における水爆の完成は，原子爆弾の導入よりも極端な変化を戦争技術に与えたとする評価もある。カーン（Harman Kahn）は核出力がMt規模の水爆を戦場に投入することで，それが短期戦であったとしても，国家或いは文明の存続が問われる事態を招くことを懸念する一方で，この時点まで米国では核攻撃を受けた後の環境中への放射性降下物の問題や，被害の復旧を巡る非軍事面での必要な措置について，想像し

---

(58)　Ibid., p.30.
(59)　F. R. Gladeck, et al., "DNA 6036F: Operation Ivy 1952," report prepared by the Defense Nuclear Agency as Executive Agency for the Department of Defense, December 1, 1982, p.1
(60)　Ibid., p.18.
(61)　Ibid., pp.18-19.
(62)　Ibid., pp.22-23.

第 1 章　核実験とは何か

たことも準備したこともなかったと明らかにしている[63]。また，こうした水爆の誕生は，当時，限定戦争（Limited War）論が焦点となっていた米国の戦略論者達のなかで，百家争鳴の状況を生み出した。ハート（Liddell Hart）は，局地戦に水爆を投入される可能性は低く，仮に水爆が使用されることの脅威が全面戦争勃発の蓋然性を低下させるのに役立つとしても，逆に局地戦のリスクの拡大によって限定戦争勃発の蓋然性が高まり，戦略爆撃の価値も「最後の砦」としての意味以外，全て損なわれてしまうとした[64]。ブロディ（Bernard Brodie）は，水爆はあくまでも大規模な直接侵攻に対する抑止に限定すべきであり，自殺行為に等しいような核攻撃の応酬が起こらないよう，深慮のもとに紛争を限定させる方法を見出すことが必要であるとして，ハートの議論に同調している[65]。

　1953 年には，初めて 11 回もの核実験シリーズとして，ネバダ核実験場におけるアップショット・ノットホール（Upshot-Knothole）作戦が実施された。この内訳は，計 7 回の地上高 30m-91m（100ft-300ft）の鉄塔上で実施した核出力 0.2kt から 43kt の核実験と，計 3 回の高度 406m-1,8km（1,334ft-6,020ft）における核出力 11kt から 61kt の空中投下，核出力 15kt の 280mm 核砲弾を用いた単発でのグレイブル（Shot Grable）実験であった[66]。同作戦では戦略爆撃機による運用と，戦場での戦術的な使用に適した核兵器開発に加えて，戦術核兵器に関する軍事ドクトリンの検討にも主眼が置かれていた[67]。なお，前述した核出力 0.2kt のケースとなったラス（Shot Ruth）実験は，当初想定していたよりも非常に低い核出力に留まったことが報告されている[68]ことから，「フィ

---

[63]　ハーマン・カーン「軍備競争とその危険性」D.G. ブレナン（編）『軍備管理・軍縮・安全保障』小谷秀二郎（訳），鹿島研究所・日本国際問題研究所，1963 年，126-127 頁。
[64]　Liddell Hart, *Deterrent or Defense*, Stevens&Sons, 1960, p.23.
[65]　Lawrence Freedman, *The Evolution of Nuclear Strategy 3rd Edition*, Palgrave Macmillan, 2003, pp.95-96.
[66]　Jean Ponton, et al., "DNA 6014F: Operation Upshot-Knothole 1953," report prepared by the Defense Nuclear Agency as Executive Agency for the Department of Defense, January 11, 1982, p.13.
[67]　Ibid, p.33.
[68]　Jeannie Massie, et al., "DNA 6017F: Shots Annie to Ray, The First Five Tests of the Upshot-Knothole Series 17 March-11 April 1953," report prepared by the Defense

3 ケーススタディ 米国の核実験史1：大気圏内核実験の時代

ズル（fizzle）」と呼ばれる核実験の失敗事例であったと考えられる。さて，それまでの核実験関連作戦に引き続き，アップショット・ノットホール作戦では，核爆発に伴う爆風や衝撃波，放射線影響などの核兵器の効果の測定・検証[69]に加えて，軍の部隊運用実験，起爆点近傍での動物実験，軍服を着用させたマネキン人形や軍の装備品を起爆点近傍でアレイ状に設置するなど，より実質的な防護措置の検討が行われ，また詳細な被害効果の測定を含むデザートロック（Desert Rock IV）演習が併せて実施された。このとき，起爆点付近での高濃度の放射能汚染地帯で，核爆発による衝撃波を直接受ける中でのヘリコプターの運用試験が行われたことも記録されている[70]。なお，グレイブル実験で初めて使用された核砲弾は，空中投下や水中における核実験に続く，全く新たな核兵器の運用実験であった[71]。

1954年にビキニ環礁及びエニウェトク環礁で行われたキャッスル（Castle）作戦は，計6回，核出力にして110kt（クーン（Koon）実験。一連の水爆実験において，唯一Mt級の核出力を達成していないこともあり，同実験もフィズルであったとの指摘もある[72]。）から，最大で15Mtを発揮した水爆実験（ブラボー（Bravo）実験）を中心とする核実験シリーズである。設計上の予想値を大きく上回り，当時，米国による大気圏内核実験で最大規模の15Mtの核出力を発生したブラボー実験は，日本では第五福竜丸事件で知られるが，米国の記録でも，同実験に参加した米艦船乗務員，マーシャル諸島の住民，そして外国漁船で同

Nuclear Agency as Executive Agency for the Department of Defense, January 14, 1982, p.102.

(69) Jean Ponton, et al., "DNA 6014F: Operation Upshot-Knothole 1953," report prepared by the Defense Nuclear Agency as Executive Agency for the Department of Defense, January 11, 1982, pp.85-102.

(70) Ibid., pp.3-6.

(71) Jeannie Massie, et al., "DNA 6018F: Shots Encore to Climax, The Final Fourth Tests of the Upshot-Knothole Series, 8 May-4 June 1958," report prepared by the Defense Nuclear Agency as Executive Agency for the Department of Defense, January 15, 1982, p.117.

(72) Edwin J. Martin, et al., "DNA 6035F: Castle Series 1954," report prepared by the Defense Nuclear Agency as Executive Agency for the Department of Defense, April 1, 1982, pp.270-271.

様の放射性降下物による被ばく事案が報告されている(73)。ブラボー実験はキャッスル作戦としての第一番目の核実験であったが，爆風の影響が予想以上に広範囲に及んだことから，その後のキャッスル作戦の実施計画も修正を余儀なくされ，続いて計画されていた初のはしけ上での実験（ロメオ（Romeo）実験，核出力11Mtを発生）も，核実験場を直前に変更されている(74)。同作戦では爆風や衝撃波，放射能や放射性降下物などのデータが収集されたほか，放射性降下物による人体影響への対処，さらには核実験の探知技術開発として，大気圏内核爆発に伴う電磁パルス（electromagnetic pulse）の生成や，空気中を伝播する低周波音，放射線デブリの収集などが試みられている(75)。

1955年ネバダ核実験場でのティーポット（Teapot）作戦は14回の核実験と，1回の非核実験が行なわれている。同実験の位置付けとは核兵器庫に収めるべき核兵器のテスト，軍部隊の戦術向上，装備，訓練，そして民間防衛（civil defense）への要求事項の検討が掲げられ(76)，特に戦略爆撃機搭載用の核兵器及び，戦術的使用を意図したミサイル搭載型の核兵器開発にウェイトが置かれていた(77)。また，ティーポット作戦ではデザートロック演習（Desert Rock IV）が併せて実施されている。ティーポット作戦の構成は，非核兵器によるものも含め，高度11.5km（38,000ft）から高度224m（737ft）で1ktから3ktまで（注：非核兵器による投下実験では核出力の記録なし）の核出力を発生させた空中投下での4回の実験と，地上高91m（300ft）から152m（500ft）で2ktから43ktまでの核出力を発揮した10回の鉄塔上での実験，そして地下2m（6.7ft）で1ktの核出力を発揮したシャフト（縦坑）型地下核実験（エス（Ess）実験）となっている(78)。最後のエス実験は地下の比較的浅い深度で核実験が行われた結果，深さ29m（96ft）のクレーターを生成しているが，これは平和目的核爆発では

---

(73) Ibid., pp.2-3, p.26, p.213.
(74) Ibid., pp.250-253.
(75) Ibid., pp.168-179.
(76) Jean Ponton, et al., "DNA 6009F: Operation Teapot 1955," report prepared by the Defense Nuclear Agency as Executive Agency for the Department of Defense, November 23, 1981, p.1.
(77) Ibid., p.27.
(78) Ibid., pp.4-9.

なく，あくまでも戦場で使用する核爆薬（atomic demolition munition）として設計された核爆発装置の実験と位置付けられている[79]。

同 1955 年，サンディエゴ南西 804km（500mi）の太平洋上で行われたウィグワム（Wigwam）作戦は，初めての深海における核実験であり，海底での放射能や高圧下での現象の観測と，深海の核爆発が潜水艦や水上艦艇に及ぼす影響の検証を目的に実施された[80]。この実験に使用されたのは，曳航された無人のはしけから 609m（2,000ft）の海底にケーブルで吊り下げられた 30kt の核爆発装置であった。爆心点から海上で 9.1km（30,000ft）離れた地点には，実験対象となる放射線防護措置を講じた海軍艦艇が配置され，深海で使用する核兵器の開発とともに，核爆発が船体に致命的影響を及ぼす距離の同定と，深海での潜水艦への核攻撃戦術の評価が行われた[81]。特に深海での核爆発で生じる衝撃波や，海上での放射性降下物及び放射能汚染が海軍の作戦能力に及ぼす影響は重大な関心事であったとされる[82]。

1955 年から 1956 年にかけてネバダ核実験場で行われた第 56 計画（Project 56）は，実験の形態としては地表上（surface）での一点危険防止（one point safety）技術にかかる計 4 回の核実験の総称である。この一点危険防止技術とは，米国の定義によれば，いかなる一点において爆薬（HE）が爆発したとしても，生成される核爆発の威力は，10 分の 1 以下の確率で TNT 火薬換算 4 ポンド（lb）（1.8kg）以下になるになるよう保たれる[83]という，核兵器の信頼性維持に関わる実験である。米国エネルギー省の報告書では，第 56 計画の 1 回目と 2 回目の実験は核出力ゼロ（zero），他方，3 回目の実験は核出力なし（no yield），4 回目の実験は極低出力（very slight）であった[84]。また Web サイ

---

(79) Ibid., pp.5-6.
(80) S. E. Weary, et al., "DNA 6000F: Operation Wigwam," report prepared by the Defense Nuclear Agency as Executive Agency for the Department of Defense, September 1, 1981, p.9.
(81) Ibid., p.12.
(82) Ibid., p.19, p.21.
(83) Department of Defense, "DoD Nuclear Weapon System Safety Program Manual," January 31, 2014, www.dtic.mil/whs/directives/corres/pdf/315002m.pdf, p.60.
(84) U.S. Department of Energy Nevada Operation Office, "United States Nuclear Tests July 1945 through September 1992," December 2000, p.135, nnsa.energy.gov/

第 1 章　核実験とは何か

ト Nuclear Weapons Archive.org によれば，これらは核兵器の安全性を検証するために，核兵器庫に配備されている実物の核弾頭を用い，外部から複数の中性子源を照射して臨界付近での中性子数を増大させ，起爆には至らないことなどを確認したとされている[85]。一点危険防止技術に関する実験が行われた背景には，水爆実験以降，核弾頭のプライマリ構造が極めて複雑化し，流体力学的実験（流体核実験）のみでは事故時の安全性を十全に検証できなくなってしまったことが挙げられる[86]。こうした実験を経て，米国政府では一点危険防止に求める安全性をおおよそ100万分の1の確率とする[87]など，核弾頭の設計上の安全性に対する要求が大きく高まった。具体的には，輸送機や戦略爆撃機が万一墜落事故を起こし，搭載されていた核弾頭内の高性能爆薬（HE）外辺の一点が意図せざる爆発を起こしてしまったとしても，それが核出力を伴う重大な核爆発には至らないように措置を講じることとなった[88]。一点危険防止にかかる核実験方式が検証されたのは，まさにPTBT交渉過程の核実験モラトリアム期間中であった。当該期間中は核出力を発しないゼロイールド（zero yield）での実験遂行が追求されており，これは，後のCTBT交渉において，核爆発の定義として米国代表団が提示するのと同じ概念であり，その歴史的なルーツと言うべきものであった。

　1956年のビキニ環礁及びエニウェトク環礁におけるレッドウィング（Redwing）作戦は，連続17回の核実験シリーズであった。同作戦は，ネバダ核実験場では実験不可能な水爆に関して，それぞれの核兵器設計のためのデータ収集及び，爆発と放射能影響の測定を目的に実施された[89]。また，B-52爆

　　　sites/default/files/nnsa/inlinefiles/doe%20nv%202000e.pdf.
(85)　"Operation Wigwam and Project 56," Nuclear Weapons Archive.org website, October 17, 1997, nuclearweaponarchive.org/Usa/Tests/Wigwam.html.
(86)　Ibid.
(87)　Ray E. Kidder, "Assessment of the Safety of US Nuclear Weapons and Related Nuclear Test Requirements," Science & Global Security, Volume 2, No.2-3, 1991, scienceandglobalsecurity.org/archive/sgs02kidder.pdf, p.275.
(88)　John R. Harvey and Stefan Michalowski, "Nuclear Weapon Safety: The Case of Trident," *Science & Global Security*, Volume 4, 1994, scienceandglobalsecurity.org/archive/sgs04harvey.pdf, pp.281-282.
(89)　S. Bruce-Henderson, et al., "DNA 6037F: Operation Redwing 1956," report

3 ケーススタディ 米国の核実験史1：大気圏内核実験の時代

撃機が水爆を空中投下することにより，世界中に米国の保有する新たな水爆の存在を大々的に知らしめる意図もあったとされる[90]。他方，この実験に併せて，核実験の遠隔探査に関わる技術調査として，核爆発で生じる電磁波を用いた核実験探知と，地球上空の電離圏における核爆発の影響の測定及び，電離圏内のイオン化層における電磁波の減衰に関する研究が行われている[91]。なお，キャッスル作戦における国際的な放射性降下物被害への懸念の高まりを受けて，レッドウィング作戦ではその実施に先立ち，同作戦で実施する一連の核実験シリーズがキャッスル作戦における実験よりも核出力の小さなものとなることや，放射性降下物の降下予測の精度向上などをプレスリリースとして公開し，懸念の払拭に努めていた[92]点は注目される。これは，当時として既に大気圏内核実験を敢行するにあたり，国際世論や放射性降下物の実質的被害への配慮が必要になりつつあった証左であり，まさに核実験への制約要因に繋がるものだったと言える。そして，核実験のデザインそのものが国内外の世論動向から少なからぬ影響を受け始めていたことを示すものでもある。また，レッドウィング作戦は以前の核実験シリーズと異なり，米国国防省の公刊資料は同作戦の実験内容，即ち空中投下，鉄塔上，地表，はしけなどの条件下での全17回の核実験のうち，僅か4回分しか核出力を公開していない。この4回分とは，エニウェトク環礁の地表で40ktの核出力を得たラクロス（Lacrosse）実験，ビキニ環礁で空中投下され，数Mtの核出力を得たチェロキー（Cherokee）実験，エニウェトク環礁地表で1.37ktを発揮したセミノール（Seminole）実験，そしてビキニ環礁付近のはしけで5Mtの核出力を記録したテワ（Tewa）実験を指す[93]。一方，WebサイトNuclear Weapons Archive.orgによれば，これらのレッドウィング作戦で使用された核爆発装置は，キャッスル作戦で用いられた重量の大きい初代の水爆とは異なり，初の3段式第2世代水爆のMK-28核弾頭であったが，国際世論への配慮のもとに，キャッスル作戦よりも核出力の総

---

　　　prepared by the Defense Nuclear Agency as Executive Agency for the Department of Defense, August 1, 1981, p.27.
(90)　Ibid., p.2.
(91)　Ibid., pp.154-156.
(92)　Ibid., pp.21-21.
(93)　Ibid., p.22.

第 1 章　核実験とは何か

量を小さく抑えるとの方針から，全 17 回の核実験の合計核出力を 20Mt（核分裂による実質的な核出力としては 9-10Mt）程度に制限せざるを得なかった背景を指摘している[94]。

　翌 1957 年，再びネバダ核実験場で実施されたプラムボブ（Plumbob）作戦は，24 回の核爆発と，6 回の核兵器の安全運用にかかる一点危険防止技術実験からなる計 30 回の核実験シリーズとして実施された[95]。前者については，146 トン（t）から 44kt の範囲で核出力を発生した鉄塔上での実験が 9 回，気球吊り下げによる 197t から 74kt の核出力を発揮した実験が 13 回，高度 5,6km（18,500ft）で空対空ミサイルを用いた 2kt 以下の実験が 1 回，そして地下 268m（880ft）での 1.7kt のトンネル（tunnel）型地下核実験（レイニア（Rainier）実験）が 1 回という内訳になっている[96]。このときにデザートロック演習（Desert Rock VII, VIII）も併せて実施され，核兵器が使用された戦場での部隊の運用戦術の検討や，物理的防護訓練，核爆発の視察を通じた兵士への心理的影響の観察のほか，汚染された資機材の除染などが実地で研究されている[97]。また，核戦争下での一般市民の防護任務に関連して，民間シェルターの評価試験，放射性降下物の調査，爆風の生物影響などが検討された[98]。他方，後者の一点危険防止技術にかかる実験では，核兵器の備蓄中又は輸送中に起こる事故を想定し，偶発的に高性能爆薬が起爆したとしても核分裂反応が発生しないよう，核兵器の安全設計に関する検証が行われた[99]。これには，核弾頭に用いられたプルトニウムが高性能火薬の爆発によって，どのような汚染をもたらすかを調査した一点危険防止にかかる第 57 計画（核出力はゼロ）[100]や，同種のクー

---

(94)　"Operation Redwing 1956 – Enewetak and Bikini Atolls, Marshall Islands," Nuclear Weapon Archive.org website, October 22, 1997, nuclearweaponarchive.org/Usa/Tests/Redwing.html.

(95)　P. S. Harris, et al., "DNA 6005F: Plumbob Series 1957," report prepared by the Defense Nuclear Agency as Executive Agency for the Department of Defense, September 15, 1981, p.1.

(96)　Ibid., pp.41-42.

(97)　Ibid., pp.34-35.

(98)　Ibid., p.34.

(99)　Ibid., p.1.

(100)　Ibid., p.164.

ロン A, B (Coulomb-A, B) 実験, パスカル A, B (Pascal-A, B) 実験が含まれている。なかでも, パスカル A は地下 152m (499ft) で行われた米国最初の地下核実験であった[101]。このように様々な要素を盛り込んだプラムボブ作戦だが, やはり 1.7kt の核出力を完全に地下に封じ込めたレイニア実験に象徴されるように, 当時の米国が様々な角度から核兵器開発・実験・運用目的の調査を試みていたことが伺われる。ちなみに一点危険防止技術にかかる実験はその後も続き, 1957 年にやはりネバダ核実験場で第 58 計画として一点危険防止実験パスカル C (Pascal-C), クーロン C (Coulomb-C) が地下約 76.2m (250ft) のシャフト (shaft) 内及び地表で行われ, 核出力としては極微少（パスカル C）, 500t（クーロン C）という結果になっているほか, 翌 1958 年には同様に一点危険防止技術に関する第 58 計画 A として, ヴィーナス (Venus) 実験, ウラヌス (Uranus) 実験がそれぞれ地下約 30.5m (100ft) 及び地下約 34.7m (114ft) のトンネル内で行われ, これらはいずれも 1t 以下の極めて低い核出力を伴ったことが報告されている[102]。

　1958 年にはビキニ環礁, エニウェトク環礁及びジョンストン島を舞台に, 地上, はしけ（海上）, 水中, 気球吊り下げ, ロケットなど, 多様な条件下での合計 35 回の核実験で構成されるハードタックⅠ (Hard Tack I) 作戦が行なわれた。同作戦は, 核兵器開発を目的とした実験的爆発, 核爆発が艦艇に及ぼす影響を調査するための水中核実験, そして高高度での核爆発の影響と弾道ミサイル防衛に関する実験という三つのフェーズに分類されていた[103]。大気圏内核実験による放射性降下物への懸念や, 核実験反対運動が高まるなか, 規模の大きな一連の核実験シリーズとなったハードタックⅠ作戦は, レッドウィング

---

(101) U.S. Congress Office of Technology Assessment, *The Containment of Underground Nuclear Explosions OTA-ISC-414*, U.S. Government Printing Office, 1989, p.31.

(102) "Projects 57, 58, and 58A, 1957-1958: Nevada Test Site," Nuclear Weapon Archive.org website, September 20, 1997, nuclearweaponarchive.org/Usa/Tests/Proj57-58.html; U.S. Department of Energy Nevada Operation Office, "United States Nuclear Tests July 1945 through September 1992," December 2000, p.11, nnsa.energy.gov/sites/default/files/nnsa/inlinefiles/doe%20nv%202000e.pdf.

(103) F. R. Gladeck, et al., "DNA 6038F: Operation Hardtack I 1958," report prepared by the Defense Nuclear Agency as Executive Agency for the Department of Defense, December 1, 1981, pp.1-3.

第 1 章　核実験とは何か

作戦のケースと同様に，実験で発揮した核出力は，地上における 18kt のカクタス（Cactus）実験と 1.37Mt のコア（Koa）実験，はしけ上での 8.9Mt のオーク（Oak）実験と極低出力であったスカエボーラ（Scaevola）実験，そしてロケットによって高高度で数 Mt の核出力を発揮したオレンジ（Orange）実験の 5 回のみが公にされている[104]。米国防省の報告書でも，当時，米ソ間対立が先鋭化するなか，両国の核実験が緊張関係を高めてしまい，その結果として核戦争を誘発することへの懸念や，核実験停止こそが全面的軍縮の第一歩との見方が当時高まっていた一方で，逆に兵力面の対ソ劣勢を均衡させる唯一の手段こそ弛まぬ核兵器開発であるといった議論が相対立していたことが言及されている[105]。こうした一方で，核兵器開発サイドからは，よりクリーンで高効率な小型核兵器の開発技術に目途がつき始めたタイミングであり，従来の大破壊力の戦略核兵器開発と結びついた大量報復戦略に代わって，米国の外交を柔軟に支え，かつ核実験の環境汚染をより軽微なものにするアプローチが議論されはじめていた[106]。ハードタックⅠ作戦の敢行に先立ち，米国は国連核放射能影響科学委員会（UN Scientific Committee on the Effects of Atomic Radiation）に実験の視察を打診したり，ジュネーブにおける「第 2 のアトムズ・フォー・ピース」会議と結び付けた実験案を検討するなど，関心国や国際世論の反応を見極めつつ試行錯誤を行い，最終的に核実験実施に踏み切った経緯があった[107]。この点からは，レッドウィング作戦と同様に，ハードタックⅠ作戦でも政治的に国際世論への少なからぬ配慮を求められていたことに加えて，程度の問題はあれども，そうした配慮が核兵器開発の方向性にも影響を及ぼした事実が伺われる。

　この後，1958 年に南大西洋で秘密裏に遂行された高高度核実験シリーズであるアーガス（Argus）作戦に続いて，1958 年，ネバダ核実験場に場所を移して 37 回の実験シリーズとなった第 2 弾のハードタックⅡ（Hard Tack II）作戦が行なわれた。そして，核実験のモラトリアム期間を経た 1961 年から 1962 年

---

(104)　Ibid., pp.22-23.
(105)　Ibid., p.24.
(106)　Ibid., p.25.
(107)　Ibid.

3 ケーススタディ 米国の核実験史 1：大気圏内核実験の時代

にかけては，PTBT 以降の大気圏内核実験の禁止を念頭に，全 32 回の全ての実験をネバダ核実験場地下に舞台を移したヌガー（Nougat）作戦が実施された。また，1962 年のクリスマス島，ジョンストン島及び中部太平洋で 36 回にわたって行なわれたドミニク（Dominic）作戦では，2 年 10 か月に及んだソ連の核実験モラトリアム以後の大気圏内核実験の再開を受けて，戦略爆撃機からの空中投下を含めた新型核兵器の威力を測る試験や，核兵器の信頼性確認，またミサイル防衛システムに関わる試験や，高高度での電離層崩壊試験などが行なわれている[108]。

1962 年から 1963 年にかけて，PTBT 発効前の最後の核実験となったネバダ核実験場及びネリス空軍基地練習場でのストラックス（Storax）作戦は，56 回もの回数からなる核実験シリーズとなった。その大半が地下核実験となったストラックス作戦は，事実上，米国が行える最後の大気圏内核実験として，様々な核出力・条件で兵器としての効果が試みられた核実験シリーズであった。同作戦は，いまもネバダ核実験場にのこる巨大なクレーターで知られる，平和目的核爆発として掘削を目的に行われたセダン（Sedan）実験（核出力 104kt）を皮切りに開始された。兵器の効果測定実験として，ジョンストン島の上空 402km（250mi）へロケットで核出力 1.4Mt の水爆を打ち上げ，高高度核爆発を実施した結果，地上に電磁パルスが降り注ぐことを実地で確認する契機となったスターフィッシュ・プライム／フィッシュボウル（Starfish Prime Fishbowl）作戦も，このストラックス作戦の一環として行われたものである。また，米英共同のローラーコースター（joint US-UK operation Roller Coaster）作戦のもとに行われたダブルトラックス（Double Tracks）実験及び，クリーンスレイト（Clear Slate1, 2, 3）実験は，それぞれ備蓄兵器の移動実験とプルトニウムがどのように分散するかを観測することを目的とした地表での核実験であり，いずれも核出力はゼロであった。なお，米国として最後の大気圏内核実験が，このクリーンスレイト 3 実験であった。

---

[108] William J. Brady, et al., "DNA6320F: Operation Nougat and Whetstone," report prepared by Field Command, Defense Nuclear Agency, Januari 31, 1984; "Operation Nougat: September 1961 to 30 June 1962, Nevada Test Site," Nuclear Weapon Archive. org website, January 3, 2005.

第 1 章　核実験とは何か

　ストラックス作戦に設けられた大気圏内核実験のうち，サンビーム（Sunbeam）作戦との小括のもとに行われたリトルフェラー（Little Feller 1, 2）実験は，2 度にわたる地表での小規模な核実験であった。いずれも戦術核兵器デイビー・クロケット用の W54 核弾頭の兵器効果測定実験であり，低出力のものであった。また，鉄塔上で行われたスモールボーイ（Small Boy）実験もサンビーム作戦の一環であり，低出力ながらも兵器効果の測定実験として近代的な観測機器が使用された。クレーター型核実験となったジョニーボーイ（Jonnie Boy）実験は，やはりサンビーム作戦の一環であり，（平和目的核爆発ではなく）兵器効果測定を目的に地下浅層（slightly below ground）で 500t という小規模の核出力を発揮した。このほか，4 度にわたる 1Mt 以下（submegaton）の低核出力のもとにロケットで行われた大気圏内核実験や，7 回に及ぶ空中投下実験として，それぞれ 1Mt, 3.88Mt, 75kt, 11.3kt, 1.59Mt, 800kt, 8.3Mt という核出力が記録されている[109]。

　最終的に，1945 年以来，PTBT が発効するまでの間の米国の大気圏内核実験は，総計で 317 回[110]に達した。

4　ケーススタディ　米国の核実験史 2：地下核実験の時代

　1963 年 8 月 5 日の PTBT 発効以後，米国における核実験は，必然的にネバダ核実験場での地下核実験へと完全に移行することとなった。そして，1992 年の最後の地下核実験であるディバイダー（Divider）実験までの間，その多くの核実験が大気圏内核実験の時代と比べて，相対的に低出力なものばかりとなる。具体的には 20kt 前後の実験が最多で，数百 kt から Mt クラスの核出力の実験は，実は数えるほどしか実施されていない。米国のサンディア国立研究所が 1994 年に発表した地下核実験資料によれば，1966 年のハーフビーク（Halfbeak）実験と同年のグリーレイ（Greeley）実験で 365kt, 870kt とそれま

---

(109) "DOE/NV--209-REV16: United States Nuclear Tests July 1945 through September 1992," U.S. Department of Energy National Nuclear Security Administration Nevada Field Office, September 2015, www.nnss.gov/docs/docs_LibraryPublications/DOE_NV-209_Rev16.pdf, pp.28-35.

(110) "The Atmospheric Test Series," Nuclear Weapon Archive.org website, August 6, 2001, nuclearweaponarchive.org/Usa/Tests/.

でよりも大きな核出力の実験が行われた。その後1968年に初めてMtクラスのケースとして，ベンハム（Benham）実験が1.15Mt，1969年のジョラム（Jorum）実験が1Mt，同年のピプキン（Pipkin）実験が0.2-1Mt，1970年のハンドレー（Handley）実験が1Mtの核出力となっている。なお，ピプキン実験と同様に，測定された核出力に幅があるものとしては，1973年から1976年にかけて実施されたアルメンドロ（Almendro）実験，タイボ（Tybo）実験，マスト（Mast）実験，カマンベール（Camembert）実験，カッセリ（Kasseri）実験，インレット（Inlet）実験，ミュンスター（Muenster）実験，そしてフォルティナ（Fortina）実験がいずれも0.2-1Mtの核出力となっている。フォルティナ以降の地下核実験は，1976年に行われた一連の実験で，チェシャー（Cheshire）実験と同年のエスチュエリー（Estuary）実験がいずれも0.2-0.5Mt，続くコルビー（Colby）実験が0.5-1Mtと核出力を増大させたものの，プール（Pool）実験とストレイト（Strait）実験では，再び核出力が0.2-0.5Mtに留まった。そして，それ以降の地下核実験は，いずれも20kt前後か大きくとも150kt以下のものばかりとなり，1992年に行われた最後のディバイダー実験（核出力20kt以下）へと至るのである[111]。

こうした地下核実験の核出力と，その実験目的に関して，2002年に米国科学アカデミー（National Academy of Sciences: NAS）が発表した報告書『CTBTに関連する技術的な問題』（*Technical Issues Related to the Comprehensive Nuclear Test Ban Treaty*，以下NAS報告）がモデルを用いて示す解説[112]は興味深い。同報告書では，核出力を①未臨界実験，②0.1t以下の流体核実験，③0.1t以上10t未満の極低出力な実験，④10t以上1-2kt未満の非常に低出力な実験，⑤1-2kt以上20kt未満の低出力な実験，⑥20kt以上の高出力な実験という6段階に分けている。そして，それぞれのケースの地下核実験が意味するところを(ア)核実験や核兵器設計の洗練化に十分な知見のない国と，(イ)核実験に多大な

---

(111) これらの核実験データについては，いずれも以下を参照した。Sandia National Laboratories, "Official List of Underground Nuclear Explosions (UNEs) in Nevada," Nuclear Weapon Archive.org website, July 1994, nuclearweaponarchive.org/Usa/Tests/Nevada.html.

(112) National Academy of Science, *Technical Isseues Related to the Comprehensive Nuclear Test Ban Treaty*, National Academy Press, 2002, pp.67-68.

知見を有し，核兵器設計を洗練させるのに長けた国とでモデルを例示する。モデル①-(ア)の組み合わせでは，状態方程式（equation of state）の研究，爆縮型核兵器の高性能爆縮レンズの実験，単純かつ大型の比較的効率の低い非ブースト型核兵器の開発・認証実験が核実験の主たる目的となる。同様に①-(イ)の組み合わせになると，①-(ア)で羅列したものに加えて，新たにブースト型核兵器の設計に関連する限定的な観察実験という目的が含まれる。モデル②-(ア)は，実施には困難を伴うとしつつも，一点危険防止にかかる実験となり，②-(イ)では通常の一点危険防止実験に加えて，これに核出力10t程度の非ブースト型核兵器の設計検証試験がその目的に含まれることになる。続くモデル③-(ア)も，より低出力であったモデル②と同様に，一点危険防止実験であり，③-(イ)となると核出力100t程度の非ブースト型核兵器の設計検証試験目的や，一点危険防止試験が過出力（overrun）したケースも想定される。モデル④-(ア)では，核実験を要しない程度のプリミティブな核兵器から効率面や軽量化面で若干進歩した非ブースト型核兵器の核実験，そして実施には困難を伴うものの，核出力1-2kt程度の小型核兵器の実証実験が主たる目的となる。一方，④-(イ)になると，1-2ktの核出力を発揮する小型核兵器の実証試験に加えて，水爆プライマリの部分的な開発実験がその目的に含まれてくる。そしてモデル⑤-(ア)では低出力のブースト型核兵器開発，低出力の水爆プライマリの開発最終段階若しくは完全な実験，又は20ktまでの核出力の非ブースト型核兵器の実証実験が目的となり，この段階では⑤-(イ)の場合と比べても，モデル上，核実験の目的に差異はなくなってしまう。モデル⑥-(ア)では，ブースト型核兵器若しくは水爆の開発最終段階，或いは完全な実験が目的となり，他方の⑥-(イ)では新たな設定下でのブースト型核兵器若しくは水爆の開発や完全な実験が主目的となる。無論，これらのモデルが示す内容があらゆる核実験に該当する訳ではないことは断りおく必要がある。例えば前述した②-(ア)のように，初めて地下核実験を行ったところ，観測された核出力が極小だったとしても，それが結果論として「フィズル」に近い低出力な核実験であった可能性を考慮すべきであろう。NAS報告も，核兵器を初めて開発する国がモデル②及び③が想定する一点危険防止には，恐らくそれほど関心を持たないであろう旨言及してい

4 ケーススタディ 米国の核実験史2：地下核実験の時代

る(113)。同報告書は，クリントン（William J. Clinton）大統領及び国務長官のCTBT担当特別顧問であったシャリカシュヴィリ（John Shalikashvili）元統合参謀本部議長の委託により，1999年の米国上院でのCTBT批准審議時に争点となったCTBTの技術的懸念事項についてNASが取りまとめ，2002年に公表したものである(114)。いずれにしても，こうした区分の存在によって明らかになることは，核実験を行う国の技術水準が，その核実験の結果が持つ，軍事的な有為性を大きく左右するという厳然たる事実である。

なお，米国における地下核実験は，核爆発装置の設置場所に応じた区分としてシャフト型，トンネル型，クレーター型の三つの形式に分類される。このうち，シャフト型が最も一般的な形式で，新たな核兵器システムの開発を目的に行われることが多かった。トンネル型は準備に多大なコストと時間を要することから，核実験のモラトリアム以前の米国では，年間1-2回と回数が限られており，その実験目的は様々な核兵器や核兵器システムを用いて，核爆発に伴う放射線や地盤振動などがどのように影響するかを評価するのが主体であった(115)。具体的には，ミサイルのノーズコーンや弾頭，人工衛星，情報通信機器及びその他の軍事ハードウェアに対して核爆発で発生する放射線が及ぼす影響の測定や評価が行われた。例えば，人工衛星を例にとっても，トンネル内には十分なスペースが確保できることから，真空室（vacuum chamber）を設置するなど，実際の宇宙空間の状況を模したフルスケールでの実験が可能であった。これらの実験が意味するところは，核戦争下で核爆発に晒された兵器や衛星，通信機器がどれだけ抵抗性を持つのか実証することにあり，その点では1950年代の大気圏内核実験において，米国本土を遠く離れた洋上で行われた核実験の内容と重なるものであった(116)。

---

(113) Ibid, p.67.
(114) "Review and Update: Technical Issues Related to the Comprehensive Nuclear Test Ban Treaty," The National Academy of Sciences, Engineering, and Medicine, Committee on International Security and Arms Control website, sites.nationalacademies.org/PGA/cisac/PGA_053215.
(115) U.S. Congress Office of Technology Assessment, *The Containment of Underground Nuclear Explosions OTA-ISC-414*, U.S. Government Printing Office, 1989, p.18.
(116) Ibid., p.20.

第 1 章　核実験とは何か

　米国エネルギー省が発表している実施回数で言えば、シャフト型が最多で739回（このうち、24回は米英両国の共同核実験である）、トンネル型は67回、クレーター型は回数が少なく、僅か9回である[117]。シャフト型は掘削された縦坑内に核爆発装置を設置して実施する。トンネル型は地表への放射性物質の噴出を完全に封じ込めるべく、山脈か、或いは頂上が平たんな急斜面の土地における水平坑道内に核爆発装置を設置する。そしてクレーター型は、主に平和目的核爆発としてのプラウシェア実験と呼ばれる実験カテゴリで実施されたものであり、核爆発装置設置の状況はシャフト型に近いが、爆発によって地下上層部の岩を吹き飛ばしつつ、極力放射性物質の地表放出を減らして地上に大きなクレーターを形成する特徴がある[118]。米国の場合、深度や場所にもよるが、シャフト型の実験準備には一般に6－8週間かけて掘削を行った一方で、トンネル形はおよそ28,316.85m^3（1,000,000ft^3）もの岩石を除去するのに多大な手間がかかることから、掘削には12ヶ月近くの時間を要したとされる[119]。

　なお、放射性物質を地下に封じ込めることは、PTBTに伴う地下核実験への移行の目的の一つであったことは既に述べたとおりである。しかし、米国が行った地下核実験において、地表への放射性物質の漏出が少なからぬ数で起こっていることも事実である。米国では核実験と放射能の安全性にかかる問題として、1980年代以降、様々な形で政府機関からの情報開示がなされているが、1971年から1988年までの地下核実験について、大きく①予期せぬ形で放射性物質が地表に噴出、或いは漏出する「封じ込め失敗」、②核実験の数日後

---

(117) U.S. Department of Energy Nevada Operation Office, "United States Nuclear Tests July 1945 through September 1992," December 2000, nnsa.energy.gov/sites/default/files/nnsa/inlinefiles/doe%20nv%202000e.pdf. p.xii.

(118) William J. Brady, Karen K. Horton and Bernard F. Rubank, "Operation Nougat and Whetstone Events: Hard Hat, Danny Boy, Marshmallow, Mudpack Wishbone, Gumdrop, Diluted Waters, and Tiny Tot, 15 February 1962-17 June 1965," Report Prepared by Field Command, Defense Nuclear Agency, January 31, 1984, pp.39-41, www.dtra.mil/Portals/61/Documents/NTPR/3-Hist_Rpt_UGT/1962-1965_DNA6320F_Operations_Nougat_and_Whetstone.pdf.

(119) U.S. Congress Office of Technology Assessment, *The Containment of Underground Nuclear Explosions OTA-ISC-414*, U.S. Government Printing Office, 1989, pp.18-20.

4 ケーススタディ 米国の核実験史2：地下核実験の時代

から数週間後に微量の放射性物質が地表に漏出する「遅延漏出」，③トンネル形地下核実験において，観測機器やデータの回収を目的に，意図的に放射性物質を放出する「制御下での汚染除去」，そして④地下の起爆点コアや，生成された放射性核種のサンプル収集など，意図的にごく少量の放射性物質を放出させる「作戦上の放出」という四つの類型のもとで漏出が生じたことが明らかになっている。具体的には，1970年から1988年までの間，計126の地下核実験で放射性物質の漏出や噴

出が生じており，なかでも「封じ込め失敗」の典型として，6,700,000キュリー（Ci）（24,790,000ベクレル（Bq））の放射能を大気中に撒き散らした1970年のベーンベリー実験（Baneberry，右の写真参照[120]）はよく知られている。

　このように，米国だけを取り上げてみても，核実験の目的に応じて実に様々な環境，起爆条件，核出力の設定のもとに，実験回数を重ねてきたことが分かる。米国の核実験回数はN5のどの国と比べても抜きんでて多いが，それが決して非効率的な実験設計によるものではないことは，新型の核兵器を1種類作るのに際して，米国では概ね6回の核実験を経て開発が可能なのに対して，フランスでは22回もの核実験を必要とする[121]との評価から見ても明らかだと言えよう。その一方で，例えば米国で1987年に核兵器庫に納められた当時の核兵器のうち，3分の1に技術的な問題が生じたが，かかる問題は当該核兵器が配備された後に明らかになっており，さらにそれらの核兵器の4分の3については，地下核実験でテストされて初めて問題の所在が確認できたと指摘されている[122]。即ち，核実験は核兵器の設計や開発，運用戦術の検討，影響や効果の

---

(120) 写真の出典は以下のとおり。"Operation Emery," Wikipedia, en.wikipedia.org/wiki/operation_Emery.

(121) Robert S. Norris, "French and Chinese Nuclear Weapon Testing," *Security Dialogue*, Vol. 27 No.1, 1996, pp. 39-54.

(122) Baker Spring, "The Comprehensive Test Ban Treaty and U.S. Nuclear Disarmament," Backgrounder #1330 on Missile Defense, October 6, 1999, www.

第 1 章　核実験とは何か

測定，検証技術の開発といった側面のみならず，配備後（若しくは備蓄後）の設計上の問題点を明らかにする過程においても，有為な手段であり続けていたことが分かる。

　ここで改めて米国の核兵器開発に伴う，その運搬手段の発展についても検討してみたい。一般に，核兵器の運搬手段開発の経緯としては，航空機からの空中投下に始まり，地上発射型ミサイルへの搭載，次いで潜水艦発射型ミサイルへと進展したことがよく知られている[123]。核兵器の運搬手段としては最初期にあたる空中投下時代の 1952 年，米国による最初の軽量な戦略核として配備されたのが核爆弾 Mk-5 であった。その重量は長崎に投下されたファットマンの半分でありながらも，より高性能な爆縮型の核爆弾として，40-50kt 程度の核出力を発揮した。この Mk-5 は，1951 年の核実験（グリーンハウス作戦）で検証された後に，B-29，B-36，B-45，B-47，B-50 戦略爆撃機での運用を前提に，1952 年から 1963 年までの間，米国の核兵器庫に配備された[124]。なお，Mk-5 が配備され始めたのとほぼ時期を同じくして，ソ連が初めて戦略爆撃機から投下可能な核兵器 RDS-3 を開発している。1949 年に最初の核実験を行ったソ連による猛烈なキャッチアップは，米国の核兵器開発にも大きな影響を及ぼしたと言ってよいであろう。

　戦術核に関しては，前節で述べたバスター・ジャングル作戦での核実験を経た，小型の Mk-7/W-7 が米国によって初めて正式に採用され，陸海空 3 軍に配備されたものとして知られている。核出力にして 20kt を発揮する Mk-7/W-7 は 1952 年に配備開始され，1967 年まで核兵器庫に納められていた。米空軍では B-45 ジェット爆撃機，B-57 戦術爆撃偵察機，F-84 戦闘機，F-100 戦闘機，F-101 戦闘機で，また米海軍では A-1（AJ-1）艦上攻撃機，A-3 艦上攻撃機，F2H 艦上ジェット戦闘機，F3H-2N 艦上ジェット戦闘機，FJ-4B 艦上ジェット戦闘機で，それぞれ Mk-7 核弾頭を運用した。また，最初期の核弾頭搭載可能な航空ロケット弾 "BOAR" や，対潜水艦用兵器 "アリアスベッティ

---

　　　heritage.org/research/reports/1999/10/the-test-ban-treaty-and-nuclear-disarmament.
（123）　"Nuclear Weapons," FAS website, fas.org/nuke/guide/france/nuke/.
（124）　"Mk.5/W5," GlobalSecurity.org website, www.globalsecurity.org/wmd/systems/mk5.htm.

(Alias Betty)"，地対地ロケット"オネストジョン（Honest John）"などは，いずれも W-7 核弾頭を搭載することができた[125]。

1952年のアイヴィ作戦（マイク実験）で検証された米国最初の水爆 Mk-14/TX-14 は，5-7Mt という巨大な核出力を発揮した[126]。このときの核実験では，エニウェトク環礁におけるグリーンハウス作戦で検討に付された従来の液体燃料方式ではなく，初めて固形燃料（Li-6）方式を採用したことで知られている。Mk-14/TX-14 は B-36 若しくは B-47 戦略爆撃機で運用し，空中投下用途に限定した設計が施された。しかし，1953年にソ連が最初の水爆 RDS-6 を用いて核実験を宣言したことによって，米国での水爆開発のペースは一層加速していった。なお，このソ連の RDS-6 の実態は強化型の核分裂型爆弾であり，TNT 換算で核出力は 400kt に留まっていた。これは1951年，1952年に米国が行った水爆実験が軒並み Mt 級の核出力を発揮したのと比較するまでもなく，小規模なものであった[127]。RDS-6 に対する米国の関心度は高く，米国エネルギー省の公刊資料によれば，核実験 RDS-6 の実態を検証するために，米空軍は長距離探知システムを用い，核分裂と熱核反応の発生を確認したと明記されている[128]。

さて，米国で1954年2月に核兵器庫に配備された Mk-14/TX-14 だが，より高性能な水爆の開発・生産が視野に入ったことで，僅か数ヶ月の配備期間を以て，1954年10月には退役している[129]。翌1955年にはソ連が2段式水爆 RDS-37 による空中投下実験を成功させ，1.6Mt の核出力を発揮している[130]

---

[125] "Mark 7 Nuclear Bomb," GlobalSecurity.org website, www.globalsecurity.org/wmd/systems/mk7.htm.

[126] "Complete List of All U.S. Nuclear Weapons," Nuclear Weapon Archive.org website, October 14, 2006, nuclearweaponarchive.org/Usa/Weapons/Allbombs.html.

[127] Andrei D. Sakharov, "Soviet Hydrogen Bomb Program," Atomic Heritage Foundation Website, atomicheritage.org/history/soviet-hydrogen-bomb-program.

[128] Terrence R. Fehner and F. G. Gosling, *Battle Field of the Cold War: Atmospheric Nuclear Weapons Testing 1951-1963 Volume 1*, The Nevada Test Site, United States Department of Energy, September 2006, p.113, energy.gov/sites/prod/files/DOENTSAtmospheric.pdf.

[129] "TX-14," GlobalSecurity.org website, www.globalsecurity.org/wmd/systems/mk14.htm.

[130] "22 November 1955- RDS-37," CTBTO website, www.ctbto.org/specials/testing-

第 1 章　核実験とは何か

など，とりわけ米ソ間の核兵器開発競争が過熱していた時期であったことも早期退役の要因の一つであった。

　今日に至るまで維持されている米国の戦略核戦力の三本柱（Triad，以下トライアド）を構成するものの一つ，大陸間弾道ミサイル（ICBM）のための核弾頭開発は，1954 年に開発がキャンセルされた W-13 核弾頭や，同じく 1958 年にキャンセルされた W-35 核弾頭（ICBM の Atlas 及び Titan，中距離弾道ミサイル（IRBM）Thor 及び Jupiter への搭載を想定）などを経て，1958 年から 1964 年まで製造された W-49 核弾頭（核出力 1.44Mt，Thor，Jupiter，Atlas 及び Titan に搭載）や，1963 年に製造が開始され，1966 年に退役となった W-38 核弾頭（核出力 3.75Mt，ICBM の Atlas E/F に 110 基及び Titan I に 70 基を搭載），そして 1986 年から 1988 年にかけて 525 基が製造され，現在まで使用されている W-87 核弾頭（核出力は 300kt-475kt，Mk.21 再突入体に各 10 基組み込まれる形で ICBM の Peacekeeper に搭載された（現在は退役）ほか，Minuteman III に搭載）へと至っている[131]。1950 年代後半の米国アイゼンハワー（Dwight Eisenhower）政権下では，核戦略として大量報復の概念が採択され，次のケネディ（John F. Kennedy）政権で同戦略が否定されるも，1961 年に偵察衛星がソ連の ICBM 戦力を捕捉し，米ソ間のミサイルギャップ論争（しかし，実際に当時のソ連の ICBM 戦力は米国のそれより小規模だった）に火が付いた結果としての米国の ICBM 強化であった。その後，間をおかずして，米ソともにより生存性の高い潜水艦発射型弾道ミサイル（SLBM）への梃入れを進めることとなる[132]。これらの戦略核兵器は，いずれも地下核実験の時代に設計され，様々な実証実験を経た後に核兵器庫に収められていったものである。

　なお，現在に至るまで，米国で最も多くの数が配備されている水爆は B-61（核出力は可変型で 0.3-340kt の幅がある）である。軍事目的に応じて様々なバリエーションが 1966 年以来，1990 年代初頭まで生産されたほか，その物理的

---

times/22-november-1955-rds-37.
(131) "Complete List of All U.S. Nuclear Weapons," Nuclear Weapon Archive.org website, October 14, 2006, nuclearweaponarchive.org/Usa/Weapons/Allbombs.html.
(132) Kalpana Chittaranjan, "Five Decades of Nuclear Weapons," in Jasjit Singh, ed., *Nuclear India*, Knowledge World, 1998, p.59.

パッケージは，W-80，W-81，W-84，W-85といった他の核弾頭にも援用された。この間，B-61は1975年，1977年，1979年，1991年に大規模な仕様変更が行われており，なかでも最も有名な例として，現在に至るまでNATO加盟国の一部と米国が共有する（nuclear sharing）欧州配備の戦術核戦力として，B-61のバリエーションが配備されている[133]。前述した戦略核兵器と同様に，これらの戦術核兵器も地下核実験を通じてその設計を検証され，実証実験が行われてきた一連の兵器群だと言えよう。

　世界初の核兵器保有国として，米国が核兵器の開発や運用戦略の検討で常に先陣をきる立場にあったことは言を俟たない。それに加えて，国内世論の動向を無視し得ない民主主義国家でもある米国は，東西冷戦という国際戦略環境下にあって，対立するソ連側と核軍拡競争に身を置きつつ，自国の核戦力体系を大規模に構築・維持し，その一方では核兵器の不拡散にも目を配り，核軍縮と平和利用とを掲げたNPTからCTBTに至る多国間での枠組み作りを先導するという，いわゆる国際政治理論で言うところの規範起業家[134]の役割を担った。そして，米国は常にこうした多面的な考慮のなかで，自国の核実験を行い，その知見を蓄積してきたと言えよう。

　核兵器開発の先行者として，そして核実験の制限や禁止を通じた核軍縮・核不拡散の規範起業家という米国独特の立ち位置に，ある種の特殊性・特異性を見出すことも可能ではあろう。本書としては米国の行った核実験の回数の多さと，その核実験がまさにダイナミックに変化する戦略環境のなかで，様々な要素を考慮しつつ行われた核兵器開発の取り組みであったことを踏まえれば，今日の核実験が持つ戦略的含意を読み解くうえでも，これほど参考になる先行事例は存在しないと考えるのである。

5　イスラエルと南アフリカ

核実験の歴史を遡る試みのなかで，透明性が担保されない領域も数多く見受

---

[133] "TX-14," GlobalSecurity.org website, www.globalsecurity.org/wmd/systems/mk14.htm.

[134] Martha Finnemore and Kathryn Sikkink, "International Norm Dynamics and Political Change," *International Organization*, No.52, Vol.4, Autumn, 1998, p.895.

第1章 核実験とは何か

けられることは既に述べたとおりである。しかし，そもそも核兵器の開発プロセスや，核兵器そのものの保有自体が不透明な国も存在している。なかでも，核兵器の保有を肯定も否定もしない（Neither Confirm Nor Deny: NCND）政策で知られているのが，CTBT発効要件国の一つに数えられるイスラエルである。また，1990年初頭まで核兵器の開発・保有をひたすら秘匿してきたものの，戦略的環境の変化により，核兵器保有の必然性を失ったとして，その解体廃棄を宣言し，非核兵器国としてIAEAの保障措置を受け入れた南アフリカという特異な事例もある。核実験との兼ね合いで言えば，イスラエルも南アフリカも大気圏内核実験や地下核実験に関する情報を公表していないという共通項がある。

イスラエルは初代首相のベングリオン（David Ben-Gurion）が政権にあった1955年から1958年にかけて，フランスとの「特別な関係」を前提として，秘密裏に核兵器開発への道を開いたとされている(135)。イスラエルの核開発史を調査したハーシュ（Seymour M. Hersh）は，同国政府関係筋からの聴取結果として，1960年代半ばにネゲブ砂漠（エジプト国境付近）の地下洞窟で核出力の非常に小さい実験に成功した旨指摘する(136)。しかし，イスラエルは安全保障政策に戦略的曖昧性を組み込み，核兵器開発を裏付ける情報公開は殆ど行っていない(137)ため，真偽のほどは関係者からの証言に依るもの以外にない。ちなみに，イスラエルは1964年にPTBTを批准している。

イスラエルの保有する核戦力を巡る議論についても，確定的な情報は何もないのが実情である。2013年にクリステンセンとノリス（Kristensen and Norris）らが指摘したところでは，推測される兵器用核分裂性物質の保有量から，イスラエルは115から190の核弾頭が製造可能だとされている(138)。2014年にカー

---

(135) Avner Cohen, Israel and the Bomb, Columbia University Press, 1998, p.3.
(136) セイモア・M・ハーシュ(著)『サムソン・オプション』山岡洋一(訳)，文芸春秋，1992年，160-161頁。
(137) "Israel Thought to Possess 80 Nuclear Weapons: Experts," NIT.org website, September 16, 2013, www.nti.org/gsn/article/israel-estimated-possess-80-nuclear-weapons-report/; Avner Cohen, Israel and the Bomb, Columbia University Press, 1998, pp.2-3.
(138) "Israel Thought to Possess 80 Nuclear Weapons: Experts," NIT.org website, September 16, 2013.

ター（Jimmy Carter）元米大統領が語ったところでは，イスラエルの保有する核兵器は300を超えているともされる[139]。

　イスラエルのNCND政策と，同国の抑止力構築に対するアプローチは，今後の核実験と核兵器の水平拡散の関係性を考慮する上でも，重要な示唆を持つ問題と言えるのではないだろうか。イスラエルの抑止力については，その時代ごとの文脈で読み解くことが必要だが，核兵器開発当時に同国が直面した中東地域とソ連に対する抑止（deterrence）の必要性と，同国が米国政治に影響を及ぼすことを意図した強要（compellence）という二つの側面から考えると理解しやすい[140]。前者については，核兵器開発が進められた当時，イスラエルが標的にしていたのはアラブ諸国を後押しするソ連であったとされる[141]。特に六日戦争後，中東地域での力の空白に付け込む形でソ連がアラブ諸国と同盟したことは，イスラエルにとって大きな脅威となっていた。このとき，イスラエルでは独自の核兵器を開発・保有することを匂わせることによって，その軍事的な威嚇はブラフ（はったり）ではないことをアラブ諸国のみならずソ連にも理解せしめ，またアラブ諸国にソ連が核兵器を供給しないよう，影響を及ぼそうとした[142]との見方もある。

　他方，イスラエルの核兵器開発を把握していた米国では，当時のイスラエルの安全保障に決定的な影響を及ぼしうる，外交上の重要局面に相次いで直面した。このとき，核兵器開発能力の存在によって，もし仮にイスラエルが米国の政治的関与を得られなくなれば，その核兵器を開発・使用する可能性があると米国に理解せしめようと考えた可能性が指摘されている。かかる意図（※米国に対する強要）が奏功すれば，イスラエルは安全保障上の重大局面で，期待どおりに米国の支援を得ることができる。かつてホロコーストを経験し，建国後はアラブ世界で孤立していた1960年代当時の同国の外交・安全保障上のニーズからすれば，核兵器の開発・保有は，ある種の合理性を持って受け止められ

---

(139) "Carter says Israel has stockpile of over 300 nuclear bombs," *Israel HAYOM*, April 14, 2014, www.israelhayom.com/site/newsletter_article.php?id=16847.
(140) ハーシュ，前掲書，50-51頁。
(141) ハーシュ，前掲書，170-171頁。
(142) ハーシュ，前掲書，215-217頁。

第 1 章　核実験とは何か

ていたと見ることもできよう。

　こうした一方，南アフリカの核開発は 1949 年に遡る。世界的にも屈指のウラン鉱山を有する南アフリカに対して，アトムズ・フォー・ピースを掲げた米国は，1957 年から 50 年間の原子力協力合意を結び，原子炉と高濃縮ウランを供給した[143]。注目すべきこととしては，米国が当時進めていた平和目的核爆発（プラウシェア計画）に関して，鉱山開発目的で南アフリカにもその知見が共有され，1967 年から正式に平和目的核爆発計画がスタートし，その一環で 1970 年には Y-プラントと呼ばれる，最初のウラン濃縮施設が設置されていた[144]ことが挙げられる。なお，米国と同様に英国，フランス，ドイツも，南アフリカに積極的な原子力協力を進めたが，1976 年前後にアパルトヘイト政策が発覚したことを受けて，米国をはじめとする西側諸国の取り組みは頓挫した。

　しかし，その後も南アフリカでは核兵器開発に繋がる活動が継続され，1977 年には早くも最初のガンバレル型の核爆発装置が完成し，また 2 台の巨大な装置を用いたコールドテスト（爆発を伴わない核兵器開発実験）が行われ，いずれも所定の成功を収めたとされている[145]。1978 年 9 月には，ボータ（Peter Willem Botha）南ア大統領が核兵器に関する内閣委員会を設置し，核兵器開発計画を承認した[146]とされる。こうして米国から提供された平和目的核爆発に関する知見が兵器転用される結果となった訳だが，その具体的経緯については不明な部分も多く，今日まで様々な議論がなされている。例えば，南アフリカでは 1973 年に実質的な核兵器開発が始まっており，ガンバレル型，爆縮型及び水爆の設計がそれぞれ検討され，最終的にガンバレル型が選択されたとの分析もあれば，ボータ大統領の政治的決定によって，初めて平和目的核爆発が核兵器計画に軍事転用されたとの見方もある[147]。なお，詳細は不明ながらも，南

---

(143) "South Africa," Nucleart Threat Insiative website, September 2015, www.nti.org/learn/countries/south-africa/nuclear/.

(144) Jack Boureston and Jennifer Lacey, "Shoring Up a Crucial Bridge: South Africa's Pressing Nuclear Choices," *Arms Control Today*, January/February 2007, www.armscontrol.org/act/2007_01-02/BourestonLacey.

(145) Hannes Steyn, Richardt Van Der Walt and Jan Van Loggerenberg, N*uclear Armament and Disarmament: South Africa's Nuclear Experience*, iUniverse, 2007, p.39.

(146) Ibid., p.42.

(147) "South Africa," Nucleart Threat Insiative website, September 2015, www.nti.org/

44

アフリカとイスラエルとの間で，極秘裏に核兵器開発のための協力関係が築かれたとする指摘(148)もある。

いずれにしても，南アフリカの核兵器開発との関連で，1975年頃には地下核実験に用いることができるシャフトが二つ，カラハリ砂漠ヴァストラップ（Vastrap）基地付近に掘削されたことが明らかになっている(149)。このヴァストラップ地域を1993年にIAEAの査察団として訪問したオルブライトら（David Albright, Paul Brannan, Zachary Laporte, Katherine Tajer, and Christina Walrond）は，シャフトの構造について，深さ385mの第1シャフト（1976年11月に完成）及び，深さ216mの第2シャフト（1977年に完成）が1km以下の間隔で設置されていた(150)ことを証言している。また，南アフリカの核兵器開発について著述したパビアン（Frank V. Pabian）によれば，第2シャフトは第1シャフトに不具合が生じた場合の予備として掘削されたものの，掘削にまつわる技術上の問題が発生し，核爆発装置を下向きにまっすぐ挿入することができなかったと明らかにしている(151)。なお，南アフリカは1963年にPTBTに加盟している。

南アフリカが核兵器開発を選択した戦略的要因には，1970年代中葉に，同国を取り巻く安全保障環境が大きく，好ましからぬ方向に変化したことが指摘されている。具体的には，1975年にポルトガルから独立したアンゴラとモザンビークで親ソ連勢力が台頭し，内戦状態に陥るなか，反共産主義を掲げた南

---

learn/countries/south-africa/nuclear/.
(148) Yossi Melman, "Did Israel Play a Role in 1979 South Africa Nuclear Test? South Africa turned to Israel after West froze nuclear ties in 1976 over development of military program," *Haaretz*, February 8, 2009, www.haaretz.com/print-edition/features/did-israel-play-a-role-in-1979-south-africa-nuclear-test-1.281226.
(149) "South Africa: Nuclear," NTI Country Profile, March 2016, www.nti.org/learn/countries/south-africa/nuclear/.
(150) David Albright, Paul Brannan, Zachary Laporte, Katherine Tajer, and Christina Walrond, "Rendering Useless South Africa's Nuclear Test Shafts in the Kalahari Desert," *ISIS Report*, November 30, 2011, isis-online.org/uploads/isis-reports/documents/Vastrap_30November2011.pdf.
(151) Frank V. Pabian, "The South African Denuclearization Exemplar: Insights for Nonproliferation Monitoring and Verification," *Nonproliferation Review*, Vol.22, No.1, 2015, p.36.

第1章 核実験とは何か

アフリカはこれらの国々の反政府勢力を支援して内戦に介入した。その一方で，共産主義勢力としてのアンゴラ政府側に梃子入れしたキューバは，最盛期で5万人規模の部隊をアンゴラに派遣・駐留させた。親ソ連の共産主義が国境付近まで勢力を拡大するなか，南アフリカでは急速に安全保障上の脅威認識が高まっていった(152)。そして，同国最後の砦として，核兵器開発の道へと進んでいったのであった。

こうして1981年から1989年にかけて，高濃縮ウランを用いて6基の核兵器を製造した南アフリカだが，1990年に多数派の黒人政権が誕生すると，予定されていた7基目の核兵器開発は中断された。ウラン濃縮プラントが閉鎖され，製造済みの核兵器は全て解体廃棄された後に，南アフリカ政府はIAEAの保障措置査察を受け入れ，非核兵器国としての地位を宣言することとなった。南アフリカが開発した核兵器は重量1t近い旧式のガンバレル型であり，推定される核出力は広島に投下されたものとほぼ同水準であったとされる。ガンバレル型の初歩的な核兵器は，その設計上の制約要因によって，運搬手段は爆撃機に限定される。

核兵器開発と核実験を巡って，後年公開された当時の南アフリカの戦略概念は非常に興味深い。「触媒抑止（catalytic deterrence）」と称される同戦略概念では，①核抑止力の存在を否認，或いは拒否する戦略的な曖昧さをとる第1フェーズ，次に②南アフリカの領土が脅かされた場合，隠されていた核抑止力を一部の大国（例としては米国）に対してのみ明らかにする第2フェーズ，そして③第3フェーズとして，部分的な秘密の核抑止力の開示によってすらも，脅威を除去するだけの国際的介入が得られない場合，核抑止力を一般公開する，或いは地下核実験によって南アフリカの核抑止力を実証するとの段階的戦略となっている(153)。

①はイスラエルのNCND政策と軌を一にするものである。そして，この戦略概念③の段階にあたる核実験に関して，南アフリカは望みどおりにその戦略

---

(152) 国末憲人「南アフリカの核廃棄」山田浩，吉川元（編）『なぜ核はなくならないのか：核兵器と国際関係』法律文化社，2000年，142-143頁。
(153) Pabian, "The South African Denuclearization Exemplar: Insights for Nonproliferation Monitoring and Verification," p.36.

を達成することができなかった。1977年にソ連が偵察衛星から得た情報において，前述したカラハリ砂漠ヴァストラップ基地の掘削口を発見し，地下核実験の機先を制する形で米国にもこれを周知した結果，南アフリカは米仏をはじめとする国際社会から強い非難と外交上の圧力を受けることとなった。最終的に，南アフリカは戦略概念上の方針を曲げて，シャフトの入り口を自らコンクリートで封鎖し，核実験場自体を放棄してしまう(154)。

このように，南アフリカにおける核実験は，後述するソ連の自国の検証技術手段（National Technical Means: NTM）に依拠した核実験準備態勢の早期探知及び，地下核実験に対して機先を制した国際社会の強い非難が決定打となり，自ら核実験計画を見直す結果となった。これは，地下核実験が非軍事的な手段によって，実質的に阻止された事例と位置付けることもできよう。

なお，核実験の実施について何ら公的な声明のないイスラエルと南アフリカだが，両国の関与が疑われる事象として，米国の核実験監視史に残る「ヴェラ事件（Vela Incident）」は，多年にわたり様々な憶測を呼んできた。これは1979年9月22日00時53分（GMT），米国が運用するヴェラ6911衛星（※1963年のPTBTを受けて運用されていた核実験監視用の人工衛星。大気圏内及び宇宙空間での核実験を探知するべく，核実験探知（Nuclear Detection: NUDET）システムを搭載していた。）が大気圏内核実験に特徴的な二度の閃光をインド洋から南太平洋において探知したことから，世界的に様々な憶測を呼んだ事件であった。この不思議な閃光は，その後の微気圧振動検知結果の分析もあわせて，南アフリカ・プリンスエドワード島付近の上空で発生したこと，その際，大気中での核爆発に伴うγ線やX線，中性子などの多くの核実験の証拠がヴェラ6911衛星によって補足され(155)，光度曲線分析の結果から3kt程度の核出力の小さな核爆発であった可能性が指摘(156)されている。またヴェラ事件と同日，

---

(154) Frank V. Pabian, "The South African Denuclearization Exemplar Insights for Nonproliferation Monitoring and Verification," *Nonproliferation Review*, Vol.22, No.1, 2015, p.37.

(155) Jeffrey T Richelson, "The Vela Incident Nuclear Test or Meteoroid?" *National Security Archive Electronic Briefing Book*, No.190, 2006, www.gwu.edu/~nsarchiv/NSAEBB/NSAEBB190/index.htm.

(156) Carey Sublette, "Report on the 1979 Vela Incident," Nuclear Weapon Archive.

海上で生じた特異な衝撃波がフィリピンの地震計に記録されていたことも後に判明している(157)。

　ヴェラ事件が仮に核実験であったとして，閃光の捉えられた座標から南アフリカの関与がなかったとは考えにくく，また1979年という時期に鑑み，それまで核実験に関する情報がなかったイスラエルによる関与も疑われたのであった。当時，この事件自体がヴェラ衛星による誤認警報（false alarm）によるものだったのではないかとの懐疑論も生じた一方で，ごくごく小規模な放射性降下物しか発しない，恐らくは戦術核兵器を用いた核実験の可能性があったとの指摘や，もしも南アフリカによる核実験であったとすれば，海洋で実施したということが，ほかに代替的な核実験場が得られなかったためであろうこと，逆に南アフリカの関与はなく，イスラエル単独での核実験だった可能性も検討すべき(158)であるなど，百家争鳴の様相を呈していた。

　ちなみに，当初の南アフリカ側の声明では，同国が開発した核兵器はいずれも核実験を経ておらず，また南アフリカは過去，いかなる国とも核実験協力を行っていないとされていた。しかし，1997年にマンデラ（Nelson Mandela）政権で外務審議官を務めたファハード（Aziz Pahad）は，1979年のヴェラ事件はまさに核実験であったこと，そしてある特定の2国間で，特別な装備品（very special equipment）のための科学者や技術者による交流・協力が行われたとの証言(159)を行っている。

　ヴェラ事件の真相は未だに明確にはされていないものの，2013年には，南極の昭和基地（日本）が保管していた1979年当時の同地の地震計データを解析した結果として，プリンスエドワード島付近を震源とする人工地震が記録されていたことが明らかにされ(160)話題を呼んだ。仮にヴェラ事件がイスラエル

　　　Org website, nuclearweaponarchive.org/Safrica/Vela.html.
(157) Yossi Melman, "Did Israel Play a Role in 1979 South Africa Nuclear Test? South Africa turned to Israel after West froze nuclear ties in 1976 over development of military program," *Haaretz*, February 8, 2009, www.haaretz.com/print-edition/features/did-israel-play-a-role-in-1979-south-africa-nuclear-test-1.281226.
(158) Ibid.
(159) Ibid.
(160) 澁谷和雄「昭和基地地震計が検知した南アフリカが行った核実験」『南極地球物理学ノート（国立極地研究所）』，No. 24, 2013年9月4日，polaris.nipr.ac.jp/~geophys-

と南アフリカの関与した核実験であったとするならば，核実験を行うことなく核兵器開発を行った事例は，本書執筆の現時点で，ひとつも存在しないことになる。

　次章では，こうした各国の核実験に対して，それに掣肘を加え，或いは禁止する動きがどのように始まり，いかにして核実験禁止の合意が担保されてきたのかを歴史的見地から検討する。

---

notes/Note/note24/index.html。

第 2 章　核実験禁止の試み

1　部分的核実験禁止条約（PTBT）

　グローバルな核実験の禁止が国際政治の舞台で公に議論される端緒となったのは，1954 年のインドのネルー（Jawahalal Nehru）首相による，核兵器開発競争の終了と，核拡散防止にかかる提案としての核実験禁止論であった[161]。しかし，核実験禁止のための多国間条約に繋がる直接の契機となったのは，1950 年代後半から協議がはじまり，1963 年に米国，ソ連及び英国の 3 ヶ国によって署名された大気圏内，宇宙空間及び水中における核実験を禁止する部分的核実験禁止条約（Partial Test Ban Treaty: PTBT. なお米国国務省のように，同条約を Limited Test Ban Treaty: LTBT と呼ぶ場合もある。）が最初であった。この条約成立の背景には，1962 年のキューバ危機の勃発と，それまで大気圏内で実施されていた核実験による放射性降下物が米国のケネディ大統領らにより問題視されたことも大きな要因として指摘される[162]。

　米国，ソ連及び英国を寄託者として，1963 年 10 月に発効した PTBT は，署名国数 104，締約国数 125 を数える最初の核実験条約であった[163]。PTBT は大気圏内，宇宙空間，そして水中での核爆発実験を禁止するものであり，地下

---

(161) Daryl G. Kimball and Shervin Taheran, "Nuclear Testing and Comprehensive Test Ban Treaty（CTBT）Timeline," Arms Control Association website, September 22, 2015, www.armscontrol.org/factsheets/Nuclear-Testing-and-Comprehensive-Test-Ban-Treaty-CTBT-Timeline.

(162) 小山謹二「CPDNP ワーキングペーパー：包括的核実験禁止条約（CTBT）と検証制度について(2)米ソ地下核実験制限条約（TTBT）の発効に向けて」日本国際問題研究所軍縮・不拡散促進センター web サイト，2006 年，www.iijnet.or.jp/JIIA-CPDNP/pdf/CTBT-2-TTBT.pdf，1 頁。

(163) "Treaty Banning Nuclear Weapon Tests in the Atmosphere, in Outer Space and Under Water," United Nations Office of Disarmament Affiars website, disarmament.un.org/treaties/t/test_ban.

第2章 核実験禁止の試み

核実験は禁止対象から除外されているものの，実験に伴う放射線デブリを当事国の領土外に流出させることは禁止されていた[164]。

PTBTで対象とならなかった地下核実験については，条約の前文において「核兵器の全ての実験的爆発の永久的停止の達成を求め」とした上で，第1条(b)にて「締約国がこの条約の前文で述べたように締結を達成しようとしている条約，すなわち，地下における実験的核爆発を含む全ての実験的核爆発を永久に禁止することとなる条約の締結がこの(b)の規定により妨げられるものではないことが了解される」と規定している。当時から地下核実験を含めた包括的な核実験禁止を目指していたという点で，PTBTは後のCTBTへと到る，核実験禁止の取り組みの橋頭堡であったと言えよう。その一方で，PTBTが地下核実験を禁止対象から外した背景には，核不拡散や核軍備管理といった名目とは裏腹の戦略上の論理，即ち，核兵器開発の先駆的存在であった米ソ英3カ国としての優位性の固定の意図も存在していた。前章で検討したとおり，米ソを中心に既に相当数の大気圏内核実験を行っていたことで，核兵器の開発・運用に関わる基盤的な知見も蓄積されていたことから，米ソ英3カ国では地下核実験への移行にも大きな支障はなかった。また，国内世論や国際社会から批判が高まっていた放射性降下物による健康と安全，そして環境被害への対処としても，PTBTの締結は理にかなった選択であったと言えよう。

PTBT交渉は，1957年にソ連が国際管理（International Control）という概念を用いて核実験禁止提案を行ったことを受けて，1958年以降，ジュネーブで米国，英国，ソ連，カナダ，フランス，ポーランド，チェコスロバキア，ルーマニアから専門家が参集し，検討が開始された。これは当初，相互主義の前提のもとに国際監督委員会（International Supervisory Commission）や国際管理システム（System of International Control）といった枠組みを設け，合意遵守を検証しようとする発想に基づいたものであった。かかる検討の過程において，大気圏内，水中及び地下の核実験監視に求められる国際管理システムの要件が議論された。その結果，航空機による通常及び特別飛行に加えて，地上に170

---

(164) "Limited Test Ban Treaty (LTBT)," Arms Control Association website, August 5, 1963, www.armscontrol.org/treaties/limited-test-ban-treaty.

1 部分的核実験禁止条約（PTBT）

－180カ所，船舶上で10カ所[165]の管理ポストを置くことと，遠隔探知された地震波が核実験によるものか，それとも自然地震に起因するものかを識別するための査察制度の導入案が報告書に取りまとめられた[166]。とりわけ，最大の焦点となったのは地下核実験であった。当時は地下核実験の実施数自体がまだ限られたものであり（表1参照），ジュネーブで議論が開始された時点で，東西両陣営の専門家の間でも核実験に対する認識には相応の開きがあった。地下核実験に伴って生じる放射性核種の封じ込めが完全に行われた場合，その核実験を遠隔探知する主立った手段は地震学的監視や微気圧振動監視に絞られる。このうち，地震学的監視については，自然地震と人工地震の識別が核実験探知のポイントになるものの，人工地震が核爆発装置の実験的爆発によるものか，或いは鉱山の発破などに用いられる大量の火薬の爆発によって生じたものかを識別することは，技術的に困難であった。そのため，最終的には査察を行うことが不可欠だと考えられたのであった[167]。しかしながら，ソ連は査察自体に消極的であり，領土内への受け入れは年間3回に限定するよう主張した。これに対して，米英は査察頻度を科学的根拠に基づき決定すべきだと反論し，後に最低でも年間7回とするよう提案したが，これはソ連に拒否されてしまう。査察を巡る争点は，実施頻度以外にも査察規模や査察区域，査察団員の国籍や構成，査察実施要請の基準など，まさに課題が山積した状態にあった[168]。さらに，ソ連は検証に関して拒否権を認めるよう主張したが，米国は査察の事実関係調査を効率的に行う観点から，手続き的事項を拒否権の対象にすることに反発した[169]。

こうした検証制度を巡る議論の行方を決する分岐点となったのは，管理システムがどの行為主体に帰属するかという問題であった。当初，米英は当該シス

---

(165) "Treaty Banning Nuclear Weapon Tests in the Atmosphere, in Outer Space, and Under Water," Bureau of Arms Control, Verification, and Compliance, U.S. Department of State website, www.state.gov/t/avc/trty/199116.htm.
(166) Ibid.
(167) "Treaty Banning Nuclear Weapon Tests in the Atmosphere, in Outer Space, and Under Water," Bureau of Arms Control, Verification, and Compliance, U.S. Department of State website, www.state.gov/t/avc/trty/199116.htm.
(168) Ibid.
(169) Ibid.

テムを国際管理とするよう主張したが、後にその姿勢を改め、各国が独自に保有するべきだとするソ連側の主張に同調した[170]。国際監督委員会については、西側から1名、中立国から1名、共産圏から1名ずつ委員を出す「トロイカ」方式が検討されたが、かかる方式では意思決定を行う上で、早晩、機能不全になるであろうとの認識が共有され、ソ連側も国際監督委員会に関する提案の取り下げに同意した[171]。交渉の終盤まで議論がもつれたのは査察制度であったが、ソ連が受け入れ頻度を年間3回に固執し続けたこともあり、米英ソ3カ国のハイレベルでの協議を経て、最終的にPTBTでは検証や査察の規定を必要としない環境における核実験のみを禁止とすることで合意に至った[172]。また、平和目的核爆発については、PTBTが禁止対象に含めなかった地下核実験を妨げないことと定められた。

他方、国際管理システムを巡る専門家会議での議論の着地点を踏まえる形で、各締約国が有するNTMによって、他の締約国における条約遵守状況の検証を行うことが認められた[173]。NTMに関連して、当時の米国ケネディ政権では、ソ連の大気圏内核実験探知を目的に、地震計を世界23カ所に配置していたのに加えて、微気圧振動観測機器、電磁パルス監視センサー及び放射性核種監視センサーから構成された核エネルギー探知システム（Atomic Energy Detection System: AEDS）を開発・保有していた。AEDSは1949年のソ連の最初の核実験を探知したことで知られている。PTBT交渉妥結時において、米国側はAEDS及びインテリジェンス（諜報）などの他の補完的な手段によるNTMを用いて核実験を探知・検証することに、相当の自信を有していたとの指摘[174]もある。

---

(170) Ibid.
(171) Ibid.
(172) 黒澤満『現代軍縮国際法』西村書店、1986年、59頁。
(173) Walter Dorn, "The Chemical Weapons Convention," Paper presented at the Workshop on Chemical Weapons, Nuclear Weapons and Arms Control in Outer Space, Toronto, Canada, May 29, 1993, www.rmc.ca/academic/gradrech/dorn14_e.html.
(174) Richard A. Cribner, Theodore J. Ralston and William D. Metz, *The Verification Challenge: Problems and Promise of Strategic Nuclear Arms Control Verification*, Birkhaeuser, 1985, p.24.

1 部分的核実験禁止条約（PTBT）

表1　N5による最初の地下核実験

国名	米国	ソ連	英	仏	中国
日時	1957年7月26日	1961年10月11日	1962年3月1日	1961年11月7日	1969年9月22日
爆発規模	微小	1kt	9.5kt	20kt以下	20-25kt
核実験場，実験名（明らかな場合）	ネバダ核実験場（NTS），"Pascal-A"	セミパラチンスク核実験場（STS）	ネバダ核実験場（NTS），"Pampas"	ホガール(Hogger)，"Agathe"	ロプノール(Lopnor)
種類	シャフト地下152m	トンネル詳細不明	シャフト地下366m	トンネル詳細不明	詳細不明
最初の核実験以降の経過	1945年，通算98回目の核実験	1949年，通算117回目の核実験	1952年，通算22解明の核実験	1960年，通算5回目の核実験	1964年，通算9回目の核実験

（出典：以下の資料などをもとに筆者作成。V. N Mikhailov ed., *Library of Congress Cataloging-in-Publication Data: Catalog of worldwide nuclear testing*, Begell-Atom, 1999, www.iss.niiit.ru/ksenia/catal_nt/index.htm; Nils-Olov Bergkvist and Ragnhild Ferm, "Nuclear Explosions 1945-1998," FOA Defense Research Establishment and Stockholm International Peace Research Institute, July 2000, www.iaea.org/inis/collection/NCLCollectionStore/_Public/31/060/31060372.pdf, pp.20-42.）

　なお，PTBT交渉の過程で，後発の核兵器開発国であった中国がPTBT自体を非難（1963年に署名）し，またフランス（未署名）とインド（1963年に署名・批准）も署名を拒否する意向を示していた[175]。核実験に一定の掣肘を課すPTBTは，国際社会から一定の支持を得た一方で，核兵器開発に出遅れた国々の反発も目立った。他方，核実験全体の趨勢から見れば，PTBT交渉の過程で禁止対象とならなかった地下核実験に対して，この後，米ソ英各国が一層力を入れる結果となった。それと同時に，NPTが1968年に署名開放され，1970年に発効した後は，PTBTの前文で示されたより「包括的な」核実験禁止条約の締結を目指す取り組みこそ，核兵器国にとってNPT第6条義務の遂行，即ち核兵器国による核軍縮努力を進めるうえで不可欠のこととみなされるようになっていった[176]。

---
(175)　ブルースA.ボルト『地下核実験探知』小林芳正（訳），古今書院，1986年，160頁。
(176)　Daryl G. Kimball and Shervin Taheran, "Nuclear Testing and Comprehensive Test Ban Treaty (CTBT) Timeline," Arms Control Association website, September 22, 2015, www.armscontrol.org/factsheets/Nuclear-Testing-and-Comprehensive-Test-

2　地下核実験制限条約（TTBT）

　PTBT から 10 年を経た 1974 年 7 月 3 日，モスクワサミットにおいて米国のニクソン（Richard M. Nixon）大統領とソ連のブレジネフ（Leonid Brezhnev）書記長によって，地下核実験制限条約（Threshold Test Ban Treaty: TTBT）が署名された。この署名の背景には，戦略兵器制限交渉（Strategic Arms Limitation Talks: SALT）に対する米ソ両首脳の思惑の一方で，双方が将来の核戦力構築に対して持つ無力感と，いつまで経っても軍備管理問題に合意が得られないことへの焦燥が存在したと指摘される[177]。結果的には，モスクワ・サミットを何とか成功させるべく両首脳によって妥協が図られ，核出力が 150kt 以上の地下核実験には新たに米ソ間で制限を設けるものとして，TTBT の署名へと到ったのであった。しかし，この条約はその後 15 年以上にわたり批准されず，ようやく発効したのは 1990 年に入ってからであった。

　もともと TTBT では，検証の取り決めと平和目的核爆発を規制する協定の作成のために一定の時間が必要であるとして，実際に効力を発する時期を 1976 年 3 月以降と規定していた[178]。しかし，TTBT 署名後の 1974 年から 1976 年の間に，米国は 24 回，ソ連は 19 回にわたって核出力 150kt を超える核実験を相次いで実施している[179]。前章の米国の地下核実験の事例で検討したとおり，PTBT 以後の地下核実験において，核出力が 3 桁から 4 桁に至るものは限定的であった。そのことに鑑みれば，合意した TTBT が効力を発するまでの間に，米ソ両国が制限値の核出力 150kt を超える地下核実験を駆け込みで行った背景には，核兵器開発のための戦略的考慮があくまでも優先されたことが窺い知れる。

　　Ban-Treaty-CTBT-Timeline.
(177)　Gregory E. van der Vinka and Christopher E. Paineb, "The Politics of Verification: Limiting the Testing of Nuclear Weapons," *Science & Global Security*, Vol.3, 1993, www.princeton.edu/~globs1ec/publications/pdf/3_4vanDerVink.pdf, p.263.
(178)　黒澤満『現代軍縮国際法』西村書店，1986 年，64 頁。
(179)　V.N Mikhailov ed., *Library of Congress Cataloging-in-Publication Data: Catalog of Worldwide Nuclear Testing*, Begell-Atom, 1999, www.iss.niiit.ru/ksenia/catal_nt/index.htm.

2　地下核実験制限条約（TTBT）

　それでは，2年の猶予を設けて検討した検証制度はどのような成果を生んだのだろうか。TTBT 交渉を通じて，米ソ両国は NTM の使用及び，他国による NTM を妨害しないこと（条約第2条第1項，同第2項），米ソ両国が相互に核実験実施の日時や場所（核実験場の位置），起爆点の深度，地質学的情報，較正（Calibration）のための核実験で生じる核出力などの情報交換を行うことを規定するに至った。なお，最終的な核実験探知の鍵となる現地査察については，侵入度（intrusiveness）が高すぎるとして，米ソ間での合意には至らなかった。

　その後，冒頭で述べたとおり 15 年もの紆余曲折を経て，TTBT は 1990 年 12 月 11 日に漸く発効する。これほど長期間の未発効期間を経験することになった TTBT だが，発効の直接の契機となったのは，1990 年 6 月に米ソが追加的な検証制度を規定する新議定書に合意したことであった(180)。新議定書では，核出力 35kt 以上の核実験の年間実施計画を相手国に通報することが定めたほか，核実験を実施する 200 日前に実験計画の詳細を相手国に通報することが義務づけられ，通報を受けた国は原則として 20 日以内に，流体力学的（Hydrodynamic）手法や地震学的手法などの検証手段のうち，適用を予定しているものを実験実施国に連絡するよう規定された(181)。この背景には，1988 年に米ソ間で合意された，核実験に関する共同検証実験（Joint Verification Experiment: JVE）の存在があった。これは，TTBT と次節で述べる平和目的核爆発条約（Peaceful Nuclear Explosions Treaty: PNET）に対する効果的な検証制度のあり方を検討するべく，1987 年のワシントン・サミットにおいて米ソ間で合意された取り組みであった。具体的には，米国ネバダ核実験場とソ連セミパラチンスク核実験場で，それぞれ申し合わせのもとに地下核実験を行う。このとき，相手国の科学者，技術者及びオブザーバーが立ち会い，当事国と相手国双方が核出力を測定する。そして，双方の測定値を踏まえ，核実験の結果

---

(180) U.S. Department of State Bureau of Verification Compliance and Implementation, "Treaty between the United States of America and the Union of Soviet Socialist Republics on the Limitation of Underground Nuclear Weapon Tests (and Protocol Thereto)," U.S. Department of State website, www.state.gov/t/ac/trt/5204.htm.

(181) 小山謹二「包括的核実験禁止条約（CTBT）と検証制度について(2)：米ソ地下核実験制限条約（TTBT）の発効に向けて」日本国際問題研究所軍縮・不拡散促進センター web サイト，2006 年 9 月，www.cpdnp.jp/pdf/003-03-008.pdf，7 頁。

第 2 章　核実験禁止の試み

が協議されることとなった。ここで米国が提案した技術こそ，流体力学的手法で核出力を測定する CORRTEX（Continuous Reflectometry for Radius versus Time Experiments: CORRTEX）と呼ばれる方式であった[182]。従来，米国のネバダ核実験場とソ連のセミパラチンスク核実験場の間で，核出力の同定にかかる誤差は非常に大きかった。核出力 150kt 以上の核実験に制限を設ける TTBT はもとより，PNET でも検証措置の精緻化が求められており，とりわけ地震学的監視と CORRTEX によって，米ソ 2 国間で核出力の同定法を共有する必要性が生じていた[183]。こうして TTBT の検証を巡る交渉が行われるなか，実際に 1998 年 8 月から 9 月にかけて，JVE としてネバダ核実験場とセミパラチンスク核実験場でそれぞれ 150kt 超の核実験が実施され，核出力同定のための基準を米ソ双方で共有することが実現した[184]。結果的に JVE と CORRTEX は，TTBT 及び PNET の検証にかかる新議定書批准のために小さからぬ役割を果たしたと言えよう。

新議定書のもとでは，相手国の連絡を受けた実験実施国は実験場の地質学的・地球物理学的な特徴と，地下の断層などの情報を含む 2 万 5 千分の 1 以上の縮尺の精密地図，流体力学的手法の適用のための測定機器などの設置場所，流体力学的手法による測定を実施する区域内の空洞（$1.0m^3$ 以上）の位置情報及び，その他の実験用の空洞を塞ぐために使用する材質とその密度，密閉容器（Canister）を敷設する実験孔から半径 300m 以内に設けた実験用の空洞の情報などを相手国に通知することが義務づけられた。

現地査察については，新議定書第 7 章において全 6 項目からなる規定が設けられたが，ソ連側の強い意向により，査察団員（inspector）という文言は用いず，あくまでも現地査察に従事する要員（personnel）との表現が採用された。

---

(182)　"White House Statement on the Soviet-United States Joint Verification Experiment for Nuclear Testing," Reagan Library Archives website, August 17, 1988, www.reaganlibrary.archives.gov/archives/speeches/1988/081788a.htm.

(183)　植田隆子「ジュネーブ軍縮会議における核実験全面禁止問題（1986-1988 年）――多数国間交渉と米ソ 2 国間交渉の相克」『国際政治』第 99 号，1989 年 3 月，121-122 頁。

(184)　C. Austin Reams, "Russia's Atomic Tsar: Viktor N. Mikhailov," Center for International Security Affairs Los Alamos National Laboratory, December 1996, www.iaea.org/inis/collection/NCLCollectionStore/_Public/28/077/28077312.pdf, p.6.

2 地下核実験制限条約（TTBT）

　新議定書第7章では情報交換された指定の実験場でボーリングされたコア（地下核実験の中核）のサンプル（core sample）と岩片（rock fragments）の採取に関連して、条約の目的以外のインテリジェンス活動に転用ができないよう、使用する機材を限定している。具体的にはγ線計測、中性子線計測、電気抵抗度測定、磁化率（magnetic susceptibility）測定、重力測定、音響測定などが列挙されたほか、遠隔モニターのためのテレビや、キャリパー検層（caliper logging）、起爆装置の設置深度及びその設置場所の横断面、座標及び設置場所の空洞のサイズの測定に限って、機材の使用することなどが認められた[185]。

　TTBTの新議定書に基づく検証は、米ソ両国がネバダとセミパラチンスク両核実験場でそれぞれ1回実施したのみであった。また、文言の上では現地査察とは言っても、後述するCTBTの現地査察（On-Site Inspection: OSI）と比較するまでもなく、米ソ両国による共同実験の色彩が濃厚であった。新議定書の規定では、両国がほかに合意しない限りにおいて、最大でも15日間しかボーリングでのコア掘削や記録活動が認められておらず（第7章第5項）、査察に従事する指定された人員（designated personnel）も同時に23名を超えないこと（同第6項）など、後のCTBTのそれよりも小規模で限定的な内容であった。

　TTBTを巡る国際政治上のインパクトについて、当時、英国は条約に加わらなくとも、その規定を遵守すると公約した。中仏2カ国はこの条約を無視するのは確実視されていた[186]。TTBTは新たな高出力の核弾頭開発に制限を課し、かつ備蓄核兵器のランダムな検査としての核実験にも制限を加えるものだった。しかし、なかでも最も重要だったのは検証制度の導入であった。まさに、TTBTこそ、核爆発の場所や核出力の詳細情報を締約国間で交換した最初の条約であり、後のCTBTに向けた検証措置の枠組みの検討にも大きな影響を及ぼした[187]。また、TTBTは現地視察を認めたことで、従来の検証制度を巡るソ連の頑なな姿勢に突破口を開いたものとして受け止められた。

---

(185) George L. Rueckert, *On-site Inspection in Theory and Practice: A Primer on Modern Arms Control Regimes*, Praeger, 1998, p.19.
(186) ストックホルム国際平和研究所（編）『核時代の軍備と軍縮』服部学（訳）、時事通信社、1979年、238頁。
(187) 前掲書、238-239頁。

第 2 章　核実験禁止の試み

しかし，TTBT は当時の国際社会が期待していた核実験の完全な禁止とはほど遠い条約であった。条約の上限である核出力 150kt は余りにも大きく，核軍備管理条約としての効果を疑問視する見方すらあった[188]。また，当時は検証制度を巡っても様々な見解があり，核出力の制限は日進月歩の検証技術の発展を反映しておらず，米ソが合意した上限値の 10 分の 1 程度の核爆発でも探知可能であり，北半球の岩盤中に限定するならば 2 − 3kt の地下核実験でも探知に支障はないとの指摘[189]もあった。こうした一方，かかる核出力への制限は，既に配備済み，若しくは当時配備予定であった全ての米ソの核弾頭に対する核実験をカバーするものであり，かつ個別目標誘導複数弾頭（Multiple Independently-targetable Reentry Vehicle: MIRV）[190]の導入によって，Mt クラスの巨大な核出力を発揮する水爆は廃れてゆく方向にあるとの議論[191]もあった。

3　平和目的核爆発条約（PNET）

今日からすれば，およそ現実のものとは思えないことではあるが，核爆発の破壊力を平和目的に利用（平和目的核爆発）しようとする議論が盛んに行われた時期があった。米国が牽引した 1959 年の「プラウシェア・シンポジウム（Plowshare Symposium）」の記録によれば，平和目的核爆発として，人工港湾の造成，海面水位での船舶用運河の造成，地下石油貯蔵所の開発，発電やアイソトープの生産に加えて，地熱蒸気工場や海水蒸留，或いは地下水供給の改善，鉱業開発，頁岩（シェール）からの石油生産や気象実験など，多岐に及ぶ項目が検討されている[192]。米国がプラウシェア計画（Plowshare program）として実施した平和目的核爆発は合計で 35 回，対するソ連が行った平和目的核爆発は

---

(188)　前掲書，239 頁。
(189)　前掲書，239 頁。
(190)　一つの弾道ミサイルから発射される複数の再突入体が，個別の目標に対しそれぞれが独自の飛行弾道をとって攻撃するよう誘導されるもの。黒澤満『核軍縮と国際平和』有斐閣，1999 年，173 頁。
(191)　前掲書，239 頁。
(192)　ハーマン・カーン「軍備競争とその危険性」D. G. ブレナン（編）『軍備管理・軍縮・安全保障』小谷秀二郎（訳），鹿島研究所・日本国際問題研究所，1963 年，129 頁。

3 平和目的核爆発条約（PNET）

米国より大幅に増えて 124 回にも上る[193]。

こうした平和目的核爆発に対して掣肘を加えようとしたのが PNET であった。TTBT で禁止対象には含まれなかったこの平和目的核爆発について，米ソ2国間で爆発規模を 150kt まで制限するとの内容で，PNET は 1976 年に署名された。しかし，TTBT と同様に，合意遵守に対する有効な検証手段が欠如していることを理由に，条約の批准は大幅に遅れ，PNET の署名から 10 年の歳月を経た 1987 年になって，米ソ両国は検証議定書の交渉を開始した。そして，1990 年6月1日に米国ホワイトハウスにおいて，ブッシュ（George H. W. Bush）米国大統領とゴルバチョフ（Mikhail Gorbachev）ソ連書記長とが新たな検証議定書に署名し，それぞれの議会による批准手続きの後に，1990 年 12 月 11 日に PNET が（前述した TTBT とともに）発効した。なお，米ソ両国は，この一連の流れのなかで，1991 年に核実験のモラトリアムをそれぞれ宣言している[194]。

PNET では検証を行うにあたり，爆発の目的，座標，爆発の回数と各々の計画上の核出力，爆発物の埋設深度（10m 単位），爆発予定地付近の岩盤及び地下水面の深度といった情報について相互に交換することとなっていた（※右規定は TTBT の検証と同様であり，爆発規模の測定に先立って，較正を実施することに重きが置かれている）。1990 年 12 月の PNET 発効に伴い，新たに設けられた検証制度には，TTBT と同様の流体力学的手法や，現地査察が盛り込まれた。

ちなみに，平和目的核爆発自体は，2000 年の NPT 運用検討会議において CTBT の禁止する核実験に含まれるものと解釈が合意され，同会議の最終文書にその旨明記された[195]ことで，歴史上その「平和利用」に終止符を打った。

---

(193) "Soviet Nuclear Test Summary," Nuclear Weapon Archive.org, 7 October 7, 1997, nuclearweaponarchive.org/Russia/Sovtestsum.html.

(194) DTRA Link, "On-Site Inspection Operations Nuclear Agreements," U.S. Defense Threat Reduction Agency website, www.dtra.mil/oe/osi/programs/ops/nuclear/index.cf.

(195) NPT/CONF.2000/28（Parts I and II）, unoda-web.s3-accelerate.amazonaws.com/wp-content/uploads/assets/WMD/Nuclear/pdf/finaldocs/2000%20-%20NY%20-%20NPT%20Review%20Conference%20-%20Final%20Document%20Parts%20I%20and%20II.pdf, p.13.

第 2 章　核実験禁止の試み

4　包括的核実験禁止条約（CTBT）

CTBT は PTBT で禁止対象から除外された地下核実験に対してもメスを入れ，包括的に核兵器の実験的爆発の禁止を義務付けた条約である。その上で，条約の目的を達成するための検証制度を設けることで，核兵器の拡散防止，核軍備の縮小，国際社会の平和と安全の強化に効果的に寄与する，いわば NPT 体制の柱の一本と位置付けられている。しかし，その交渉は長く険しい道のりであり，今日に至るまで国際政治上の様々な争点を生んできた。

包括的な核実験禁止を巡る最初の交渉の系譜が 1958 年から 1963 年にかけての PTBT にあったことは既に述べた。その後，二度目のチャンスとなったのは，PTBT から 10 年以上を経た 1977 年 10 月 3 日の米，ソ，英による CTBT を巡る三者交渉（trilateral negotiation）であった。しかし，この三者交渉は 1979 年の第二次戦略兵器制限交渉（SALT2）とソ連のアフガニスタン侵攻の影響でペースダウンを余儀なくされた。1982 年に米国は TTBT と PNET，そしてジュネーブ軍縮会議（Conference on Disarmament: CD）で軍縮交渉を推進すると明言したものの，CTBT の三者交渉は再開しないとも宣言したことで，包括的な核実験の禁止交渉はまたしても頓挫してしまった[196]。一方，CD では三者交渉の中断を受けて，1982 年に核実験禁止のための作業部会（後のアドホック委員会）の設置を採択し，条約としての内容と範囲や，検証と遵守を中心的な課題に据えて[197]，検討を重ねてゆくこととなった。

その後，1988 年 8 月 5 日に PTBT 原締約国（米ソ英）に対して，包括的核実験禁止条約の交渉に向けた条約改正会議の開催が要請され，国際的な交渉推進の機運が再び高まった。1991 年にはソ連のゴルバチョフ書記長が一方的な核実験モラトリアムを宣言し，これに呼応する形で同年末に米国議会でも核実験モラトリアム法案が提案され，翌 1992 年には 9 ヶ月間の核実験モラトリ

---

(196)　Daryl Kimball, "Fact Sheets & Briefing: Nuclear Testing and Comprehensive Nuclear Test Ban Treaty（CTBT）Timeline," Arms Control Asssociation website, September 2016, www.armscontrol.org/factsheets/Nuclear-Testing-and-Comprehensive-Test-Ban-Treaty-CTBT-Timeline.

(197)　植田隆子「ジュネーブ軍縮会議における核実験全面禁止問題（1986-1988 年）──多数国間交渉と米ソ 2 国間交渉の相克」『国際政治』第 99 号，1989 年 3 月，123-133 頁。

4 包括的核実験禁止条約（CTBT）

アムを義務付けた法案（エクソン・ハットフィールド・ミッチェル9ヶ月核実験モラトリアム法案）が議会を通過した。その後，1993年にクリントン大統領は核実験モラトリアムの延長を決定した[198]。1991年1月にはPTBTの原締約国に対するCTBT合意のための条約改正会議がニューヨークにて開催されたものの，交渉は行き詰まった。しかし，翌1992年に国連総会からCTBTを巡る交渉の再開が呼びかけられたことが弾みとなり，1993年10月にはPTBT締約国特別会議が開催され，CTBT交渉の開始について，ようやく大筋での一致を見るに到ったのである。

こうして，1994年からはジュネーブのCDで本格的にCTBT交渉が開始された。マリンボッシュ（Miguel Marin-Bosch）メキシコ大使がCDアドホック委員会の議長に選出され，スウェーデン及びオーストリアからは1994年中盤以降，交渉の焦点となった条約ローリングテキストの原型となる条約草案が提出された。1996年にはCDアドホック委員会の議長がオランダのラマカー（Jaap Ramaker）大使に交代した。CDでは法的・組織的事項，検証関連事項など各分野の作業部会に分かれ，同時並行して条約の検討が進められた[199]。法的・組織的事項に関する作業部会では，条約の目的や発効要件についてどのように規定するかが検討された。検証関連作業部会では，地震学的検証（議長フレンド：インド），非地震学的検証（議長フレンド：英国），OSI（議長フレンド：ロシア）の三つの専門家サブグループが形成された[200]。後に，CTBTを批判して署名・批准を拒否するインドが地下核実験の早期探知において重要な要素となる地震学的検証を担い，またPTBT交渉では査察制度が侵入度の高すぎる措置だとして導入を拒んだロシア（ソ連）がOSIを担当するという，ある種の政治的な意図や考慮も滲む配置であったと言えよう。

しかしながら，実際に検証制度の設計を巡る幾つかの局面で，交渉は難航し

---

(198) Daryl Kimball, "Fact Sheets & Briefing: Nuclear Testing and Comprehensive Nuclear Test Ban Treaty（CTBT）Timeline," Arms Control Asssociation website, September 2016, www.armscontrol.org/factsheets/Nuclear-Testing-and-Comprehensive-Test-Ban-Treaty-CTBT-Timeline.

(199) Shai Feldman, *Nuclear Weapons and Arms Control in the Middle East*, MIT Press, 1997, pp.163-164.

(200) Ibid.

た。主要な会議参加国は条約に定める基本的義務，条約発効要件，OSIを含む検証手段について長い時間をかけて議論を交わしたが，各国の様々な思惑が入り交じり，合意形成は困難を極めた[201]。特に，核実験を探知・検証する上で重要となる核爆発の定義は，政治的にも大きな争点となった。この点は交渉の経緯においても特に機微な部分であるが，CTBTにおいても「許容されるべき核爆発の規模」として，当初，核兵器国間では4lb（約1,814g）から数百tまでの核出力が議論の俎上にあった。しかし，協議の末にいかなる核出力も許容されるべきではないとして，「ゼロイールド」概念がCDで合意された[202]。かかる合意は，秘密裏に行われる地下核実験の探知に求められる監視網の仕様決定にも大きな影響を及ぼす事項であった。

このように，技術的な側面からも多くの課題に直面したCTBT交渉であったが，当時，米国クリントン政権がCTBTの交渉妥結に向けて，強いイニシアティブを発揮したことが最終的な条約の署名開放に道を開く結果につながった。この背景には，NPTとCTBT交渉との政治的リンケージの存在があった。当時，1970年に発効したNPTが25年目を迎えようとするなか，1995年の運用検討会議でNPT無期限延長を決定したいとの思惑から，米国ではNPT第6条に記されたN5としての核軍縮交渉義務に目に見える一定の成果を示し，それによって非核兵器国からNPT無期限延長の同意を取り付けることが優先課題となっていた。そこで，米国がリーダーシップをとり，N5の総意として，1996年までにCTBT交渉を妥結することが目指されたのであった[203]。

かくして，政治的にも同じ立場でCTBT交渉妥結を目指すN5を中心に，検証制度を巡る検討にも見通しが立ち始めた。TNT換算で1kt以上の核出力に相当する核実験が探知できるよう[204]，CTBTの検証制度を構築することが

---

(201) 竹内俊隆「包括的核実験禁止条約の交渉経緯と3つの争点」『大阪外国語大学貝田守教授退官記念論文集』1998年，118-129頁。

(202) Ola Dahlman, Jenifer Mackby, Svein Mykkelveit and Hein Haak, eds., *Detect and Deter: Can Countries Verify the Nuclear Test Ban?* Springer, 2011, p.21.

(203) George Bunn, "The Nuclear Nonproliferation Regime and its History," in George Bunn and Christopher F. Chyba, eds., *U.S. Nuclear Weapons Policy: Confronting Today's Threats*, Brookings Institute Press, 2006, p.85.

(204) Wade L. Huntlrey, Kazumi Mizumoto and Mitsuru Kurosawa, eds., *Nuclear Disarmament in the Twenty-first Century*, Lulu.com, 2005, p.298.

4 包括的核実験禁止条約（CTBT）

合意された。核出力1ktという規模は，技術的な探知可能性としての妥当性はもとより，N5諸国による歴史的な最初の核実験がいずれも10kt‑20kt規模であることに鑑みて，非核兵器国がNPTに違反して核兵器を造ったと仮定すれば，検証技術の求めるべきターゲットとしても，ある程度の合理性が認められる数値であった。このほか，米ソが互いの潜水艦の追跡に用いていた水中音響センサーに関する報告書がCDに提出され，水中での核実験が行われる可能性に備えた検証制度のあり方が議論された[205]。

さて，CTBT交渉を通して，CDでインドが度々訴えた本来あるべきCTBTの姿に関する議論にもここで触れておかねばならないであろう。インドは，CTBTとはグローバルで完全な核軍縮を目指し，全面的な核兵器の廃絶とリンクした条約でなければならないとし，核実験のみならず，全ての核兵器に関わる研究・開発を禁止対象に含めねばならないと主張した。しかし，これらの主張はCDでは受け入れられなかった。さらに，インドは条約の発効要件に自国が含められてしまったことや，条約第14条2項に基づき，将来の締約国によって開催される発効促進会議の場で，未批准国に対するアプローチが検討・決定されるとの規定を巡っても，主権の侵害であるとして強く不満を主張した[206]。そして，インドは1996年8月にCDでのCTBT採択に対してコンセンサスを拒否し[207]，これにパキスタンも続く結果となった。

条約の文言を巡る交渉には多大な時間を要したものの，CTBTは1996年9月10日に国連総会本会議へと持ち込まれ，最終的に条約として採択された。そして，同年11月19日には署名国会議の場にてCTBTO準備委員会の設立[208]が採択された。こうしてCTBTは核の水平拡散の防止と，核弾頭の改良や，信頼性の確認などに伴う核実験を禁じることで，限定的ながらも垂直拡散

---

[205] Mordechai Melamud, Paul Meerts and I. William Zartman, eds., *Banning the Bang or the Bomb? Negotiating the Nuclear Test Ban Regime*, Cambridge, 2014, pp.52-53.

[206] 堀江訓「核軍縮・不拡散における普遍性と差別性——CTBT第14条をケースとして——」『北陸学院短期大学紀要』第29号，1997年12月，217頁。

[207] Mordechai Melamud, Paul Meerts and I. William Zartman, eds., *Banning the Bang or the Bomb? Negotiating the Nuclear Test Ban Regime*, Cambridge, 2014, p.53.

[208] Resolution Establishing the Preparatory Commission for the Comprehensive Nuclear-Test-Ban Treaty Organization（CTBT/MSS/RES/1），November 19, 1996.

第 2 章　核実験禁止の試み

の防止にも有効な条約として，NPT 体制の一翼を担う存在となったのである。

CTBT は発効要件国として条約附属書二において①1996 年 6 月 18 日時点の CD メンバー国であって 1996 年の CD 会期に参加し，②1996．4 版 IAEA『世界の動力用原子炉』表 1 に記載されていることの条件を満たしている国々として，44 カ国を定めた。しかし様々な政治的要因から，2018 年 5 月時点で条約発効要件国のうち 5 ヶ国が署名済み・未批准，3 カ国が未署名・未批准の状況にある[209]。CTBT の第 14 条 2 項には，条約が署名開放後 3 年を経過しても効力を生じない場合，寄託者は既に批准書を寄託している国の過半数の要請によってこれらの国の会議（以下，CTBT 発効促進会議）を招集すること，そして CTBT 発効促進会議は条約の早期発効のために，国際法に適合するいかなる措置をとることができるかについて検討し，及びコンセンサス方式によって決定すると規定している。さらに，同第 14 条 3 項では，「この手続きは条約が発効するまでの間，条約の署名開放の日に対応する各年の日について繰り返し適用される」としている。条約交渉の時点で，既に発効までに時間を要することが明らかになっていた[210] CTBT では，軍縮・不拡散条約として極めて特異なこれらの規定のもと，1999 年から発効促進会議を隔年で開催してきた。2017 年 9 月のニューヨークでの開催を以て発効促進会議も開催第 10 回目となったが，条約の発効にはこの先さらに時間を要するものと見られている。

こうした状況は，CD での条約交渉で各国が合意できるよう様々な議論を重ねたのにも関わらず，採択された CTBT はいつまでも署名・批准されずに置かれ，その結果，一部の国々には時間稼ぎを許し，条約自体が弱められてしま

---

[209]　国名及び署名・批准状況は以下のとおり。アルジェリア，アルゼンチン，オーストラリア，オーストリア，バングラデシュ，ベルギー，ブラジル，ブルガリア，カナダ，チリ，中国（未批准），コロンビア，北朝鮮（未署名／未批准），エジプト（未批准），フィンランド，フランス，ドイツ，ハンガリー，インド（未署名／未批准），インドネシア，イラン（未批准），イスラエル（未批准），イタリア，日本，メキシコ，オランダ，ノルウェー，パキスタン（未署名／未批准），ペルー，ポーランド，ルーマニア，韓国，ロシア，スロバキア，南アフリカ共和国，スペイン，スウェーデン，スイス，トルコ，ウクライナ，英国，米国（未批准），ベトナム，旧ザイール（現コンゴ民主共和国（DRC））。

[210]　福井康人「未発効条約の実効性確保：CTBT を事例として」『軍縮研究』第 7 号，2016 年 10 月，67 頁。

4 包括的核実験禁止条約（CTBT）

うという，厳格なコンセンサス・ルールの難しさを端的に示している[211]との批判もある。しかしながら，2018年5月時点で既に署名国数183，批准国数166を数えるCTBTは，名実ともにNPT体制の一翼を担う軍縮・不拡散条約となっている。核軍縮・核不拡散の歴史でも前例のない全世界321ヶ所の観測施設（なお，これには指定された16ヶ所の実験施設が加わる）からなる国際監視制度（International Monitoring System: IMS），協議と説明（Consultation and Clarification: C&C），信頼醸成措置（Confidence Building Measures: CBM）そしてOSIの四つの検証制度から成り立つCTBTは，条約発効後にその実施機関であるCTBTOが24時間365日，核実験監視を担うことになっている。

核兵器を開発する潜在的能力のある国を網羅した結果，特異な発効条件を持つに至ったCTBTは，1996年9月24日の署名開放以来20年以上が過ぎても未発効のままとなっている。この理由としては，条約の発効要件が未だ満たされないこと（政治的環境要因）が主たる原因ではあるものの，同時に検証制度の整備が完了しておらず，また整備が完了したとしても，秘密裏に行われる核実験を確実に探知し得ないリスク（技術的環境要因）が問題視されていることを指摘せねばならないだろう。また，署名開放から徒に年月が過ぎ，国際安全保障環境が大きく変化するなか，将来にわたって核兵器開発を拘束するCTBTへの署名・批准を忌避する政治的な動きが生じていることも厳然たる事実である。

ギャラガー（Nancy W. Gallagher）によれば，CTBTを肯定する議論においては，同条約によって核兵器開発を阻害し，核不拡散を促進するとともに，緊張の緩和が進み，また核実験に伴う環境汚染にも終止符が打たれると評価される。その一方で，CTBTを否定する論理としては，同条約が原因で核抑止の安定性のために必要な核兵器の近代化が不可能になり，備蓄核兵器の信頼性と安全性を低減され，また逆説的に核拡散が促進されたり識別力のある核攻撃を可能にする兵器開発が阻害されることで，結果的に核抑止力が損なわれると批判されてしまう[212]。

---

(211) 阿部信泰「核軍縮・不拡散問題における国際機関の役割と課題」浅田正彦，戸崎洋史（編）『核軍縮不拡散の法と政治――黒澤満先生退職記念』信山社，2008年，87頁。
(212) Nancy W. Gallagher, *The Politics of Verification*, Johns Hopkins University

第2章　核実験禁止の試み

　1996年の署名開放後，速やかに条約が発効してさえいれば，ギャラガーの指摘するCTBT肯定論がいかに論理的に説得力のあるものであったかが明らかになったに違いない。しかし，CTBT否定論が一部の発効要件国において依然，主流を占めているということは，直視されねばならない現実である。発効要件国である米国や中国などの核兵器国において，批准が一向に進まない事実からも，将来の政権が必要と判断した場合に，随時に核実験再開へと移行できる環境の維持がいかに安全保障上の利害に結びついた問題かが窺い知れよう。そして，米国や中国の姿勢は，そのまま実質的な核兵器保有国であるインドやパキスタン，イスラエルや北朝鮮にも伝播し，CTBTの発効に対するこれらの国々の見方に少なからぬ影響を及ぼすことになる。

　1950年代に包括的な核実験の禁止が議論された時点では，その戦略的含意が非常に大きかったことは言を俟たない。当時は核兵器を保有する国の数がまだ少なく，核兵器の備蓄量も今日のそれから比べれば極小で，まだまだ技術的にも洗練されたものとは言い難かった。何よりも，核兵器の設計を試験し，信頼性を維持するための未臨界実験に関する知識は，殆ど存在していなかった[213]。しかし，米国やソ連といったステイクホルダーによって，多面的な戦略上の配慮が行われた結果，CTBTの署名開放に至るまでに40年が経過してしまった。そして，次章以降で述べるとおり，N5諸国による核兵器の新規開発やその性能維持で核実験の果たす役割は，技術の進歩とともに概ね限定的なものになっていった。他方，確信犯的に核兵器開発を進める国にとって，核実験は核兵器開発の階段を着実に上がっていることを示す手段に変わりつつある。また，CTBTは発効せずとも，IMSのみ利用することが可能であればそれでよしとする議論もあり，結果的に核実験の監視にかかるIMSの暫定運用（provisional operation）が裏目に出て，条約発効が遠のいている印象すらある。

　2017年7月には，あらゆる核実験を禁止する核兵器禁止条約（Nuclear Weapon Ban Treaty）がN5や実質的な核兵器保有国[214]，そして日本を含む

　　　Press, 1999, p.22.
(213)　Ibid.
(214)　実質的な核兵器保有国と言っても，NPTが定義する核兵器国（米ロ英仏中の5核兵器国，N5）ではないことに注意が必要である。国際政治上も，例えば1998年に相次

「核の傘」国が反対するなかで合意された。解釈の仕方によっては，世界の大多数の国々が未臨界実験も含めたあらゆる核実験を否定するという，CTBT よりも一層厳しい条件が N5，実質的な核兵器保有国と「核の傘」国に突き付けられる状況の到来が迫っていると見ることもできる。

　署名開放から 20 年以上を経た今日，改めて包括的な核実験禁止を巡り，CTBT の価値が問われる時代がやってきていると言えよう。

いで核実験を敢行し，核兵器保有を宣言したインドやパキスタンも，国際社会からは核兵器国として認められておらず（一例として，両国の核実験に際して採択された安保理決議第 1172 号（1998 年）のパラ 11 を参照)，これは北朝鮮と同様である。S/RES/1172 (1998), June 6, 1998.

第 3 章　核実験の探知と検証の論理

　大気圏内，宇宙空間，水中及び地下を含む，あらゆる核兵器の実験的爆発とその他の核爆発を禁止する条約として国連総会で採択された CTBT だが，未発効のままではその効力は何ら発揮されない。最後の発効要件国が批准書を寄託してから 180 日後に発効すると定められているため，有効かつ効率的な検証制度の整備は，まさに吃緊の課題となる。しかし，これは込み入ったプロセスである。条約としての CTBT が早期発効を追求しながらも，当の発効要件国は署名だけを行い，その後，批准までに個別に長い時間をかけるという政治的状況が出現した一方で，検証制度の整備では，将来の条約発効に備えて必要な投資がなされ続けるという，複雑な状況が生じて久しい[215]。この政治的状況については第 7 章で詳述するが，本章以降の第 4 章と第 5 章では，核実験禁止を巡る政治的議論や安全保障上の争点からは少し距離を置き，こうした核実験の探知と検証を巡る様々なアプローチについて，CTBT の検証制度，特に現地査察（OSI）の役割に注目しつつ，個別に考察を進めたい。

　本章では，以下に CTBT の検証技術に関する検討の歴史を中心に概観し，続いて地下核実験とはどのような環境で行われるものなのか，米国の一次資料などから明らかにする。そして，地下核実験が行われた直接的な証拠とはどのようなものかを検討した後，CTBT で禁止対象に含まれなかった未臨界実験の概要についても踏み込む。こうした事項は，CTBT が発効しない要因の一つとして，CTBT の検証手段が条約違反の核実験を有効に探知・検証し得ないとの批判を考える上で，避けて通るのことのできない部分である。また，近年のインドやパキスタン，そして北朝鮮の核実験に対して，CTBT が追及す

---

[215]　Pierce S. Corden, "Historical Context and Steps to Implement the CTBT," in Mordechai Melamud, Paul Meerts and I. William Zartman, eds., *Banning the Bang or the Bomb? Negotiating the Nuclear Test Ban Regime*, Cambridge University Press, 2014, p.29.

第 3 章　核実験の探知と検証の論理

る検証・査察措置の果たす役割を再考する上で，重要な示唆をもたらすものである。

1　包括的な核実験禁止に向けた技術的検討

PTBT 以降，米ソ英による核実験が地下核実験に移行した一方で，地下核実験を探知する技術的方法論に関する研究——遠隔地の地震計が捉えた地震波による震源決定，自然地震と人工地震の識別——は，1961 年以来の米国による標準地震波観測網の存在にも助けられ，地震計の性能の向上や計算処理機能の強化，そしてアレイ状に配置される遠隔地震観測体制（複数の地震計を配置することで，解析精度の向上を期する方式[216]）の整備を背景に，着実に進められた[217]。

CTBT に求められる検証技術の詳細に関して，各国の有力な科学者がジュネーブに参集し，専門的な検討を行ったのが科学専門家グループ（Group of Scientific Experts: GSE）であった。ジュネーブの 18 カ国軍縮委員会（Eighteen-Nation Committee on Disarmament: ENDC）と軍縮委員会会議（Conference of Committee on Disarmament: CCD）で包括的な核実験の禁止に向けた交渉が行われていた当時，地震学的事象の探知と同定にかかる国際協力の検討を通じ，核実験に対する国際監視制度の特徴を決定するためのアドホックな各国政府推薦の専門家グループとして，多くの科学者や専門家が集った GSE は，CCD を継承して 1979 年に発足したジュネーブ軍縮会議（Conference of Disarmament: CD）においても技術的検討の母体として 1996 年までその活動を継続し，後の CTBT における検証技術モデルを検討する役割を担った[218]。

GSE は当初，グローバルな地震観測ネットワークを巡り，① 50 カ所の観測

---

(216)　木下繁夫，大竹政和（監修）『強震動の基礎　ウエッブテキスト 2000 版』防災科学技術研究所，2000 年，www.kyoshin.bosai.go.jp/kyoshin/gk/publication/2/II-7.2.2.html，パラグラフ 7.2.2。
(217)　小山謹二「包括的核実験禁止条約（CTBT）と検証制度について(2)：米ソ地下核実験制限条約（TTBT）の発効に向けて」日本国際問題研究所軍縮・不拡散促進センター web サイト，2006 年 9 月，www.cpdnp.jp/pdf/003-03-008.pdf，4-5 頁。
(218)　Ola Dahlman, Svein Mykkeltveit and Hein Haak, *Nuclear Test Ban: Converting Political Visions to Reality*, Springer, 2009, pp.64-65.

施設を地球上に配置すること、②世界気象機関（World Meteorological Organization: WMO）の通信基盤を活用し、ルーティーンで即時の国際的なデータ交換を確立すること、③国際データセンター（International Data Center: IDC）を設けて監視データの解析を行うことの3点を必要事項として掲げた[219]。

第1回GSE技術試験（GSE Technical Test 1: GSETT-1）[220]は、1984年に実施された。これは、37カ国に点在する75の地震学的観測施設から得られたデータのパラメーター抽出を主眼に、WMOの通信基盤を利用してデータを送信・転送し、それらをモスクワ、ストックホルム、ワシントンDCに設置された試験的な国際データセンター（Experimental IDC: EIDC）で取り扱うというものであった[221]。その後、デジタル化が進んだ第2回GSE技術試験（GSETT-2）が1991年、34カ国60の地震学的観測施設による参加のもとに実施された。このとき、EIDCはモスクワ、ストックホルム、ワシントンDCに加えてキャンベラにも設けられ、計4ヵ所となった。参加した観測施設の3分の2以上で電子的にデータが記録され、前回のGSETT-1よりも多くの地震計アレイが導入され、試験に参加した。この時点で特に重要であったのは、各国の国内データセンター（National Data Center: NDC）がパラメーターと波形データの双方からの抽出作業で果たした役割であった。また、各EIDCとNDCは、それぞれ商業用の通信リンクを用いたコンピュータ同士で新たに接続がなされた結果、当初のWMOの通信基盤を依存したアプローチは時代遅れのものとなっていった[222]。

CTBTの検証制度構築に直接関わりが深かった試験は、第3回GSE技術試験（GSETT-3）であった。GSETT-3は3度目にして最後のGSETTであり、

---

[219] Ibid., p.65.
[220] GSETTによる地震学的な核実験探知には元気象庁長官の末廣重二博士を中心とする、日本の地震学者が深く関与してきたことは知られている。堂ノ脇光朗「［巻頭言］米大統領選挙とCTBT」『日本軍縮学会ニュースレター』No.12、2012年11月2日、www.disarmament.jp/pdf/NL12.pdf、1頁；第104回国会災害対策特別委員会第5号、1986年4月25日、kokkai.ndl.go.jp/SENTAKU/syugiin/104/0500/10404250500005c.html。
[221] Ola Dahlman, Svein Mykkeltveit and Hein Haak, *Nuclear Test Ban: Converting Political Visions to Reality*, Springer, 2009, p.66.
[222] Ibid., pp.66-67.

第3章　核実験の探知と検証の論理

CTBTにおけるプロトタイプの地震学的監視制度の実地テストであった。GSETT-3の特徴は大きく二つあるとされ、その一つ目は50カ所の主要地震学的観測施設と、100カ所の補助的地震観測施設を設けたことである。二つ目としては、EIDCについて、1995年1月からフルスケールでの運用を開始したワシントンDCの1カ所のみに絞ったことであった。このGSETT-3では43の主要地震観測施設と90の補助的地震観測施設がテストに参加し、その成果を踏まえて、1995年にGSEはCTBT交渉に補助的地震観測施設ネットワークの考え方を取り入れるよう、正式に報告することとなった。結果的に、GSETT-3はCTBTO準備委員会・暫定技術事務局（Provisional Technical Secretariat）による当初の施設立ち上げが行われる過程を経て、2000年3月にワシントンのEIDCが閉鎖されるまで、そのテストを継続した[223]。

1997年から1998年にかけてウィーンに設置されたCTBTO準備委員会・暫定技術事務局で正式に設置された国際データセンター（IDC）は、EIDCと同様に米国がワシントンDCに自発的に立ち上げたプロトタイプのIDC（Prototype IDC：PIDC）をモデルとしていた。PIDCはウィーンのIDCの立ち上げ期間中、数年間にわたって同時並行する形で運用され、利用可能な全てのIMSデータを通信回線で結んで共有した。また、PIDCが開発した解析ソフトウェアも、IDCに無償で提供されるなど、当該分野への米国の貢献は小さからぬものであった。（他方、ハードウェアについては、CTBTO準備委員会・暫定技術事務局の予算で購入が行われた。）CTBTO準備委員会関係者からも、米国PIDCの手厚い支援を背景に、ウィーンのIDCでは立ち上げ段階から、CTBTの検証制度におけるデータセンターとしての機能を早期に構築してゆくことができたと評価されている[224]。

こうした長年の検討の成果として、条約上で規定されるに至ったIMSネットワークについては、次章で解説する。

2　CTBTが探知すべき地下核実験の物理的特徴

歴史的に、核実験探知の最大の挑戦とは、地下核実験の探知技術と検証制度

---

(223)　Ibid., p.67.
(224)　Ibid., p.126.

2 CTBTが探知すべき地下核実験の物理的特徴

の検討にあったということは既に述べた。換言すれば、探知の可能性という観点で、地下核実験は最も秘匿されやすい核実験のアプローチだと言っても過言ではなかった。2002年の米国NAS報告では、CTBTのIMSネットワークをかいくぐり、国際的な核実験監視体制から隠蔽が可能な地下核実験を核出力に応じて、以下のとおり区分・評価している。

はじめに区分①となる未臨界実験は、そもそも条約交渉時にCTBTの禁止対象ではなくなったことから隠蔽の対象ではないが、区分②の0.1t以下の流体核実験と、区分③の0.1t以上10t未満の極低出力な実験は、いずれもIMSでは探知することが不可能であろうとの評価がなされている。他方、区分④の10t以上1-2kt未満の非常に低出力な実験は、環境条件によっては隠蔽できる可能性があるが、区分⑤の1-2kt以上20kt未満の低出力な実験は隠蔽がほぼ不可能であり、区分⑥の20kt以上の高出力な実験に至っては、隠蔽が完全に不可能であると指摘している[225]。

こうした隠蔽可能性が取り沙汰される地下核実験とは、そもそも、どのような物理的特徴を有しているのだろうか。既に明らかになっている過去の核実験場の事例によれば、地下核実験とは丘陵、若しくは山腹の地形に作られたトンネルやシャフト、或いは地中に広く深く掘削されたボーリング穴（borehole）のなかに爆発装置を設置して行われる。第1章にて米国の地下核実験との関連で言及したとおり、こうした掘削作業は相応の時間とコストがかかる。そのため、地下核実験場で掘削を含めた実験環境の整備が行われる場合、衛星写真などでその様相を探知することも技術的には追求可能だと言えよう。

核実験探知という点では、地下核実験場の地質状況も無視し得ないポイントとなる。例を挙げれば、旧ソ連・セミパラチンスク核実験場のように硬岩（hard rock）質がその特徴となる場合もあれば、米国・ネバダ核実験場のように一般に軟岩（soft rock）質の場合もある[226]。前者の地質上の類似性で言えば

---

(225) National Academy of Sceiences, *Technical Issues Related to the Comprehensive Nuclear Test Ban Treaty*, National Academy Press, 2002, p.68.

(226) Ola Dahlman, Jenifer Mackby, Svein Mykkletveit and Hein Haak, eds., *Detect and Deter: Can Countries Verify the Nuclear Test Ban?* Springer, 2011, pp.29-30.

イランが、後者では中国のロプノールや北朝鮮の核実験場などが該当する[227]。こうした地質の相違は、当然のことながら、遠隔地における地震学的な核実験探知に大きな影響をもたらす。これは TTBT と PNET の検証制度の検討過程において、ネバダ核実験場とセミパラチンスク核実験場との間で、地震学的監視手法に依拠した爆発規模の同定にかかる誤差が非常に大きかったことから、CORRTEX 法の導入によって解決された経緯として、既に第2章で述べたとおりである。2002年の時点で、NAS はロシアの核実験場であれば、核出力 0.01kt（10t）以下の極小規模な地下核実験でも探知が可能だとしている[228]。

しかし、その他の N5 諸国や実質的な核兵器保有国、そして新たに核兵器の開発・保有を狙う国の核実験場について、地質特性を予め把握しておくことは必ずしも容易なことではない。地下坑内での爆発（mining explosion）が行われる際、その地質上の特性に応じて発生する地震波に及ぶ影響や、爆発装置の設置深度、爆発によって生じる岩はね（rockbursts）や岩盤崩壊の状況といった観点が、地震学的な核実験監視上の関心事項となる[229]のも、頷けるところである。

それでは、核実験場の地表において見られる、核実験後に特徴的な「現象（phenomenology）」とはどのようなものなのだろうか。米国 LANL の報告書「CTBT の検証としての目視による査察（*Visual Inspection of CTBT Verification*）」によれば、地下核実験が行われた場合、爆発の衝撃波は起爆地点周辺の岩石を一瞬のうちに気化・溶解させてしまう。このとき、衝撃は外向きの力となり、爆発で地下にできた空洞の内壁に非常に強い圧力をかけ、空洞を拡張する。圧力が高まるだけ高まり、周辺の岩石に負荷がかかり、これ以上圧縮され得ないところまでくると、今度は空洞の周りに力の反発（リバウンド）が発生する。

---

(227) National Research Council of the National Academies, *The Comprehensive Nuclear Test Ban Treaty Technical Issues for the United States*, National Academy Press, 2012, p.48.

(228) National Academy of Scieiences, *Technical Issues Related to the Comprehensive Nuclear Test Ban Treaty*, National Academy Press, 2002, p.57.

(229) Brian W. Stump, "Practical Observations of US mining Practices and Implications for CTBT Monitoring," Defense Technical Information Center website, 1996, www.dtic.mil/get-tr-doc/pdf?AD=ADP204475, p.593.

2 CTBTが探知すべき地下核実験の物理的特徴

そして圧力の減退とともに空洞の上方の岩石が空洞に崩落し、空洞の上には粗石だらけの「煙突（chimmny）」のような割れ目ができる。核出力や負荷の大きさにもよるが、この崩落と同時に、地表では地盤沈下に伴いクレーターが形成される可能性がある。また、地表においては起爆地点から発生した衝撃が距離に比例して、放射状に徐々に希薄化してゆく破砕現象などの物理的影響や、地割れが生じることもある(230)。さらに、岩石の崩落は極小規模な余震を発生させる。こうした余震は、OSIで現地に地震計アレイを設置して探知するべき、地下核実験の特徴・痕跡に含めることができる。他方、地表で目視可能な異常としては、このほかにも植物相や動物相、或いは耕作物に相応の影響が及ぶ可能性も想定される。

図3：地下核実験で生じる現象の概略図

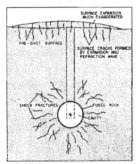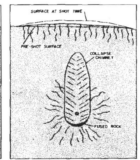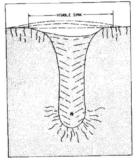

Figure 1. Schematic illustration of underground testing phenomenology (Houser, 1969).

（出典：Ward Hawkins and Ken Wohletz, *Visual Inspection of CTBT Verification*, Los Alamos National Laboratory, November 1997, p.5.）

上記以外の地下核実験の痕跡として、爆発の圧力によって生じた外側の隆線、地表の乱れ、断層、地下水の水位上昇、貯水池、落石、異常温度、地面の下降なども指摘されている(231)。地表で観察される現象は、ある程度大規模なものであれば、衛星写真などで地下核実験に起因した異常として認識することもできよう。他方、核爆発で生じた放射性核種が、「煙突」や地割れを伝って地表に

---

(230) Ward Hawkins and Ken Wohletz, *Visual Inspection of CTBT Verification*, Los Alamos National Laboratory, 1997, p.4.
(231) Ibid., p.8.

第3章 核実験の探知と検証の論理

漏出，或いは噴出する可能性も想定される。これは目視で観測可能な異常ではないものの，適切な観測装置によって測定・分析が行われれば，地下核実験に特有のキセノン（^{131m}Xe, ^{133m}Xe, ^{133}Xe, ^{135}Xe）やアルゴン（^{37}Ar）といった放射性希ガスの存在を検認することで，地下核実験が行われた事実を特定することができる（放射性核種監視及び，放射性希ガスの探知については本章3-5で詳述する）。

地表面及び地下に見られる核実験の痕跡を巡る，もう一つの重要なポイントとしては，シャフト型（以下の左図）とトンネル型（以下の右図）という大きく二つの地下核実験のパターンごとに，それぞれ異なった植生上，或いは地質上の特徴が生じることが挙げられる。ネバダ核実験場における事例に基づき，こうしたシャフト型とトンネル型で区別されるべき重要な査察技術として知られているのは，シャフト型の場合，航空写真撮影を通じて同定できる周辺に残された機材や車両の轍などの見極め，また査察地点で行われた活動の推測，浅い観測用の穴や手堀りでの溝の存在である。一方のトンネル型の場合は，土壌サンプリング，放射線測定，地震波速度調査，シュミットハンマー（※非破壊検

図4：米国で実施された地下核実験——シャフト型とトンネル型——

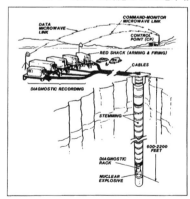
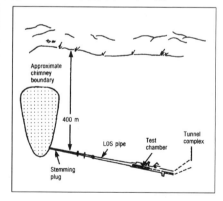

Figure 6. Illustration of typical vertical (left) and horizontal (right) emplacements of underground nuclear tests conducted at the Nevada Test Site (U.S. Congress, Office of Technology Assessment, 1989).

（出典：Ward Hawkins and Ken Wohletz, *Visual Inspection of CTBT Verification*, Los Alamos National Laboratory, November 1997, p.5.（左模式図がシャフト型，右模式図はトンネル型））

査用の反発硬度測定機材）を用いた調査の重要性が指摘される[(232)]。こうした捜査論理（search logic）は，CTBT発効後に整備されるOSIにおいても，査察活動の有効性と効率性を最大化するための方策として追求されねばならないのは言を俟たない。

　他方において，こうした異常を検証するための活動は，被査察国にとって侵入度の高いものとみなされる可能性が高い。それが軍事的に機微なエリアであれば，尚更である。地下核実験によって形成された空洞や「煙突」が時間の経過とともに冷却され，崩落する可能性があること，そしてCTBTの条約及び議定書において，OSIの実施可能な日数が厳格に定められていることなどから，OSIにおける査察団の活動は時間との戦いであり，CTBTに無関係な機微情報の保護を求める被査察国との間で，必然的に権利義務のせめぎあう状況が想定されるのである。この詳細については，第5章において述べる。

　いずれにしても，核実験場近辺で観測できる①地下空洞，②起爆点付近にて発生する余震群，③地盤の破砕によって生じる表層岩および土砂，④植物の流出や大気中に噴出する放射性核種・放射性希ガスの四つが探知すべきターゲットとなる。そして，このターゲットを見つけ出すために，OSIの捜査論理が構成されねばならないのである。

3　デカップリング技術

　核実験探知のための技術が整備され，暫定運用に付されてきた一方で，核実験の歴史のなかで築き上げられてきた核実験の隠蔽技術の存在があることも，ここで言及しておかねばならないだろう。この隠蔽技術はデカップリング（decoupling）と呼ばれる「地下爆発エネルギーが地震エネルギーに伝わる結合の度合いが小さくなる現象[(233)]」を起こす，効果的に地下核実験を検知しづらくする技術的措置を指す。具体的には，地下の岩塩層に予め大きな地下空洞を掘削しておき，そのなかで核爆発装置を起爆することで，地震学的探知手法で観

---

(232) Ibid., pp.13-14.
(233) 小山謹二「包括的核実験禁止条約（CTBT）と検証制度について(2)：米ソ地下核実験制限条約（TTBT）の発効に向けて」日本国際問題研究所軍縮・不拡散促進センターwebサイト，2006年9月，www.cpdnp.jp/pdf/003-03-008.pdf．

第3章　核実験の探知と検証の論理

測可能な核出力を極小化してしまう技術である(234)。2012年に刊行された全米研究評議会（United States National Research Council: NRC）報告『CTBT：米国での技術的な問題』（*The Comprehensive Nuclear Test Ban Treaty: Technical Issues for the United States*, 以下NRC報告）によれば，米ソの核実験史のなかで，地下におけるデカップリングが明示的に行われたケースは，1966年の米国のスターリング（Sterling）実験及び，1976年のソ連によるアズィール（Azgir）実験のみであるとされる(235)。

地下核実験により空洞が形成された結果，岩塩層での測定される核出力の低下が観察されている(236)ことから，デカップリング技術の適用が核実験の隠蔽に有用だと考えられている訳だが，実際の核実験場でデカップリングの準備を行うためには，通常，大規模な掘削が必要となる。一例として，地下1.2km，核出力50ktの地下核実験をデカップリングしようとすると，35階建ての建物がまるまる収まるだけの球形の穴を事前に掘削せねばならなくなるとされる。必然的に，デカップリング作業は大規模な地表の掘削作業を伴うことが必至であることから，秘密裏に行われた可能性のある疑わしい地下核実験を探知・検証しようとすれば，まずは衛星写真や目視観測でこうした掘削作業の痕跡を探し求めることが肝要となる(237)。

地下核実験で生じる核出力を低減し，実験そのものを隠蔽する技術的措置が存在することは，豊富な核実験の実施経験を有するN5によって地下核実験が

---

(234) International Group on Global Security (IGGS), *A New Look at the Comprehensive Nuclear Test-Ban Treaty*, Netherlands Institute of International Relations Cligendael, September 2008, p.33.

(235) National Research Council, *The Comprehensive Nuclear Test Ban Treaty: Technical Issues for the United States*, The National Academies Press, 2014, pp.107-108.

(236) Lynn R. Sykes, "Scientific Report 1: Yields of Underground Nuclear Explosions at Azgir and Shagan River, USSR and Implications for Identifying Decoupled Testing in Salt," Phillips Laboratory Air Force Systems Command, Hanscom Air Force Base, Massachusetts website, December 5, 1991, www.google.co.jpurl?sa=t&rct=j&q=&esrc=s&source=web&cd=10&ved=0ahUKEwj9ztSFu6HNAhXjdqYKHZJIB3IQFgheMAk&url=http%3A%2F%2Fhandle.dtic.mil%2F100.2%2FADA250971&usg=AFQjCNHCC3JdQTp19wk31M_BdllVUBczeA&bvm=bv.124272578,d.dGY&cad=rja, p.13.

(237) Ibid., p.2.

行われない今日において，ともすれば忘れられがちな事実だと言えよう。

4　核実験場について

　Webサイト Atomicarchive.com のまとめたところでは，世界の核実験場は30カ所近くにのぼる。地域別に見ると，北米（アラスカ州アムチトカ島，ネバダ州ファロン及びネバダ核実験場，コロラド州グリーンバレー及びリッフル，ニューメキシコ州トリニティ核実験場及びカールスバッド，ミシシッピ州ハッティスバーグなど），ユーラシア大陸（ロシア・ノバヤゼムリア核実験場（ソ連／ロシア），セミパラチンスク核実験場（ソ連／ロシア），ロプノール核実験場（中国），インド・ラジャスタン州ポカラン（インド），パキスタン・パルチスタン州チャガイ（パキスタン）），オーストラリア（モンテベロ諸島（英国），マラリンガ及びウーメラ核実験場（英国），イーミューフィールド（英国），プンゲリ核実験場（北朝鮮）），アフリカ大陸（アルジェリア・レッガーヌ及びイネケル（フランス）），そして南大西洋（米国），マーシャル諸島・エニウェトク環礁及びビキニ環礁（米国），ジョンストン島（米国），クリスマス島（米国），仏領ポリネシア・ムルロア環礁及びファンガタウファ環礁（フランス），太平洋（フランス），インド洋・プリンスエドワード島（南アフリカ及びイスラエル）となっている[238]。事実上，ヨーロッパや南米，東南アジアや南極といった地域を除き，ほぼ世界各地で核実験が行われてきたと言っても過言ではないであろう。このことは，大気圏内核実験の時代以来，各国の核実験（平和目的核爆発を含む）によって，環境汚染や放射線被ばくが広い範囲で生じたであろうことを想起させるものである。核実験場の環境汚染や被ばく被害に関する問題は本書の扱う主たるテーマではないものの，核実験の禁止を巡る世界的な潮流のなかで，こうした問題が水面下に存在してきたことは目を背けてはならない事実である。実際に，第1章の米国の核実験史を辿る上で参照した一次資料の多くは，核実験に携わった軍関係者や地域住民の放射線被ばくの実態を調査する目的のもとで取りまとめられたものであった。また，米国以外の核実験においても，各国の核実験で生じた放射性降下物や，地下核実験の封じ込め失敗，或いは平和目的核爆発によって

---

(238) "Nuclear Test Sites," Atomicarchive.com website, www.atomicarchive.com/Almanac/Testing.shtml#site8.

第 3 章　核実験の探知と検証の論理

被ばくした方々の存在[239]は，世代を超えて今日へと至る重大な核兵器の人道的問題だと言わざるを得ない。

さて，核実験場が世界各地に点在していることは既に述べたとおりであり，当然のことながら，現実の核実験場の地勢は千差万別である。商用衛星写真によってタイムリーに衛星画像解析が行える時代になって既に久しいが，こうした各地の核実験場――核実験による環境汚染が深刻で，人の立ち入りが許されなくなったケースや，政治的な判断によってある段階で封鎖されたケースも含む――の地質や，周辺の放射性核種のバックグラウンドに関するデータが，常に利用可能であるとは限らない。核実験と疑われる事象が発生したとなれば，最終的には現地に赴いて核実験が行われたか否かの検証を行う以外，それが大規模な鉱山開発のための発破によって生じた人工地震であったのか，或いは，医療用放射性同位体の製造工場から排出された多量の放射性核種に対する遠隔探知機器（放射性核種監視）の誤検知であったのかを確認することはできない。こうした過去の核実験場で，将来再び核実験が行われる可能性は予測の範囲を出ない。しかし，過去に核実験が行われたエリアについて，予め環境情報[240]を掌握しておくことには，CTBT 発効後に向けた有効かつ効率的な検証制度整備の一環として，一定の意義が見出せるのではないだろうか。

5　核実験が行われた証拠とは

大気圏内核実験や水中核実験が行われた場合，その実験による影響は比較的短期間に消失してしまう。このとき，いずれの国が条約違反の核実験に対して責任を負うかを識別しなければならない問題は残れども，核実験が行われた事実そのものを探知できる可能性は非常に高い。他方，地下核実験の場合，デ

（239）　世界各地の核実験と被ばくの問題については，国内でも数多くの先行研究がある。参考文献として，以下にその一例を挙げる。NHK（モスクワ・広島）取材班『NHK スペシャル：旧ソ連戦慄の核実験』NHK 出版，1994 年；太田昌克，共同通信核取材班『「核の今」がわかる本』講談社，2011 年；高田純『世界の放射線被曝地調査：自ら測定した渾身のレポート』講談社，2002 年。

（240）　地質や放射性核種のバックグラウンド情報に加えて，将来，OSI が実施されることを念頭に，核実験場の気象条件も掌握すべきとの指摘もある。大杉茂「気象条件と現地査察への対応」日本国際問題研究所軍縮・不拡散促進センター web サイト，2014 年 12 月，www.cpdnp.jp/pdf/002-07-003.pdf。

カップリング技術が用いられたり，極小規模で核実験が行われた場合，それを確実に探知することは必ずしも容易ではない。しかし，核実験の痕跡そのものは長期間にわたり現地に残される。具体的に言えば，核爆発で生じた核分裂性物質を閉じ込めた地下空洞と，そこへ至るトンネルもしくはシャフトはその最たるものである。そして，地震学的探知によって，おおよその座標を特定し，衛星写真などの利用可能な情報で地表の異常を確認した後，OSI を行うことで，最終的にどの国が核実験に責任を負うべきかを判断することができる[241]。

即ち，地下核実験に関する限り，核実験の証拠を確実に押さえるためには，現地における検証活動であるところの OSI が必要不可欠だと言えよう。OSI は最長 130 日間の査察活動を通じて，核実験の痕跡を突き止めることになるが，その活動の終盤で起爆地点の直上から掘削を行い，地下の放射性核種を採取することまで条約・議定書上で認められている。

勿論，核実験に起因した放射性核種や放射性希ガスが検知されれば，大気輸送モデル（Atomospheric Transport Modeling: ATM）を用いたバックトラッキングにより，核実験後，どのように放射性核種や希ガスが放出されたかを推定することも可能となる。この推定結果を地震波や微気圧振動，水中音波などの各種データと比較し，検証のためのデータ融合（data fusion）が行った結果として得られた情報は，OSI を行う上で有益な手掛かりになる[242]。

なお，こうした希ガスも含む放射性核種にかかる監視だが，もともとは米ソの大気圏内核実験の時代，他国の核実験を遠隔地から監視するための技術として発展・確立された。その後，核実験が地下で行われる時代に入るが，必ずしも全ての地下核実験が放射性核種を地表に漏出させる訳ではなく，寧ろ放射性核種の封じ込めは環境保護や被ばく管理の観点からも重視されるようになった。しかし，完全な封じ込めは，実は非常に困難な技術的課題でもあった。米国が行った地下核実験では，放射性核種の放出を封じ込める措置を講じてきたにも関わらず，723 回の地下核実験のうち 105 回の実験で封じ込めに失敗してい

---

(241) National Academy of Science, *Technical Issues Related to the Comprehensive Nuclear Test Ban Treaty*, National Academy Press, 2002, p.38.
(242) Tibor Tóth, "Building Up the Regime for Verifying the CTBT," *Arms Control Today*, September 3, 2009, www.armscontrol.org/act/2009_09/Toth.

第 3 章　核実験の探知と検証の論理

る(243)。単純な確率論で言っても，核実験に伴って何らかの放射性核種が地表に漏出したケースは 15％に満たないものの，核実験監視技術として放射性核種監視の重要性を損なうほど低い確率ではなかった。

図 5：CTBTO 国際監視制度（IMS）ネットワーク

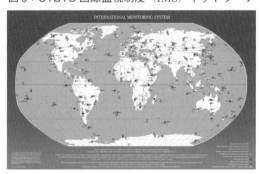

（出典：" Maps of Monitoring Facilities," CTBTO website, https://www.ctbto.org/fileadmin/content/verification/facilities/mapfacilities.html.）

CTBT の IMS ネットワーク（CTBTO 準備委員会・暫定技術事務局によって作成された図 5 を参照。）で実施する放射性核種監視では，核爆発の検知に有効な半減期が 6 時間から 1,000 年の放射性核種で，γ 線を放出する核分裂生成物 46 核種と，放射化生成物 42 核種を監視対象に定めている(244)。核分裂で生成する放射性核種は，特に注目される放射性キセノン同位体（^{131m}Xe, ^{133m}Xe, ^{133}Xe, ^{135}Xe）(245)と粒子状核分裂性物質に分けて捕集・測定されている。このキセノンとは，核爆発で大量に生成され，半減期は 9.1 時間から 11.8 日の幅があり，非常に安定で化学的に不活性なガスであることから，地下から地層中の亀裂を

---

(243) "DOE/NV-317(Rev.1)UC-702: Radiological Effluents Related from U.S. Continental Tests 1961 through 1992," United States Department of Energy Nevada Operations Office, August 1996, www.nnss.gov/docs/docs_LibraryPublications/DOENV_317.pdf, p.2.
(244) 米澤仲四郎，山本洋一「核実験監視用放射性核種観測網による大気中の人工放射性核種の測定」『ぶんせき』2011 年 8 月号，451 頁。
(245) Ola Dahlman, Jenifer Mackby, Svein Mykkeltveit and Hein Haak, *Detection and Deter: Can Countries Verify the Nuclear Test Ban?* Springer, 2011, p.63.

通って大気中に漏出する可能性が他の核種に比べて高い[246]。一方，キセノンは一般的な医療用モリブデン（^{99}Mo）の製造施設や原子力関連施設，さらには核医学施設からも放出される。そのため，信頼性の高い放射性核種監視による核実験の探知・検証を行うためには，平和利用目的で放出された環境中のキセノンと，核実験に起因するものとを区別した測定をいかに行うかが重要な課題になる[247]。

OSI の場合は，地下核実験に起因する放射性核種として，核爆発で生じた中性子が地中のカルシウムと反応して発生する半減期 35 日間のアルゴン（^{37}Ar）こそ，キセノンと並んで探知すべき最重要のターゲットの一つとなる[248]。OSI 活動を通じてアルゴンを測定することは技術的にも困難な課題とみなされている[249]。OSI をターゲットにした可搬型のアルゴン測定装置は，中国が開発した MARDS システムが知られているが，同システムで測定可能なアルゴンの最低放射能濃度は $0.5\,\mathrm{Bq/m^3}$，検知可能な地下核実験は核出力 1kt 以上だとされている[250]。

なお，核実験を遠隔的に探知する手段について言えば，前述した放射性核種監視を含めて，IMS が備える地震学的監視，微気圧振動監視，そして水中音波監視という四つの分野がある。しかし，これら全てが地下核実験の探知を念頭に置いている訳ではなく，大気圏内，水中や宇宙空間での核実験も探知可能

---

[246] 山本洋一「原子力機構高崎放射性核種観測所における希ガス観測：CTBTO による認証」『Isotope News』No.736，2015 年 8 月号，32-33 頁。

[247] 米澤仲四郎「放射性キセノンの測定：その意義と課題」『Isotope News』No.688，2011 年 8 月号，11 頁。

[248] C.E. Aalseth, A.R. Day, D.A. Haas, E.W. Hoppe, B.J. Hyronimus, M.E. Keillor, E.K. Mace, J.L. Orrell, A. Seifert and V.T. Woods, "Measurement of 37Ar to Support Technology for On-site Inspection Under the Comprehensive Nuclear-Test-Ban Treaty," *Nuclear Instruments and Methods in Physics Research*, October 2011, arxiv.org/ftp/arxiv/papers/1008/1008.0691.pdf, pp.1-2.

[249] Edward Lfft, "On-Site Inspections under the 1996 Comprehensive Nuclear Test Ban Treaty (CTBT): Technical Considerations," *VERTIC Occasional Papers*, No.2, December 2009, www.vertic.org/media/assets/Publications/CTBT%20OP2.pdf, p.1.

[250] 米澤仲四郎「CTBT 検証制度における放射性希ガスの探知と意義」日本国際問題研究所軍縮・不拡散促進センター web サイト，2009 年 10 月，www.cpdnp.jp/pdf/002-07-002.pdf，5 頁。

第3章　核実験の探知と検証の論理

なように，重層的な監視体制を敷いていると見なすべきである。

　例えば，大気圏内核実験を想定した場合，核実験の証拠をおさえるための基幹検証技術は微気圧振動監視と放射性核種監視となる。微気圧振動監視は，米国がPTBT発効以前からソ連の核実験監視技術として基盤を確立したものであったが，CTBTのIMSネットワークに当該監視技術が組み込まれた背景には，条約の検証手段において，例えば米国が保有するヴェラ衛星などの衛星監視技術へのアクセスが得られなかったためであった[251]。IMSの大気圏内核実験探知能力について，2002年のNAS報告では，全世界で核出力1kt以下，北半球の大陸上に限定すれば核出力500t以下の核実験を微気圧振動監視で探知が可能だと評価している[252]。他方，放射性核種監視について言えば，80カ所の観測所と16カ所の公認実験施設によって，史上かつてないグローバルな規模での放射性核種のサンプリング及び分析が可能になっている。大気圏内核実験の探知能力について，NAS報告は大陸では核出力0.1-1kt，洋上でも1-2kt程度と評価しているほか，探知可能性は核実験後の日数の経過とともに増大し，10日以内に全世界において90％が探知できると指摘する[253]。しかし，こうした放射性核種監視は核実験が行われた地点を精緻にバックトラッキングして同定するのには必ずしも最適な手法ではない。そのため，他のIMSネットワークの監視技術や，（利用可能な）各国のNTM情報を併用することが必要になる[254]。

　一方，水中核実験を想定するならば，その証拠をおさえるためには水中音波監視及び，その相互補完の関係性にある地震学的監視，そして放射性核種監視が基幹検証技術となる。水中音波監視は，深海で行われた核実験から数千kmもの地理的懸隔があったとしても，核出力で僅か数g（※ktの100万分の1に該当）の爆発が探知可能だと評価されている[255]。海洋に配置され，水中を伝播する音波を監視する6ヶ所の水中聴音器観測所と，島嶼に設置され，やはり水

---

[251] National Academy of Sciences, *Technical Issues Related to the Comprehensive Nuclear Test Ban Treaty*, National Academy Press, 2002, pp.52-53.
[252] Ibid., p.52.
[253] Ibid., p.53.
[254] Ibid.
[255] Ibid., p.51.

中を伝播する地震波を監視する5ヶ所のT相観測所からなる水中音波監視は，核実験が行われた場所を特定することはできないものの，海洋地震と核実験との識別や，地震学的監視技術による座標の推定を補助（相互補完）する役割がある。実際に，南半球の海洋は地震学的監視施設が手薄である一方，水中音波監視施設が充実している（本節図5に掲げたCTBTO準備委員会作成のIMSマップを参照）。探知可能な水中核実験は，南半球では核出力数ktまで落ち込むものの，海盆であればその探知能力はほぼ1kt程度にまで向上すると指摘されている[256]。

それでは，宇宙空間での核実験の場合，その証拠を確保するにはどのようなアプローチがあり得るのだろうか。宇宙空間での核実験は，主にその効果を研究する目的から，1960年代初頭に米ソ両国によって何度か実施された歴史があり，PTBTが交渉された時代から，核実験を秘密裏に行うために隠蔽目的で宇宙空間が利用されることへのリスクが懸念されてきた。しかし，分析のための実験データの回収方法や技術的な複雑性，そして何よりも核爆発装置やデータ観測機器を打ち上げるコストの問題があることから，今日のCTBTが備える核実験探知網を逃れるべく，宇宙空間で核実験が行われる蓋然性は極めて低いと見なされている[257]。そのため，宇宙空間での核実験を監視する上で有為な検証技術手段をIMSは備えておらず，かかる条件下での核実験探知に本来効果的なX線や光学，電磁パルス，赤外線などの各種センサーや，γ線及び中性子検知器などを備えた衛星監視システムといった検証技術は，各国のNTMに専ら依存した状況にある[258]。

6　未臨界実験

包括的な核実験の禁止を論ずるにあたって注意が必要な事項として，核実験とは名がついても，CTBTの禁止対象に含められない実験が存在することが挙げられる。この問題を考えるにあたっては，そもそも「核爆発」をどのように定義するかが重要なキーワードとなる。1994年から1996年までジュネーブ

---

(256) Ibid.
(257) Ibid., p.53.
(258) Ibid., p.54.

第3章 核実験の探知と検証の論理

の CD で CTBT が交渉された際，核爆発をどのように定義するかが会議参加国の間で争点化し，米国代表団が主張した核出力のゼロイールド概念が会議のコンセンサスを得たことは既に述べた。しかし，ここで重要なのは，かかるコンセンサスによって，核出力ゼロの未臨界実験は CTBT の禁止対象には含まれないことが決定した点にある[259]。そして，ゼロイールド概念のもとに，流体核実験を CTBT における禁止対象に含めるか否かが論じられた。このときの議論では，超臨界に達して核出力を生み出す流体核実験の場合は禁止の対象に含めるものの，未臨界で行なわれる実験は禁止対象とはならないことが明確にされた[260]。こうして，CTBT における核実験の禁止が意味するところとは，「持続する超臨界の連鎖反応を伴う爆発の禁止」となった[261]のである。

なお，ゼロイールドを巡るコンセンサス合意の背景にあるもう一つの重要なポイントは，臨界に達せず有為な核出力を伴わない核実験は，そもそも CTBT が備える IMS ネットワークの遠隔監視では探知し得ないという現実である。言うなれば，「探知・検証できなければそれは存在しないのと同義」とする発想は，CTBT のような軍備管理・軍縮条約の検証制度を理解するうえで見落とせない事柄だと言えよう。

この未臨界実験について，今日まで最も多くの情報を開示しているのが米国である。近年の事例で言えば，米国国家核安全保障局（NNSA）によって，2012 年 12 月 6 日に未臨界実験として同国で通算 27 回目にあたるポルックス（Pollux）実験（流体核実験）の実施が発表されている。これは核兵器のない世界を訴え，核軍縮への熱意を示した米国オバマ（Barack Obama）政権下で通算 4 回目の未臨界実験であった[262]。このポルックス実験は，高性能爆薬を用い

---

(259) 一政祐行「核実験の禁止と検証——包括的核実験禁止条約（CTBT）を中心に」浅田正彦，戸崎洋史（編）『核軍縮核不拡散の法と政治』信山社，2008 年，228 頁。
(260) Bureau of Arms Control, Verification, and Compliance, "Fact Sheet: Scope of the CTBT," U.S. Department of State website, September 29, 2011, www.state.gov/t/avc/rls/173944.htm.
(261) Arms Control Association, "Test Ban Treaty: Myths vs. Realities," *Arms Control Today*, Vol.3, Issue 6, March 30, 2012, www.armscontrol.org/issuebriefs/CTBT-Myths-vs-Realities.
(262) 「米が臨界前核実験オバマ政権下で 4 回目，新手法か」『中国新聞』2012 年 12 月 7 日，nuke-weapon-timeline.news.coocan.jp/news/USmirinkai-121207.html。

てプルトニウムが衝撃を受けた際の挙動を調査することを目的としている[263]。NNSAのプレスリリースにおいては，同実験の意義とは「核セキュリティにも資するもの」だと説明されている[264]。

　こうした一連の未臨界実験の制限や禁止を巡って，一部の専門家の間では，将来の米ロ中での核軍縮の文脈での信頼醸成や，さらなる透明性に関する議論への取っ掛かりにすべきとの意見もある[265]。しかし，前述したゼロイールド概念のコンセンサス合意という歴史的背景もあり，CTBTの文脈では，現時点までにこうした議論が政府レベルでの動きには結びついていないのが実情である。なお，米国では，こうした未臨界実験に加えて，備蓄核兵器が実際の核攻撃目標に到達するまでの間，核弾頭に加わる熱，高度，振動及びその他の要因がどのように影響をもたらすのかスーパーコンピュータを用いてモデル化する，所謂コンピュータシミュレーションを行っている[266]ことが知られている。コンピュータシミュレーションは当然ながら核出力を発生させないため，CTBTの禁止対象とはならないのは言うまでもない。

　他方，米国以外の未臨界実験についても，数は少ないながらも参考となる情報はある。その一例として，ロシアのノバヤゼムリア核実験場付近で1997年8月16日に観測された不自然な地震を巡る顛末[267]は，米国以外の未臨界実験の現実を推し量る観点からも興味深い。それが極小規模の核出力を伴った地下

---

(263) Los Alamos National Laboratory, "Critical Subcritical," *1663*, August 2014, www.lanl.gov/discover/publications/1663/2014-august/_assets/docs/1663_22_sub.pdf, pp.24-25.

(264) "Press Release: NNSA Conducts Pollux Subcritical Experiment at Nevada National Security Site," NNSA website, December 6, 2012, nnsa.energy.gov/mediaroom/pressreleases/pollux120612.

(265) Jeffrey Lewis, "Subcritical Experiment," Arms Control Wonk website, December 20, 2012, www.armscontrolwonk.com/archive/206011/subcritical-experiments/.

(266) David E. Hoffman, "Supercomputers Offer Tools for Nuclear Testing-and Solving Nuclear Mysteries," *The Washington Post*, November 1, 2011, www.washingtonpost.com/national/national-security/supercomputers-offer-tools-for-nuclear-testing--and-solving-nuclear-mysteries/2011/10/03/gIQAjnngdM_story.html?utm_term=.ea8b31891cfe.

(267) "CIA Says Seismic Event Near Russian Test Site Not a Nuclear Explosion," *Arms Control Today*, October 1, 1997, www.armscontrol.org/print/268.

第3章　核実験の探知と検証の論理

核実験だったのか，それとも海底で発生した自然地震だったのかについて，米国中央情報局（CIA）が専門家を集めて検討した結果，「正確な判断がつけられない」との結論に至った旨，声明が出された[268]。また，2012年にメディアがロシアの老朽化した核兵器の信頼性と安全性を検証するべく，ノバヤゼムリア核実験場で地下核実験を再開する必要があるのでは，と指摘したところ，ロシア政府がこれに回答して，実験室レベルでの未臨界実験の実施によって「問題の解決が可能」である旨示唆した[269]とされる。

このロシア政府の回答にも関連することとして，CTBTが署名開放されて以降も，新型核兵器の開発，若しくは既存の核兵器の性能維持にかかる観点から，幾つかの種類の「実験」が行われた可能性が示唆されている[270]。これらのなかには，新たな核兵器のコンセプト案の検証や，米国の核実験史でも言及した一点危険防止実験（one-point safety testing）などが含まれているが，やはり流体核実験に対する注目ぶりが特筆される。Webサイト Nuclear Weapon Archive.orgによれば，設計上，核分裂性物質を用いても僅か1t以下の核出力しか発生しないとされる流体力学的実験に関して，冷戦期，ソ連からの公開情報は限定的なものに留まるが，計100回程度の実施歴があること，またそれらの核出力はいずれも100kg以下（※これには1t以下の「フィズル」となった核実験もカウントに含めている模様）であることが指摘されている[271]。また，2012年のNRC報告は，米国以外で流体核実験の豊富な経験を持つ国としてロシアを挙げ，その核兵器の近代化に同実験技術が貢献する可能性がある一方で，核実験で得た経験なくして，同実験技術のみによる新型の戦略核兵器開発は考え

---

(268) Ibid.
(269) Charles Digges, "Russia could Resume Subcritical Nuclear Bomb Tests in Arctic, Sources say," Bellona.org website, October 3, 2012, bellona.org/news/nuclear-issues/nuclear-russia/2012-10-russia-could-resume-subcritical-nuclear-bomb-tests-in-arctic-sources-say. なお，上記のソースによれば，未臨界実験を通じて新世代の核弾頭の設計が可能であるとも言及されている。
(270) Richard L. Garwin, "The Future of Nuclear Weapons without Nuclear Testing," Arms Control Association website, www.armscontrol.org/act/1997_11-12/garwin.
(271) "Soviet Nuclear Test Summary," Nuclear Weapons Archive.org website, October 7, 1997, nuclearweaponarchive.org/Russia/Sovtestsum.html.

にくいと論じている(272)。また，中国については流体核実験の知見が明らかに少ないとして，戦略核兵器の近代化に向けて，中国が同技術をいかに活用しようとしているのかが不透明だと指摘する(273)。

ちなみに，米国では一点危険防止に関わる近年の実験例として，プルトニウム拡散検証実験(274)や慣性閉じ込め式核融合実験装置（通称「Ｚマシン」）といった，極少量のプルトニウムを用いた核弾頭の信頼性実験(275)を行ってきたことが挙げられる。また，米国は 2011 年の NNSA の発表に基き，新型の核兵器を製造しないとの前提を維持しつつ，CTBT の批准を追及するうえで不可欠の土台である核弾頭の備蓄管理運用計画（Stockpile Stewardship Management Plan: SSMP）に取り組んできた。モラトリアム状態の地下核実験を再開することなく，将来に至るまで核弾頭の信頼性や安全性を維持するためのかかる取り組みは，米国の核抑止力を維持する上で不可欠であり，その意味で非常に重い責任を担っていると言えよう。（備蓄核兵器の信頼性を巡る取り組みについては，第 7 章でも言及する）。

その他，ロシア以外にも，英国やフランスも未臨界実験をはじめ，コンピュータシミュレーションや核融合実験など，核弾頭の信頼性維持にかかる実験を行っているとされる(276)。英仏両国については，2015 年の NPT 運用検討会議に際して，NPT や CTBT へのコミットメントの範疇と断った上で，Ｘ線及び流体核実験施設の共同設置・運用を定めた協定（英仏防衛・安全保障協力協定の下位協定）を 2010 年に締結していたことを明らかにしている(277)。また中国も

---

(272) National Research Council of the National Academies, *The Comprehensive Nuclear Test Ban Treaty Technical Issues for the United States*, National Academies Press, 2012, pp.103-104.

(273) Ibid., p.104.

(274) "Operation Storax, Sun Beam, and Roller Coaster, 1962-1963: Nevada Test Site, Nellis Air Force Range (Nevada)," Nuclear Weapon Archive.org website, September 20, 1997, nuclearweaponarchive.org/Usa/Tests/Storax.html.

(275) 「米，新型の核実験 プルトニウム少量使用『臨界前を補完』」『中国新聞』2011 年 5 月 24 日，www.hiroshimapeacemedia.jp/mediacenter/article.php?story= 20110523134828660_ja。

(276) "Nuclear Testing," Swedish Physicians against Nuclear Weapons website, laromkarnvapen.se/en/what-is-nuclear-weapons/nuclear-testing/.

(277) NPT/CONF.2015/29, April 22, 2015, documents-dds-ny.un.org/doc/UNDOC/

第 3 章　核実験の探知と検証の論理

CTBT の署名開放後，少なくとも 1 回は未臨界実験を行った可能性があることが指摘されている(278)。こうした状況をして，キンラン（Michael Quinlan）は PTBT の時代ならともかく，既に N5 諸国は核実験を行わずとも核拡散（垂直拡散）を行う術を身に付けている以上，これらの国々に関する限り，今日の核実験禁止にかかる CTBT の政治的な価値はともかく，その安全保障上の価値は過大評価を受けているのではないかと指摘する(279)。福井は N5 各国が独自のアプローチで核戦力の維持を図っていること，米ロと比較して英仏中は相対的に小規模の核戦力に対して，コンピュータシミュレーションや実験施設レベルでの実験を行っていること，また，N5 の間でも備蓄核兵器の信頼性維持の技術レベルには相当程度の格差が存在することなどを指摘している(280)。なお，インドやパキスタン，イスラエルといった実質的な核兵器保有国においては，未臨界実験の実施の有無は公表されていない(281)。

次章では CTBT の検証制度について，個別にその特徴を概観してゆく。

GEN/N15/113/78/PDF/N1511378.pdf?OpenElement, para. 38.
(278)　"Nuclear Testing," Swedish Physicians against Nuclear Weapons website, laromkarnvapen.se/en/what-is-nuclear-weapons/nuclear-testing/.
(279)　Michael Quinlan, *Thinking about Nuclear Weapons: Principles, Problems, Prospects*, Oxford University Press, 2009, pp.94-95.
(280)　福井康人「備蓄弾頭維持管理計画（SSMP）——核抑止力維持と核軍縮推進の狭間で——」『外務省調査月報』2010 年，No.4，17-18 頁。
(281)　戸崎洋史「第 1 章核軍縮」広島県・公益財団法人日本国際問題研究所軍縮・不拡散促進センター『広島レポート 2017 年版——核軍縮・核不拡散・核セキュリティを巡る 2016 年の動向』2017 年，44 頁。

第4章　CTBTの検証制度

　CTBTの第4条第1項では，①国際監視制度（IMS），②協議と説明（Consultation and Clarification: C&C），③信頼醸成措置（Confidence Building Measures: CBM），④現地査察（OSI）の四つの検証制度を規定している。このうち，核爆発実験の探知と検証に直接係わるものは①IMSと④OSIの二つである。なお，残る二つの検証制度のうち，CBMは平時における締約国間での信頼醸成を目的とし，C&Cは現地査察が発動されるにあたり，核爆発実験実施の疑いがもたれている締約国に対して，OSIの要請締約国を交えた協議の機会を与えるものである。以下に，改めて各々の検証技術の特徴を述べるとともに，CTBT署名開放から20年以上を経た課題に踏み込む。

1　国際監視制度（IMS）

　IMSは，核実験禁止を巡る国際的な取り組みにおいても過去に例を見ない[282]，遵守を検証するために設けられた独立した遠隔観測所の集合によって成り立つ巨大なシステムである。IMSは以下に示す四つの監視技術からなる全世界321ヶ所の観測所と，16カ所の放射性核種に関する公認実験施設によって構成されている。

- 地震学的監視……核実験に起因する人工地震の探知がその任務となる。全世界に50ヶ所の主要観測施設と120ヶ所の補助の観測所が設置される。
- 放射性核種監視……大気中の粒子状物質の存在を監視することがその任務となる。全世界に80ヶ所の観測所（うち40ヶ所の観測所では条約発効後に放射性希ガスの存在を監視することとなる）が設置される。
- 水中音波監視……海洋における核爆発で引き起こされた音波の監視がその任務となる。全世界で6ヶ所の水中聴音器観測所と，5ヶ所のT相観測所

---

(282) Jun Wang, "CTBT Verification Regime: Preparatiosn and Requirements," *Disarmament Forum*, No.3, 1999, p.2.

第4章　CTBTの検証制度

が設置される。
- 微気圧振動監視……核爆発に伴う大気中の非常に低い周波数の音波を監視することがその任務となる。全世界に60ヶ所の観測所が設置される。

このIMSネットワークの地震，放射性核種，水中音波，微気圧振動の4種類の検証技術で得られたデータは，オーストリア・ウィーンに設置された国際データセンター（IDC）に送信され，核実験と疑われる事象（event）が確認された場合，IDCで詳細解析報告（Reviewed Event Bulletin: REB）を発出し，締約国が参照できる体制となる。

検証制度の整備計画について，CTBTO準備委員会が設置された当初，政策意思決定機関（Policy Making Organs）ではIMSとIDCをそれぞれ3-4年かけて設置することにより，条約発効に備えた当座の検証体制が整備できるとの前提に立っていた。しかし，IMSネットワークを構成する観測施設一つとっても，各国でこれらを新規に設置・整備するためには個別の合意と法的枠組みが必須となるため，事実上，ホスト国との間で10年間かけて漸く37の合意を形成するのがやっとであった(283)。こうしたIMSの整備計画について，CTBT署名開放からちょうど10年後にあたる2007年の時点ではIMS観測施設の認証が95％以上完了している予定(284)であった。しかし，2016年の第60会期IAEA総会でCTBTO準備委員会・暫定技術事務局のゼルボ（Lassina Zerbo）事務局長の公式声明が言及したところでは，90％以上の完成度（over 90% complete）との表現に留まっている(285)。

今日のIMSネットワークの置かれた状況を表すキーワードの一つは，暫定運用である。暫定運用とは，条約が未発効の段階でも，検証関連のインフラを別途の合意なしに暫定的に活用できるという措置である。IMS及びIDCの暫

---

(283) Ola Dahlman, Svein Mykkeltveit and Hein Haak, *Nuclear Test Ban: Converting Political Visions to Reality*, Springer, 2009, pp.108-109.

(284) Gilbert Le Goff and Denys Rousseau, "The Comprehensive Nuclear-Test-Ban Treaty Eight Years after Opening of the Treaty for Signature: What is the Situation?," *Nuclear Law Bulletin*, No.74 2004, www.nea.fr/html/law/nlb/nlb-74/009_014.pdf p.4.

(285) Address by Lassina Zerbo, Executive Secretary Preparatory Commission for the Comprehensive Nuclear-Test-Ban Treaty Organization, 60th Regular Session of the General Conference of the International Atomic Energy Agency, Vienna, September 26-30, 2016, www.iaea.org/sites/default/files/16/09/ctbto_2016.pdf.

定運用はCTBTO準備委員会の設立文書によって付与された暫定技術事務局の権限内で実施できることが認められており[286]，条約発効前の段階で予めその核実験の遠隔探知能力と，IDCによるREBが各国の核実験監視の取り組みで利用可能になると想定されていた。このとき，IMSとIDC，IDCと各国の設置するNDCとの間では，グローバル通信基盤（Global Communication Infrastructure: GCI）によってデータ伝送が行われている[287]。

事実，暫定運用下のIMSの有効性を示す事例は，1998年のインド・パキスタンの核実験から近年の北朝鮮の核実験に至るまで，枚挙にいとまがない。1998年当時ですら，インドとパキスタンの核実験を建設・整備途上であったIMSネットワークが監視にあたり，爆発が行われた時間や起爆点の推定など，高精度のデータ収集を行い[288]，締約国に報告している。他方，IMSの中核となる地震学的監視のみでは100%の確実さを以て核爆発と化学的爆発とを識別し得ない現実がある。地下核実験と思しき，自然地震とは明らかに異なる人工地震が遠隔地に設置された地震計によって観測・探知されたとしても，この人工的な地震波は，それが核実験によって生起したものか，それとも化学的爆発などによるものかを識別することは非常に困難だとされている[289]。また，IMSの放射性核種監視についても，例えば2006年の最初の北朝鮮の核実験では地下核実験に特有の放射性希ガス・キセノン（^{133}Xe）が検知されたのに対して，2009年の北朝鮮第2回目の核実験後は，遂に放射性希ガスの漏出が確認できなかったことで明らかなように，CTBT違反にあたる核実験行為に対して，必ずしも確実な検証手段にはなり得ない。こうした不確実性に対して，後述す

---

(286) 福井康人「未発効条約の実効性確保：CTBTを事例として」『軍縮研究』2016年10月，第7号，70頁。

(287) Martin B. Kalinowski, "Comprehensive Nuclear Test Ban Treaty Verification," in Rudolf Avenhaus, Nicholas Kyriakopoulos, Michel Richard and Gotthard Stein, eds., *Verifying Treaty Compliance: Limiting Weapons of Mass Destruction and Monitoring Kyoto Protocol Provisions*, Springer, 2006, p.145.

(288) Walter et al., "Seismic Monitoring Techniques Put to a Test," Lawrence Livermore National Laboratory website, www.llnl.gov/str/Walter.html.

(289) Edward Lfft, "On-Site Inspections Under the 1996 Conprehensive Nuclear Test Ban Treaty (CTBT): Technical Considerations," *VERTIC Occational Papers 2*, December 2009, www.vertic.org/media/assets/Publications/CTBT%20OP2.pdf, p.1.

第 4 章　CTBT の検証制度

るOSIが唯一，核実験が実施された証拠を直接押さえることができる可能性を持っている[290]と言えよう。

さらに言えば，従来はデカップリング技術のような隠蔽措置が適用され，IMS ネットワークが探知可能な核出力である 1kt を下回るような地下核実験の探知こそ，CTBT の検証制度構築上の主たる懸案であった[291]。しかしながら，近年のインドやパキスタン，そして北朝鮮による事例に見られるとおり，核実験にかかる政治的宣言を伴って，地下核実験が行われることが一つのトレンドになりつつある。こうしたトレンドが今後も続く場合，事実上，IMS の役割は秘密裏に行われる核実験「探知」そのものではなく，核実験と思しき宣言された人工地震の検認となってしまうことも懸念される。

なお，ウィーンに設置された IDC では，全ての締約国による IDC データへのアクセスに対応すべく，各 IMS 観測施設から送られてくる生データ（raw data）を受信し，集積・処理し，分析結果を報告し，かつ蓄積している。このとき，IMS も IDC も，核実験が行われたか否かを直接判定するためのシステムとしてはデザインされていないことに注意すべきである。IMS と IDC のマンデートとは，将来的には全世界 321 ヶ所の IMS 観測施設から送信されてくる生データのなかに異常が存在するか否かを 24 時間，365 日間にわたって確認することにある。そして，もしこれらのデータに異常が確認された場合には，それが人工的な事象なのか否かを識別する。しかし，その事象が核実験であったか否かという，条約の遵守を巡る判断は，あくまでも締約国の手に委ねられるのである。なお，OSI の発動要請などの政治的な判断を伴う行動も，IMS や IDC の所掌範囲外となる。

そのため，いずれにしても，疑わしい事象が IMS ネットワークで監視され，IDC で REB が発出された時点で，大まかにその事象が発生した座標と深度が把握できていれば，締約国は次項で述べる C&C を要求するか，或いは OSI の

---

(290)　Edward Lfft, "On-Site Inspections Under the 1996 Comprehensive Nuclear Test Ban Treaty (CTBT): Technical Considerations," *VERTIC Occasional Papers*, December 2009, www.vertic.org/media/assets/Publications/CTBT%20OP2.pdf.

(291)　Wade L. Huntlrey, Kazumi Mizumoto and Mitsuru Kurosawa, eds., *Nuclear Disarmament in the Twenty-first Century*, Lulu.com, 2005, p.298.

発動を即座に要請することになる。

2 協議と説明 (C&C)

条約第4条第29項ではC&Cに関して，締約国は可能なときはいつでも，CTBTの基本的義務の違反の可能性について懸念を引き起こす問題に，まず締約国間で，機関との間で又は機関を通じて明らかにし及び解決するためにあらゆる努力を払うべきであること，もっとも，全ての締約国のOSIを要請する権利は害されないことが規定されている。こうして，釈明するよう要請を受けた締約国は，できるかぎり速やかに，いかなる場合にもその要請があってから48時間以内に当該事象について釈明を行うこととされる（条約第4条第30項）。

他方において，こうしたC&Cの手続きを行ったとしても，要請締約国が納得しなかった場合には，OSIが要請される可能性が高まることは否定できない。また，条約第4条第29項にも明記されているとおり，そもそも締約国はC&Cを要請せずに，OSIの発動を要請することができる。この場合，OSIの要請に含めねばならない情報として，議定書第Ⅱ部第41項(h)に規定されているとおり，C&Cの手続きが行われなかった理由の説明が必要となる。

3 信頼醸成措置 (CBM)

時折発生する自然地震や，或いは大規模な化学的爆発などに起因する人工地震を，IMSの監視観測網が核実験と疑わしき事象として観測し，説明が求められる場合がある。こうした際に，CBMや前項で述べたC&Cを行った結果として疑義が解消されれば，政治的にも経済的にもコストの高いOSIを行う必要性はなくなる。

CBMに関連する事項としては，条約第4条第68項にて化学的爆発に関連する検証のためのデータを誤って解釈することから生ずるこの条約の遵守についての懸念を適時に解決することに貢献すること（同項(a)），IMSの観測網の一部である観測所の特性を把握することについて援助すること（同項(b)），また同項の末尾では締約国が機関と他の締約国と協力することを約束することを定めている。

第4章 CTBTの検証制度

　また，議定書第Ⅲ部第1項では，締約国の任意の権利として，自国の領域内又は自国の管轄若しくは管理の下にあるいかなる場所においても，300t以上のTNT相当の爆発物質を用いた化学的爆発が（単一の爆発として）実施される場合に，技術事務局へ通報することが定められている。この化学的爆発の通報について，締約国側の任意という前提ではあるものの，可能であれば事前に通報することとしつつ，その位置，時刻，使用される爆薬の量，種類並びに爆発の形態及び目的に関する詳細（同第1項）を情報提供するCBMが求められている。さらに，条約発効後には締約国が任意に，かつ相互に受け入れ可能な態様に従い，自国の領域内の場所を視察するよう技術事務局や他の締約国の代表者を招聘できる（同第3項）とし，また締約国はIMSの観測所の特性を把握するための化学的爆発を実施し，また予定されている他の目的のための化学的爆発に関連する情報を提供するために技術事務局と連絡を保つことができる（同第4項）と規定している。

　即ち，条約発効後にはこれらの規定に基づき，地下核実験との識別が困難な化学的爆発の事例研究を各国のIMS観測所で行うことが可能となる。特に，核実験の言われなき疑いがかけられる可能性を憂慮する一部の締約国が注目すべき点として，国内で発破などの化学的爆発を実施する際，CBMとして技術事務局や周辺国からオブザーバーを招聘することも可能となっていることを指摘しておきたい。

4　現地査察（OSI）

　CTBTのOSIとは，条約違反の地下核実験が行われたことを明確にし，条約違反者を同定するための関連情報の収集を行う[292]ことを意味する。ジュネーブでの条約交渉時には，OSIは条約違反を抑止するためにも有効な措置である[293]として，当初は通常査察（routine inspection）と申し立て査察（challenge

---

[292]　現地査察は現地に立ち入らないNTMとは区別される。米ソ及び米ロ間での冷戦期の軍縮・不拡散条約の履行の検証措置は当初NTMによるものが全てであったが，冷戦期末期からは現地査察が大幅に認められるようになったとされる。黒澤満『核軍縮と国際平和』有斐閣，1999年，171頁。

[293]　Thanos P. Dokos, *Negotiations for a CTBT 1958-1994 Analysis and Evaluation of American Policy*, University Press of America, 1995, p.210.

4 現地査察（OSI）

inspection）の二つに分けて、OSIをより具体的に規定しようとする提案[294]もあった。しかし、最終的に化学兵器禁止条約（CWC）の申し立て査察に類した単一の形態に落ち着くこととなった。

本節冒頭で述べたとおり、OSIは条約の規定に違反して核兵器の実験的爆発又は、他の核爆発が条約第1条の規定に違反して実施されたか否かを明らかにし、及び違反した可能性のある者の特定に資する事実を可能な限り収集することを目的とする。条約及び同議定書第Ⅱ部の規定によって、OSIは$1,000km^2$の査察領域内において、最大で130日間にわたり、40名の査察団員が査察活動を実施することになる。手続き的には要請締約国からOSIの発動要請を受けて、執行理事会（Executive Council）が承認するという、いわゆる「グリーンライト方式」を採用する（※この反対は「レッドライト方式」である）。OSIに参加する査察団員はCTBTOの職員として常勤する形式ではなく、所定の研修・訓練を受けた各国の技術専門家が予め査察団員候補として査察団員リスト（ロスター）名簿に名を連ね（ロスター登録）、必要に応じて適時に事務局長によって任命・招集される形式をとる。これらの査察団員は、執行理事会がOSIの発動を決定してから6日以内に最大40名で査察団を構成し、被査察国の入国地点に集合し、その後72時間以内に査察区域に移動して活動を開始する。

条約第4条第46項の規定に基づき、執行理事会でOSIが承認されると、査察団は25日間の期間、以下に示すように議定書第Ⅱ部第69項の(a)から(e)までに規定された活動の実施と、技術を使用する権利を有する。その後、第4条第47項に則り、執行理事会でOSIの継続が承認されれば、査察団は新たに議定書第Ⅱ部第69項の(a)から(f)までの全ての活動及び技術を使用する権利を有することになる。

　議定書第Ⅱ部第69項　次の査察の活動及び技術については、管理されたアクセス（managed access）、試料の採取、取扱い及び分析並びに上空飛行に関する規定に従って実施し又は使用することができる。

---

[294] Eric Arnett ed., *SIPRI Research Report No.8 Implementing the Comprehensive Test Ban: New Aspects of Definition, Organization and Verification*, Oxford University Press, 1994, p.81.

第 4 章　CTBT の検証制度

(a)　査察の活動を支援するものとして，査察区域の境界線を確定し及び当該査察区域内の場所の経緯度を確定するために上空から及び地表又は水面において位置を確認すること。

(b)　異状又は人工物の存在を調査するための地表又は水面及びこれらの下における並びに上空からの目視，ビデオ及び写真の撮影並びにマルチスペクトル画像の撮影（赤外線の測定によるものを含む）。

(c)　放射線の異常の存在を調査し及び識別するために上空から並びに地表又は水面及びこれらの下において γ 線監視及びエネルギー弁別解析を行うことによって，地表又は水面の上，地表又は水面及び地表又は水面の下における放射能の水準を測定すること。

(d)　異状を探知するために地表又は水面の上，地表又は水面及び地表又は水面の下における固体，液体及び気体を環境試料として採取し及びこれらを分析すること。

(e)　調査区域を限定し及び事象の性質の決定を容易にするための受動的な地震学的余震監視

(f)　地下の異状（空洞及び角礫帯を含む。）の存在を調査し及びその位置を発見するための共鳴地震計測及び能動的地震探査

(g)　異状又は人工物を探知するために地表又は水面において及び適当な場合には上空から，磁場及び重力場を調査し，地中レーダーによる測定を行い並びに電気伝導度を測定すること。

(h)　放射性試料を得るための掘削

　以下，この議定書第Ⅱ部第 69 項が規定する OSI の活動と技術から主なものを取り上げ，その概要[295]を述べる。なお，放射性核種の測定や目視によ

---

[295]　以下に挙げるような CTBTO 準備委員会が刊行した OSI 関連のワークショップ資料を参照した。V. Krioutchenkov, "Report of the On-Site Inspection Workshop-6: OSI Technologies: Methodologies and Techniques for Application (UCRL-ID-140597)," U.S. Department of Energy Lawrence Livermore National Laboratory website,

る異常の確認などについては，第3章で述べたとおりであり，本節では割愛する。

① 能動的地震探査

能動的地震探査は，地下核実験によって作られた地下数十mから数百mにある空洞を識別するために，起震機或いは爆薬を用いて人工的に小規模の地震波を発生させ，アレイ状に展開した高周波の地震計によって地下構造を探査するアプローチである。こうした探査に用いる高周波の地震計は，地震計付近を移動する車両のノイズすらも拾ってしまう，極めてデリケートで高性能なものである。しかし，地下核実験で生成された地下空洞の規模が極端に小さい場合には，高周波地震計を以てしても，探査することが技術的に困難だと言われている。

② 共鳴地震計測

共鳴地震計測の目的は，空洞によって共鳴し増幅された地震波の空間的変化を捉えることにある。本計測によって観測されたパラメーターは，地震のバックグラウンドノイズにおけるスペクトラム密度を示している。

③ 電気伝導度の測定

電気伝導度の測定は，地下核実験によってもたらされる地電位又は誘導電流パターン上の電気伝導度，若しくは電気抵抗上の異常を検出することを目的とする。このうち，最も顕著に検出される可能性がある異常としては，地下核実験が行われた起爆点付近の土壌の密度，空隙率及び透電性などが挙げられる。なお，測定においては，電位差計測を行うことによって，地表の電界に現れる異常を検出する自然電位（SP）法，電気的調査手法によって地表下での電気伝導度の側面変化を探知するE-Field法，そして地下核実験の間接的証拠を捉えるべく，起爆点付近での地質崩壊の影響で発生する電気的抵抗の高い電磁気異常を探知する短期電磁気（TEM）法の三つが能動的・受動的に用いられる。

September 14, 2000, e-reports-ext.llnl.gov/pdf/238640.pdf.

第4章　CTBTの検証制度

一般的にこれらの電気伝導度の測定は，単位作業時間あたりの測定可能面積が狭いことから，時間に制約のあるOSIにおいては，査察区域内での測定地点をある程度絞り込んでから実施する必要がある。

④　重力異常の測定

地下空洞が生成される際に，岩盤（地層）の質量が再分布することで生じる微少な重力効果を測定することが重力異常を測定する目的である。OSIでは，縦方向の局所的重力測定を行うことによって，ジオメトリーの画像化と，地下の地形的特徴などを計測する。一般的に，重力異常の程度は地下の構造物の質量や，地下空洞のサイズに比例するため，核実験探知の手段として，本測定手法はあくまでも補助的なものとなる。

⑤　磁場のマッピング

磁場のマッピングは，誘起磁場をもとに地磁気の異常を探知するために用いられる。地下核実験によって発生する磁場の変化は，①ドリルケーシング（Drill Casing）において用いられる強磁性物質及び，②岩盤における地磁気の変質を観測することで把握できる。この磁場の変化を測定するためにフィールド仕様の磁力計を用いることになるが，実際のOSIでは短時間に可能な限り広範囲での測定を行うことが求められる。そのため，地中に埋められた金属物（例としては，起爆装置や核爆発の計測などに用いる周辺観測機器とのデータ送受信・遠隔操作用のドリル管や，ドリル穴のケーシングチューブなど）に起因する特定の磁場異常を見分けることが必要となり，かつ装置自体の測定可能な磁気のレンジ（範囲）として，感度0.1nTの状態で30,000-100,000nTの幅が要求される。このように，磁場のマッピング機器一つをとっても，OSIで使用するためには，単独で磁力計としても傾度測定器としても使用可能で，かつ温度差の激しいフィールドでの運用を前提に，可搬性が高く，バッテリーで長時間安定駆動するといった非常に高い要求を満たさねばならない。なお，磁場のマッピングは重力異常の測定と同様に，あくまでも核実験探知の補助的な手段として位置付けられている[296]。

---

(296)　この磁場のマッピングに関する近年の研究成果として，小山は北朝鮮のような灌

⑥ 地中レーダーでの測定

地中レーダー（地中貫通レーダー）での測定とは，牽引アンテナを用いて，地中のパルスマイクロ波電磁エネルギー（50-1,000MHz の幅がある）を測るものである。本測定手法は地中の比較的浅い場所（※ 地下 20-30m とされるが，探知精度を考慮すると理想は地下 10m 程度）にある空洞，境界線，ケーブルやトンネルなどの埋められた痕跡の発見に用いられる。1,000km^2 の査察区域に対して，水も漏らさぬ測定作業を行うことは非常に困難であるため，一般的にはまずヘリコプターから地中レーダーのセンサー部分を釣り下げた状態で低空飛行し，上空から測定を行った後，漸次測定範囲を狭めてゆく方式がとられる。この地中レーダーはその探知精度の限界上，核実験に起因した地下深くの空洞を発見するための直接的な手段ではなく，重力異常の測定や磁場のマッピングと同様に，あくまでも核実験の準備及び実施のために埋設された地下の金属物を探知する目的に用いられる。地中レーダーの測定を効率良く実施するのに必要なヘリコプターの使用には，議定書第Ⅱ部第 73 項で規定される追加的上空飛行の実施として，被査察国の同意を得る必要がある。査察区域で低空から地下の金属物を探知する地中レーダーの使用は，例えば地下のミサイルサイロや兵器庫，また軍用通信網の敷設場所といった，OSI の目的に関係しない機微な情報へ，査察団のアクセスを許す結果となる可能性がある。そのため，被査察国が追加的上空飛行によって地中レーダーの使用を認めるか否かは，政治的な判断となり得る。

こうした放射性核種の測定や能動的・受動的地震探査及び監視，電気伝導度測定，重力異常測定，磁場マッピング，地中レーダー，そして上空飛行を通じて実施する OSI 活動は，条約発効後にしか稼働し得ない制度である[297]。その

木に覆われた山岳地帯でのトンネル型地下核実験で，放射性核種の封じ込めが成功したケースにおける OSI を想定した場合，起爆地点を絞り込む上では上空から磁気異常を探知するアプローチは不可欠であるとし，OSI における捜査論理のさらなる検討の必要性を指摘している。小山謹二「CTBT の現地査察（OSI）における爆心地の探査ロジック（Search Logics）――その確立と課題――」日本国際問題研究所軍縮・不拡散促進センター web サイト，2011 年 10 月，www.cpdnp.jp/pdf/002-07-koyama001.pdf，4-7 頁。

(297) 一政祐行「核実験の禁止と検証：包括的核実験禁止条約（CTBT）を中心に」浅田正彦，戸崎洋史（編）『核軍縮不拡散の法と政治』信山社，2008 年，223 頁。

ため，過去 20 年間，CTBT 検証制度の整備・構築において，OSI は IMS の陰に隠れた存在であった。しかし，本来 IMS が 100％に近い運用体勢となり，また真に有効かつ効率的な OSI を実現できる制度の整備が実現すれば，仮に小規模で探知が困難な核爆発実験が秘密裏に行われても，国際社会がこれを監視・検証できる可能性が高まる[298]と言えよう。OSI の概要は以上のとおりだが，PTBT 以来の核実験禁止の取り組みにおいて，「核実験査察」は常に交渉国間での争点事項となってきた。CTBT の OSI を巡っても，未だに数多くの課題が残されている。条約の検証制度においても最後の砦と呼ばれ，実際に侵入度の高いアプローチにならざる得ないだけに，かかる課題の多くは技術面，法制面，政治面から慎重に検討される必要がある。OSI の問題を巡っては，次章でさらに踏み込んで考察を行う。

5 技術刷新に向けた検討課題

CTBT の交渉から 20 年以上が経過したことから，条約・議定書上で規定される技術に加えて，検証可能性を高め，より効率的で効果的な核実験探知の実現に裨益する新技術の採用，即ち核実験検証のために技術刷新について，年々，関心国や科学者コミュニティから提案されるようになってきている。2000 年頃からは，検証技術を一層円滑に運用するための地理情報システム（Geographical Information System: GIS）の導入案[299]が検討されてきたほか，2001 年 11 月の国連総会第一委員会では，CTBT 発効後に検討すべき新たな検証技術として，ロシアのセルゲエフ（Igor Sergeyev）国防大臣が地質学データの交換や追加的なセンサーの設置を提案している[300]。

---

[298] Lynn R. Sykes, "False and Misleading Claims about Verification during the Senate Debate on the Comprehensive Nuclear Test Ban Treaty," *Journal of the Federation of American Scientists (F.A.S.)*, Volume 53, Number 3, May/June 2000, fas.org/faspir/v53n3.htm.

[299] Dogan Seber et al., "Global and Regional GIS Database Development in Support of CTBT Monitoring," The Defense Threat Reduction Agency Arms Control Technology Division Nuclear Treaties Branch website, www.ldeo.columbia.edu/res/pi/Monitoring/Doc/Srr_2000/10-Other/10_03.pdf. (accessed 25 October 2006)

[300] Philipp C Bleek, "UN Conference Shows Support for Test Ban: U.S. Absent," *Arms Control Today*, Vol.31, No.10, 2001, www.armscontrol.org/act/2001_12/ctbtdec01.

5 技術刷新に向けた検討課題

　暫定運用下にあるIMSに関わる検証技術において、署名開放後の技術刷新を求める声は一層顕著である。IMSの核実験探知能力を底上げするための最もシンプルなアプローチとは、観測所の数を増設することに尽きるとの指摘も根強い[301]。その一方で、例えばダールマンら（Ola Dahlman, et al.）は、従来、パラメーターデータのみの分析が主体で、オリジナルの波形信号は分析対象ではなかったものが、コンピュータの処理性能の著しい向上と、より高性能なソフトウェアが開発されたことに伴い、膨大なデータを抽出し、分析にかける新たなデータ・マイニングが可能となる地震学的分析の新たなパラダイムについて指摘し[302]、かかる進歩を取り入れることで、CTBTの核実験探知能力の向上に寄与することへの期待を示している。

　核実験が行われたか否かを実地で検証する最終的な措置となるOSIについても、技術刷新の波が押し寄せてきている。なかでも最も注目すべきは、核実験に起因する放射性希ガス検知のための汎用型装置の開発である。このために2000年代後半から2010年代にかけて、放射性希ガスの野外実験施設を含めた関連機器の開発と検討がCTBTO準備委員会で検討され、実際に野外試験も行われている[303]。技術刷新が論じられるのはこうした専門的な計測機器だけではない。査察区域内で査察団員が共有できるローカルな無線ネットワークの設置や、GISデータに随時アクセスが可能なタブレットPCの導入、一般に普及し始めている4Kや8Kといった高解像度カメラを搭載したドローンの活用といったように、OSIの効果的かつ効率的な実施に寄与しうる民生用技術の導入は、検討されて然るべきであろう。無論、条約や議定書に記載されていない

---

　　asp, p.21.
(301)　National Academy of Sciences, *Technical Issues Related to the Comprehensive Nuclear Test Ban Treaty*, National Academy Press, 2002, p.58.
(302)　Ola Dahlman, Jenifer Mackby, Svein Mykkeltveit and Hein Haak, *Detect and Deter: Can Countries Verify the Nuclear Test Ban?* Springer, 2011, pp.60-61. なお、ダールマン（Ola Dahlman）やハーク（Hein Haak）は、いずれもCTBTO準備委員会・作業部会Bで議長を務めた経験を持つ科学者である。
(303)　J.S. Elisabeth Wieslander and Kirill Khrustalev, "Noble Gas Sampling and Detection Methods for On-Site Inspections in Support of CTBT," paper presented at the IAEA Safeguards Symposium in 2014, www.iaea.org/safeguards/symposium/2014/home/eproceedings/sg2014-slides/000314.pdf.

第 4 章　CTBT の検証制度

査察機器の導入の是非は丁寧な議論が不可欠であり，技術刷新を名目に，被査察国の機微情報に無用に抵触するようなアプローチが許容されてよい訳でもない。この後者の議論を象徴する事例として，2002 年に発効したオープンスカイズ条約の検証技術において，上空飛行で使用するカメラの仕様刷新を巡って行われた議論は，まさに当事国間で検証技術の更新がいかにセンシティブな問題かを如実に示している。具体的には，2016 年 2 月，ロシアが上空飛行で用いることが定められた旧式のフィルムカメラに代わって，先進的なデジタル光学センサー（デジタルカメラ）による情報収集を米国の上空で実施したいと要請したが，米軍及び，米国情報機関からは，これに対して強い反対意見の表明があった[304]とされている。

他方，CTBT 交渉時に潜在的な有効性が認識されていながらも，コストの問題から検証制度への導入が見送られた経緯がある人工衛星からの監視について，近年その利用コストは大幅に低下しており，真剣に導入を検討すべき時期にあるとの指摘[305]もある。第 5 章で述べる NTM のみならず，オープンソース情報としても衛星画像情報による核実験場監視が普及しつつあるなか，核実験の痕跡を探る上で，目視での監視の有効性や効率性の向上にも直結する人工衛星の活用は，今後，何らかの形で核実験の探知と検証に欠かせない検証手段の一つになるものと考えられる。

こうした技術刷新の課題は，CTBT が発効してさえいれば，検証にかかる議定書の改正により，採用を実現させることも可能となろう。しかし，条約発効の見通しが立たない以上，そうした改正を巡る議論は画餅でしかない。さらに言えば，CTBT の未発効期間がこれほどまでに長期化してしまったことも，問題を複雑にさせる原因となっている。近代的な核実験の検証インフラを長期間維持することは，必ずしも容易なことではない。CTBT の条約第 2 条第 10 項では，締約国による CTBTO 準備委員会の分担金支払い義務を「準備委員

---

(304) Kingston Reif, "U.S.: Russian INF Treaty Breach Persists," *Arms Control Today*, May 2016, p.35.
(305) 広瀬訓「包括的核実験禁止条約（CTBT）の意義と現状」広島市立大学広島平和研究所監修，吉川元・水元和実（編）『なぜ核はなくならないのかⅡ「核なき世界」への視座と展望』法律文化社，2016 年，73 頁。

会に対する締約国の財政的負担については、適当な方法によって機関の通常予算に対する当該国の分担金から控除する」と定めている。これによって、CTBTO準備委員会の分担金を将来のCTBTO分担金の「前払い」とし、条約発効後にCTBTO分担金に充当されるとの解釈が成り立つ訳だが、未発効状態が多年にわたって続くとなると、このロジックの破綻が現実に懸念されることになる[306]。もとより、条約交渉時にはIMSとOSIの整備費用は全額N5が負担すべきとの議論もあったが、N5からの強い反発もあり、現在のように全ての締約国が国連分担金に応じて負担を共有する仕組みになった経緯がある[307]。将来、条約交渉をリードしてきた発効要件国の未批准がCTBTの未発効状態を長期間させる元凶だとの議論が起こらないとも限らず、技術刷新やCTBTO準備委員会の財政について、いずれ何らかの手立てが必要になる時期が来る可能性も否定できないのではないか。

　こうした問題に対する議論として、CTBT交渉時から検討されてきたのが、条約の暫定適用（provisional application、暫定発効と呼ぶ場合もある。）である。ジョンソン（Rebecca Johnson）は、CTBTの条文中で暫定適用について言及されていないものの、それを明示的に否定してもいないことを前提に、ウィーン条約法条約第25条に照らし、仮に発効要件国の大半が批准を完了し、残された1-2カ国がその批准を盾にCTBTに拒否権を行使する状況に至った場合には、最後の手段としてCTBT第14条以外の全ての条項を暫定適用することも考慮すべきだと主張している[308]。こうした暫定適用を巡る議論として、広瀬もCTBTが長期にわたって発効しないことを問題視し、ラテンアメリカ及びカリブ地域における核兵器の禁止条約（トラテロルコ条約）のように、批准国の間でのみ条約を暫定適用させる条約の改正条項を用いたアプローチや、追加議定書の作成によって新たな検証技術の追加などを手当するアプローチ、

---

(306) 福井康人「未発効条約の実効性確保：CTBTを事例として」『軍縮研究』第6号、2015年、66頁。
(307) Corey Hinderstein, ed., *Cultivating Confidence: Verification, Monitoring, and Enforcement for a World Free of Nuclear Weapons*, Hoover Institution Press, 2010, pp.21-22.
(308) Rebecca Johnson, *Unfinished Business: The Negotiation of the CTBT and the End of Nuclear Testing*, United Nations Publications, 2009, pp.227-231.

第 4 章　CTBT の検証制度

或いは CTBT が仮に未発効のまま終わってしまったとしても，IMS と IDC を中核とする検証制度のみ維持する協定を締結するといった複数の善後策を提起した上で，いずれも一長一短あり，条約発効の代替にはならない[309]と結論付けている。一方，小鍛治は IMS 観測所の配置変更といった軽微な内容に限定して，条約本文の修正を CTBTO 準備委員会の本会議で署名国が承認する手続きを採ってはどうかと問題提起[310]している。条約発効までに要する年月をどの程度のスパンで想定するかにもよるが，さらに 10 年，20 年と未発効期間が延長する場合，かかる善後策が真剣に議論される時代が来る可能性も考慮せねばならないのではないだろうか。

---

(309)　広瀬，前掲書，77 頁。
(310)　小鍛治理紗「CTBT を巡る状況と今後の課題――現代における意義とその有効活用に関する研究――」『軍縮研究』第 2 号，2011 年，41 頁。

第5章　核実験査察を巡る問題

　CTBT の議定書第Ⅱ部第 69 項で認められた査察技術は，それぞれ探知する対象と使用目的が異なる。査察団は，最大 40 名で構成される少数精鋭の専門家集団として，これらの査察技術ごとに数名の専門家からなるチームを複数割り当て，限られた日数で最大限の成果を挙げられるように調整せねばならない。また OSI 活動の遂行に際しては，査察技術ごとに観測機器を展開させるための兵站作業（ロジスティクス），電源の安定供給，通信の確立，機器の操作に必要な人数の確保，観測され収集されたデータの解析に要する時間といった様々な要求が生じる。そのため，査察団としては，査察区域内へのアクセスを巡って被査察国と交渉することに割く時間よりも，査察技術の使用とその測定結果の解析に対して，本来，遙かに多くの時間と労力をかけねばならない。

　査察制度を強化し，その侵入度を高めることができるのであれば，OSI 活動の有効性や効率性が向上する可能性は大いにある。しかし，そうだからといって，正しい査察結果が導き出されるか否かに関しては，何らの政治的な保障が存在する訳ではないのも事実である。他方，査察制度強化がもたらしうる副次的効果も小さくない。被査察国への侵入度が高まることは，核実験という軍事的含意の重大さに鑑みれば，多くの関心国にとって外交・安全保障上の懸念材料となる。現に，CTBT の交渉プロセスで，中国は OSI の要請を行うこと自体が敵対的行為だとの姿勢を示しており，その政治的対価の大きさを指摘している[311]。中国以外にも，CTBT 交渉当時に OSI の濫用を恐れる発言を行った国々として，インド，イスラエル，パキスタンの名が挙げられている[312]。こうした経緯もあり，OSI にはその基本的な機能として，秘密裏に核実験を行わん

---

(311) Philip D. O'neill, *Verification in an Age of Insecurity: The Future of Arms Control Compliance*, Oxford University Press, 2009, p.59.

(312) Nancy W. Gallagher, *The Politics of Verification*, Johns Hopking University Press, 1999, p.233.

第5章　核実験査察を巡る問題

とする潜在的な違反者に対して，一定の抑止効果を有していると見なされてきた(313)とも言えよう。こうした侵入度の高い検証・査察との兼ね合いで，しばしば言及されるのは米ソの中距離核戦力全廃条約（Intermediate-Range Nuclear Forces Treaty: INF）交渉において，両国首脳間で交わされたとする「信頼すれども検証する（trust but verify）」というロシアの諺である。即ち，当事者間で，それぞれの合意遵守を検証できる制度への合意がなければ条約は成立しえず，また，そもそもの信頼関係が構築できなければ，条約への合意や履行も実現しないことになる(314)。この「信頼すれども検証する」という概念は，その後の軍備管理・軍縮条約における検証制度の構築においても，関係国で一定の理解を得てきたものと考えられる。CTBTにおいては，OSIだけが「信頼すれども検証する」の概念に当てはめて論ずべき検証制度だという訳ではない。しかし，その侵入度の高さと，検証制度の最後の砦としての位置付けも踏まえれば，全ての関心国にとって受け入れが可能なメカニズムとなる必然性を理解する上で，この「信頼すれども検証する」という概念の重要性が改めて認識される必要があるのではないだろうか。

こうした背景をもとに，本章では，以下に核実験査察——OSI——の抱える様々な課題や論点について考察を行う。

1　OSIの制度確立の問題点

本書の冒頭でも述べたとおり，CTBTの検証制度において，OSIはこれまでのところ最も整備の遅れている分野である。これは何故なのか。本節では，まずOSIの制度を確立する上での問題を検討していきたい。

CTBTの署名開放から2年後の1998年7月，オーストリア政府の招致により，CTBTO準備委員会・暫定技術事務局がウィーン国際センター内に設立された。その後，CTBTO準備委員会は一貫して，核実験監視のためのIMSやIDCといった，暫定運用下に置かれた検証関連インフラの建設・整備を進め

---

(313) Ola Dahlman, Jenifer Mackby, Svein Mykkeltveit and Hein Haak, *Detect and Deter: Can Countries Verify Nuclear Test Ban?* Springer, 2011, p.182.

(314) William D. Watson, "Trust, but Verify: Reagan, Gorbachev, and the INF Treaty," *The Hilltop Review*, Volume 5, Issue 1, Article 5, Fall 2011, p.38.

1 OSIの制度確立の問題点

てきた。この過程で，IMSデータの国際津波監視などの防災活動への提供開始(315)や，関心各国の大学など高等研究機関における各種のIMSデータの科学研究への応用(316)といった貢献策を打ち出してきた。これらは，CTBT署名開放後のインドやパキスタン，北朝鮮の核実験に対して，IMSやIDCが打ち立てた核実験監視の実績とともに，条約の発効促進のためのアウトリーチ活動推進の原動力となってきた。その一方で，政策意思決定機関である執行理事会の承認が前提となるOSIでは，条約未発効の期間中，OSI運用手引書の整備と査察団員リスト（ロスター）の作成を進めること以外，検証分野で踏み込んだ活動を行うことが事実上，不可能となっている(317)。この点で，OSIのアウトリーチ活動における存在感は，IMSやIDCと比べると，相対的に低調であったのはやむを得ない部分もあったと言えよう。しかし，CTBTO準備委員会・暫定技術事務局のOSI局では，2000年代の初頭から条約発効に向けた査察待機体制（OSI readiness）の確立をキーワードに，OSI運用手引書の作成補助や将来の査察団員の研修，さらに査察機器の開発・調達や，捜査論理の精査・検討を進めている。

さて，いかに強力な査察命令を付与されたOSIであろうとも，そもそも「そこに存在していない」ものを見つけることはできない。逆に，違反の直接的な証拠となるものが「そこに存在していない」事実として証明することができたのならば，OSIにおける査察命令は達成されたことになる(318)。しかし古代ローマ法の所有権の帰属証明に例えられるように，一般的には物や行為を巡った「存在しないこと」の証明は，非常に困難であるとされる。そのため，OSIでは一にも二にも「何を探すか」ということが極めて重要となる。CTBT

---

(315) Oliver Meier, "CTBTO Releases Test Ban Monitoring Data for Tsunami Warning," *Arms Control Today*, April 1, 2005, www.armscontrol.org/act/2005_04/CTBTO.

(316) "CTBTO Spectrum 24," CTBTO Preparatory Commission website, September 2015, www.ctbto.org/fileadmin/user_upload/pdf/Spectrum/2015/Spectrum_24_page12-13.pdf, pp.1-2.

(317) 福井康人「未発効条約の実効性確保：CTBTを事例として」『軍縮研究』第7号，2016年，70-71頁．

(318) Edward Lfft, "Iraq and the Values of On-Site Inspection," *Arms Control Today*, November, 2004, www.armscontrol.org/act/2004_11/lfft.asp.

第5章 核実験査察を巡る問題

図6：今日のCTBTの査察制度の大枠

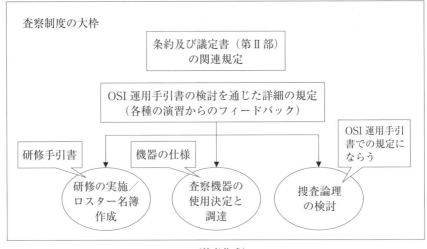

（筆者作成）

のOSIが探す対象は核実験の証拠である。その証拠自体は、地下核実験によって生じた地下空洞の崩落に際して発生する余震群や、核実験に特有の放射性物質（XeやArといった放射性希ガス同位体）となる。

しかし、こうした証拠は時間とともに減少してしまう。最悪の場合、査察団の現地入りが遅れたために、空洞の崩落が完全に終わってしまい、空洞の探知ができなくなる可能性もある。また放射性希ガス同位体の場合、放射能の半減期が ^{37}Ar で35日間、^{133}Xe で5日間、^{135}Xe に到っては僅か9時間と非常に短い[319]。第3章第5節で述べたとおり、CTBTのOSIが証明すべき物とは、適切な検証技術を駆使することによって探知可能な僅かな兆候であり、そのために査察活動自体が時間との戦いになると言わざるを得ないのである。ましてや $1,000km^2$ という査察区域の広大さ——分かりやすい例えをするならば、これは東京都の面積の約半分に相当する——に鑑みれば、核実験の証拠が「そこに存在しない」ことを証明するということは、現実的な観点からは甚だ困難である。よって査察団の立場からすれば、「そこに存在する」疑いのもとで、効率性を

---

[319] "Comprehensive Test Ban Treaty: The Endgame," *ACRONYM Report*, No.9, 1996, www.acronym.org.uk/acrorep/a09comp.htm, p.19.

第一に追求して OSI 活動を行うことが最も自然なアプローチとなる。

　しかしながら，事はそう単純ではない。外交関係に関するウィーン条約に準ずる特権免除で保護された査察団が情報収集を行う以上，被査察国の視点からすれば，OSI 活動の侵入度の高さもあり，その受け入れに対して少なからぬ抵抗感があろうことは想像に難くない。

　CTBT の条約及び同議定書第Ⅱ部は，OSI の概要を規定するのに留まっており，技術や手続き的事項の詳細を運用手引書に委ねた格好になっている。条約・議定書にはジュネーブの CD における交渉に際して，関心国の懸案を調整するために妥協されたと思しき項目も少なからずある。実際に OSI 運用手引書の策定にあたって，関連する条約・議定書の文言に一定の解釈の余地が残されていると考えられる箇所も複数存在する[320]。特に，本来であれば当事国の安全保障上，最重要の関心事項であるはずの被査察国の機微情報の取り扱いに関して，条約・議定書では明確な規定がなされていない。そのため，CTBTO 準備委員会・作業部会 B における各国専門家間での OSI 運用手引書の検討を通じて，ひたすら核実験禁止の検証という国際公益を追求する立場の査察団の権限強化と，秘密裏に核実験を実施したかどで，或いはいわば冤罪によって国際社会に糾弾された結果，国家主権を守りながらも OSI の受け入れを迫られる被査察国の権利義務との「せめぎ合い」という，ある種の対立構造が浮き彫りになってしまっている。

2　対立する権利義務の構造

　CTBT が発効し，疑わしい核実験事象が探知された場合に備え，査察団と被査察国との権利義務の「せめぎ合い」の構造を予め整理・解消しておくことこそ，有効かつ効率的な OSI を実現させる第一歩であることは言を俟たない。そのためも，条約・議定書において権利義務に関する条項に解釈の余地が残されていることを踏まえた上で，OSI の包括的なメカニズムを運用手引書で予め規定する必要がある。こうした「せめぎ合い」が生じる権利義務のなかには，

---

[320]　Sukeyuki Ichimasa, "CTBT On-Site Inspection: Protection of Confidentiality and Information Relevancy," *CPDNP Working Paper*, 2006, www.iijnet.or.jp/JIIA-CPDNP/pdf/OSI/OSI.pdf.pdf, pp.9-11.

第 5 章　核実験査察を巡る問題

OSI の目的と被査察国の機微情報保護の権利との相克といった政治的に懸念の度合いが高いものから，管理されたアクセスの適用対象の解釈といった，査察区域内での交渉に大きな影響を及ぼす技術・手続き的な事項まで幅広く含まれる。

かかる問題を検討するのに先立ち，まずは以下に CTBT の条約・議定書で規定された OSI の「原理原則」と位置付けられる項目について抜粋する。

① 　OSI の目的

核兵器の実験的爆発又は他の核爆発が第 1 条の規定に違反して実施されたか否かを明らかにし，及び違反した可能性のある者の特定に資する事実を可能な限り収集すること（条約第 4 条第 35 項）。

② 　侵　入　度

OSI は，議定書に定める手続に従い，できる限り侵入度が低く，かつ査察命令の効果的な及び適時の遂行に合致する方法で実施される。査察団はできる限り侵入度が低い手続きから始めて，この条約の違反の可能性の懸念について明らかにするための十分な情報を収集するために必要と認める場合にのみ，より侵入度が高い手続きに移行する。査察団員は，査察の目的のために必要な情報及び資料のみを求め，並びに被査察締約国における正常な活動を妨げることを最小限にするよう努める（条約第 4 条第 58 項）。

③ 　査　察　命　令

OSI を実施するための査察命令（条約第 4 条第 54 項）に従い，査察団は条約第 4 条第 35 項の目的を遂行する。

④ 　査　察　計　画

OSI を具体的に実施するために，査察団は入国地点に到着した後直ちに査察計画（Inspection Plan）を被査察国代表に提出する（議定書第 II 部第 52 項）。被査察国は，査察計画に対して随時修正勧告をすることができる（議定書第 II 部第 61 項(e)）。また，査察団は，被査察国からの右修正勧告および修正案につい

て考慮する義務を負う（議定書第Ⅱ部第60項(c)）。

⑤　被査察国の権利

　被査察国は条約の遵守を証明するためにあらゆる合理的な努力を払う権利及び義務並びにこのために査察団がその査察命令を遂行することができるようにする権利及び義務を負う（条約第4条第57項(a)）。被査察国は国家の安全保障上の利益を保護し及び査察の目的に関係しない秘密の情報の開示を防止するために必要と認める措置をとる権利を有する（同項(b)）。

　①は査察団が成すべきことを一言で総括したものであり、議定書第Ⅱ部第60項が定めた被査察国との間での権利義務[321]に関する前提となっている。また①に関連するものとして、査察団の活動を行政面・技術面の両方から支援する技術事務局の役割（条約第2条第43項(f)）についても、違反に関連した事実を収集するという点で、例えば地震観測機器を用いた連続地震波形データを技術事務局が解析支援するなど、様々なアプローチが考え得る。

　また②の侵入度については、特にOSIで行われる情報収集が持つ侵入度の高さを懸念した国が、条約交渉の際に挿入したものだと指摘されている[322]。これは、正しく前述した①OSIの目的を達成するために査察団がとる手段が、被査察国にとって侵入度が高いものであることを明らかにしている。違反の証

---

[321]　議定書第Ⅱ部第60項では、(a)査察を進める方法を査察命令に合致するように及び被査察国が管理されたアクセスに関する規定に従ってとる措置を考慮して決定する権利、(b)査察の効果的な実施を確保するために必要に応じて査察のための計画を修正する権利、(c)査察のための計画に対する被査察国の勧告及び修正案について考慮する義務、(d)査察が行われている間に生ずる曖昧な点に関して説明を要請する権利、(e)第69項に規定する技術のみを使用し及び査察の目的に関連しない活動を差し控える義務、(f)OSIの要請の原因となった事象の性質に関する資料及び説明であって被査察国が提供するその国内の監視網その他の出所から得られたものについて考慮し及びこれを査察団の報告に含める義務、(g)被査察国に対しその要請に応じて査察区域において収集された情報及び資料の写しを提供する義務、(h)被査察国の秘密並びに安全上及び保健上の規則を尊重する義務が規定される。

[322]　U.S. Department of States Bureau of Arms Control, "Article-By-Article Analysis of the Comprehensive Nuclear-Test-Ban Treaty," U.S. Department of States website, www.state.gov/t/np/trty/16522.htm.

第5章　核実験査察を巡る問題

拠を収集するという大義名分のもとに，特権免除で保護された査察団が機微な地域や施設に対して立ち入り調査を行い得るということは，潜在的な違反者には条約違反を諫止させ，また核実験禁止の国際規範強化を願う立場の者からすれば，違反に対する強い抑止力を担保させる考え方だと見ることができよう。

③について，同規定に加えて，査察命令の内容を必要に応じて変更できるとした議定書第Ⅱ部第42項の規定や，査察団が入国地点に到達した時点で被査察国代表に手交する査察命令と，査察団が作成した当初の査察計画に関する同第52項の規定，また④との関係で，被査察国が査察団に対して査察計画の修正をいつでも勧告できる権利を有するとした同第61項(a)の規定とも併せて，その全体像を把握する必要がある。即ち，査察命令のうちでも査察区域にて査察団が予定している活動の種類（議定書第Ⅱ部第42項(d)），査察団の構成員氏名（同第42項(h)），査察区域で使用される装置の一覧表（同第42項(j)）についてのみ，執行理事会の決定を受けて事務局長が修正する権利を有する一方で，査察計画は被査察国により勧告又は修正案が出された場合，査察団は右を考慮する義務（議定書第Ⅱ部第60項(c)）を負うのである。

⑤は前述した①と②の対として考えるべき重要な規定である。事前の準備段階，若しくはOSIが開始される段階において，被査察国が違反した事実は，当然のことながら正式に確認することができない。そのため，査察区域内において違反の事実を示す根拠が見つからない場合[323]，また要請締約国によるOSI発動の濫用の可能性についても念頭においた上で，被査察国の国家主権を保護する適切なメカニズムの整備が求められることとなる。

このように，条約・議定書では査察団と被査察国の権利義務が複雑に入り組んでおり，時として査察の目的を追求する査察団と，査察に無関係な情報を保護する被査察国のどちらの権利義務が優先されるのか，不明瞭なケースも生じ得る。

また，こうした両者の権利義務の対立に関連して，OSIの具体的な活動内容

---

[323] 仮に違反の事実を示す根拠が見つからなかった場合でも，右調査結果を科学的な裏付けとともに執行理事会へ報告することができれば，OSIの目的は達せられたこととなる。Edward Lfft, "Iraq and the Values of On-Site Inspection," *Arms Control Today*, November, 2004, www.armscontrol.org/act/2004_11/lfft.asp.

においても，複数の深刻な問題が併存する。例えば，管理されたアクセスでは，OSIの目的に関係しない機微にかかる設備及び場所を保護し，並びにOSIの目的に関係しない秘密の情報の開示を防止するための措置をとる権利として，被査察国にはアクセス制限区域を設定することが被査察国に認められている（議定書第Ⅱ部第89項(e)）。管理されたアクセスの概念については後述するが，ここで例として取り上げたアクセス制限区域の問題は，議定書第Ⅱ部第71項から同第85項で規定される上空飛行時の被査察国による制限（restriction）や禁止（prohibition）を行う権利との間で齟齬を来す可能性がある。

アクセス制限区域とは，被査察国により明確に定められ，アクセスが可能な境界線を有し，面積は4km^{2}を超えないものと規定され，各々のアクセス制限区域間には20m以上の距離を確保したうえで，最大で合計50km^{2}まで設定することが認められている（同第92項）。これに対して査察団は，上記の面積や所在地，境界線などの情報について提示を受ける権利（同第93項）を有するほか，右境界線までの場所において（※査察に用いる各種の）装置を設置し，査察の実施に必要なその他の措置をとることができる（同第94項）。さらに，右境界線から当該アクセス制限区域内を見通せる全ての場所を目視で査察することが認められている（同第95項）。

他方において，査察団が査察区域の概要を把握し，地上での査察活動場所を効果的に絞り込み，事実関係の証拠の収集を円滑にするために実施する上空飛行（議定書第Ⅱ部第71項）においても，被査察国には査察の目的に関係しない機微にかかる場所の上空を飛行することを制限し，又は例外的な場合において正当化する合理的な根拠がある場合には，禁止する権利を有する（同第75項）と規定される。その際，「機微にかかる場所」について，条約・議定書は何ら具体的な規定を設けていないため，それがアクセス制限区域を指すのか，或いは上空飛行に限定された，言わば被査察国が無制限に宣言できる飛行制限（禁止）区域なのかが明確ではない。仮にアクセス制限区域とは別個の，被査察国が宣言できる飛行制限（禁止）区域が条約上認められているとすれば，極端な場合，査察団は一切の上空飛行が行えないまま，OSIを終えねばならなくなる恐れも生じる。

上空飛行はそもそも侵入度が非常に高く，とりわけ航空偵察に類するOSI

技術の使用を巡っては、ジュネーブのCDにおける条約交渉でも、査察団と被査察国それぞれの権利義務を巡り、検討に多大な時間が割かれた。特に、被査察国の同意に基づき実施される追加的な上空飛行（議定書第Ⅱ部第73項）で使用される技術について、議定書内部で記述に齟齬が残されているのは、右条約交渉が難航したことを示す、注目すべき痕跡だと考えられる。

OSI活動で使用される技術については、議定書第Ⅱ部第69項が包括的に規定している。上空飛行において使用が可能な技術についても、「上空からの (from the air)」との但し書きが同項(b)の目視、ビデオ及び写真の撮影並びに赤外線の測定によるものを含むマルチスペクトル画像の撮影（visual observation, video and still photography and multi-spectral imaging, including infrared measurements）に関して規定しているほか、同項(c)のγ線監視（gamma radiation monitoring）とエネルギー弁別解析（energy resolution analysis）で、そして同項(g)の磁場及び重力場の調査（magnetic and gravitational field mapping）の実施においても、同様に規定している。

しかし、上空飛行中、航空機内で使用可能な技術に関する議定書第Ⅱ部第79項によれば、上空飛行時に使用できる技術は(a)双眼鏡、(b)受動的な位置決定装置（passive location-finding equipment）、(c)ビデオカメラ及び(d)携帯用カメラの四つのみである。また、被査察国の同意に基づき実施される追加的な上空飛行でも、航空機内では、(a)赤外線の測定によるものを含むマルチスペクトル画像の撮影、(b)γ線スペクトル分析（gamma spectroscopy）、(c)磁場の調査の3種類の装置しか言及がなされていない（同第80項）。

即ち、議定書第Ⅱ部第69項(b)の赤外線の測定によるものを含むマルチスペクトル画像の撮影は、査察命令に記載されていようがいまいが、被査察国の同意なしには追加的な上空飛行で実施することができず、同第69項(c)はそれぞれ総量での放射線のスペクトル監視をするもの（γ線監視）と、放射性核種の特定を行うためのもの（エネルギー弁別解析）という、いずれも異なった技術であるにも関わらず、議定書第Ⅱ部第80項(b)ではγ線スペクトル分析という文言に置き換わっており、放射性核種の特定に必要なエネルギー弁別解析は項目自体が欠落してしまっているのである。また、議定書第Ⅱ部第69項(g)の磁場と重力場の測定では、核爆発によって圧縮された起爆点の地下空洞周辺で発

生する重力場異常を探知するために，上空から重力場の調査を行うことになる。しかし，この調査についても，議定書第Ⅱ部第80項(c)では項目が欠落している。

航空偵察に等しいOSIの上空飛行は，地下核実験の起爆点を探査する上で高効率かつ重要なツールである一方，被査察国の立場からすれば，CTBTの目的には無関係な機微な地域や施設を査察団の目に触れさせ，かつその座標を無用に記録されてしまう恐れがある。さらに言えば，N5のような，かつて大気圏内や地下で多数の核実験を実施してきた国が被査察国になる場合に，条約上の争点として疑われる直近の地下核実験ではなく，過去の別な核実験の痕跡に対して，核実験の開発にまつわる機微情報が採取されてしまう懸念も生じよう。実際に，米国はOSIの目的となっている直近の地下核実験の検証に関連のない放射性核種は測定対象から除外するべく，γ線監視やエネルギー弁別解析装置にターゲットとなる核種以外は目隠し（blind）する機能を付加するよう，CTBTO準備委員会・暫定技術事務局に要求した経緯[324]がある。

こうした条約・議定書内部に存在する査察団と被査察国の権利義務の対立や，文言上の齟齬を解消するのには，本来，条約発効後の第1回目の締約国会議における条約改正手続きを待たねばならない。しかしながら，最後の発効要件国が批准書を寄託してから180日後に条約が発効するまでの間，OSIを含む全ての検証制度はオペレーションに入れるよう準備を整えることが義務づけられている[325]以上，OSI運用手引書は条約・議定書上の対立を最小限に抑えつつ，有効な査察制度のメカニズムを作ることが要求されるのである。

このほかにも，OSI運用手引書が規定せねばならない詳細事項は多岐に及ぶ。査察機器の調達，査察団員の研修，捜査論理の開発[326]など，査察制度の構築に必要とされる考え得る限りの全てが盛り込まれると言っても過言ではない。

---

[324] 小山謹二「包括的核実験禁止条約（CTBT）：その後の経過と査察制度についての検討状況（その7）」『核物質管理センターニュース』第31巻第2号，2002年，3頁．

[325] United Nations Press Release (DC/2992), "World Community not rising to Challenge of Disarmament, Non-Proliferation, says Secretary-General, as Headquarters Test-Ban Treaty Conference Opens Three-Day Meeting Intended to Facilitate Treaty's Entry into Force," Conference on Comprehensive Nuclear-Test-Ban Treaty 1st Meeting, 21 September 2005, www.un.org/News/Press/docs/2005/dc2992.doc.htm.

[326] Independent Commission on the Verifiability of the CTBT, *Final Report*, VERTIC website, 2000, www.ctbtcommission.org/FinalReport.pdf, p.6.

第5章　核実験査察を巡る問題

条約・議定書の不可分の一部を成さない（条約第2条第44項）とされる運用手引書だが，条約・議定書で明記されていない，言わばOSIの現場で求められる実務的な要素と，条約・議定書との間の「ミッシングリンク」を調整する役割を負っているというのが現実である。そのため，次節で述べるOSI運用手引書の整備は，条約発効に向けて全ての締約国が継続して取り組まねばならない，重要な責務だと言えよう。

3　OSI運用手引書

前節でも度々言及してきたOSI運用手引書だが，具体的な査察の手続きや，技術的な詳細を規定する試みには紆余曲折があった。2001年から2005年にかけて，OSI運用手引書検討の第1ラウンドがウィーンのCTBTO準備委員会・作業部会Bで行われ，その「一時的な成果物」として，各国のコメントや見解を盛り込んだ776頁に及ぶ注釈付きローリングテキスト（Annotated Draft Rolling Text: ADRT）が作成された[327]。この検討の第1ラウンドで，各国は条約・議定書の解釈に対する自国の見解や立場を主張したが，それらの多くの事項において折り合いが付かず，結果として一つ一つのパラグラフに国名を付した注釈が多数挿入され，通常の読解が不可能な文書になってしまった。こうして未完成の状態におかれた運用手引書であったが，その後2006年から2009年にかけて，注釈付きローリングテキストを元にした検討の第2ラウンドが行われ，一部で合意にこぎ着けた項目については，注釈が解除されて読解も可能な状態になった。しかしながら，査察団と被査察国の権利義務を巡る争点領域では，依然として非常に多くの注釈が未合意のままに残されてしまった。この第2ラウンドの成果物には，ドラフトモデル文書（Draft Model Text: DMT）という名前が付けられた[328]。2010年からはモデル文書を巡る検討の第3ラウンドが本格化された[329]が，本書執筆の時点で，未だ運用手引書として完成していない。

---

(327) Malcom Coxhead, "On-Site Inspection for the CTBT: Long-Running Discussions Achive Progress," *VERTIC Brief*, No.7, July 2008, pp.2-3.
(328) Ibid.
(329) 一政祐行「CTBT現地査察（OSI）制度整備の現状と課題」日本原子力研究開発機構主催『包括的核実験禁止条約（CTBT）に関わるシンポジウム』技術セッション報告，2009年7月9日，www.jaea.go.jp/04/np/activity/2009-07-09/2009-07-09-5.pdf，6頁。

こうした一方で，運用手引書の記載内容の評価を目的に，CTBTO準備委員会の実施する統合野外演習（Integrated Field Exercise: IFE）の場で，敢えて注釈を外して簡略化し，頁数を174頁にまで抑えた試験用運用手引書（OSI Test Manual）を用い，その実用性を検討する試みも行われている[330]。実際に，特定のOSI活動に焦点を当てた演習にOSI運用手引書の策定に関わる各国の外交官や専門家が参加し，試験用運用手引書の内容をレビューする機会を設けることで，ウィーンでのOSI運用手引書の検討にも前向きなフィードバックが生まれることが期待されている。

4 他の軍備管理・軍縮条約における査察の扱い

査察団と被査察国の権利義務上の対立に関して，しばしば引き合いに出される前例として，CTBTに先立ってジュネーブのCDで交渉されていた化学兵器禁止条約（Chemical Weapon Convention: CWC）の申し立て査察（申し立てによる査察，チャレンジ査察とも呼ぶ）制度がある。CWCの申し立て査察も，侵入度が低い査察活動から始まり，より侵入度を高めてゆくことが規定されている（検証付属書第10部第45項）。また，CWC検証付属書第10部第38項は，被査察国は最終外縁内への査察団のアクセスを認めるとの前提のもと，管理されたアクセスを基礎として査察団と交渉を行うことができる旨定めている。このCWC申し立て査察とCTBTのOSIとのコンセプトの上での最大の違いは，同検証付属書第10部第41項の規定の存在にあると言える。当該規定では，被査察国が管理されたアクセスによって，国家の安全保障を保護するために必要な措置をとる権利を有する一方，被査察国は条約によって禁止された活動を行ってはならない義務の回避を隠蔽する目的から，管理されたアクセスを用いることはできない旨，明記しているのである。

CWC申し立て査察では，管理されたアクセスなど，被査察国が国家主権を守るための措置もCTBTのOSIと同様に与えられている一方で，査察団には査察区域の外縁50mまでアクセスして環境サンプリングを実施する権利や，査察対象施設への出入りの監視，上空飛行，文書などの記録の検証，また実地

---

(330) Malcom Coxhead, "On-Site Inspection for the CTBT: Long-Running Discussions Achive Progress," *VERTIC Brief*, No.7, July 2008, p.3.

121

第5章　核実験査察を巡る問題

での聞き取り調査など，侵入度が非常に高い様々な査察手法を認めている。

　CWC申し立てにおける査察団と被査察国との関係について，米国防省の国防条約査察即応プログラム（Defense Treaty Inspection Readiness Program: DTIRP）の分析[331]は率直であり，かつ被査察国が置かれるであろう立場を想像する上で示唆に富む。DTIRPでは，将来，仮に米国が被査察国となった場合に，①政府は施設管理者若しくは（軍関連の施設の場合）指揮官と査察団に与えられるアクセスの程度と種類について協議し，②査察団に対して遵守違反を明らかにするための代替的措置は提供しつつ，機微ではない区域での査察活動に限定し，③CWCで認められた機微情報を保護する権利（例：機微な文書を移動し，機微な機器や制御盤などを覆う（shroud）こと，或いは施設内でのアクセスを管理することなど）を最大限に活用し，適切な査察団の受け入れ計画を用意することにより，国家安全保障上，商業上その他の機微情報を保護できるとしている。

　CWC申し立て査察に限らず，被査察国が守勢に入った場合，査察団としてはアクセスを要求するための交渉により多くの時間を費やさねばならなくなる。無論，条約上で規定された権利として，査察団と被査察国の双方に交渉の余地が残されている。しかし，交渉が徒に長引いた場合の弊害も，考慮が必要であろう。例えばCTBTの場合，いかに短時間のうちに起爆点（核爆発で生成された地下空洞）の場所を絞り込み，核実験の証拠を確認するかがOSIの成否を分ける重要な鍵となる。その意味では，アクセスの要求に多大な時間を取られた場合，円滑なOSI活動実施の支障となる可能性が生じる。

　査察活動の過程で，被査察国と査察団とがアクセスの在り方やサンプリングの実施，査察活動記録などについて交渉を行うことは，CTBTのみならず化学兵器禁止条約機関（Organisation for the Prohibition of Chemical Weapons: OPCW）の通常査察においても既に実施されている。こうした査察活動中に査察団と被査察国との間での交渉が要求されるケースは，多国間での軍縮・不拡

---

(331) A Product of the Defense Treaty Inspection Readiness Program, "Challenge Inspection Under the Chemical Weapons Convention," DTRIP Arms Control Security Information Bulletin website, dtirp.dtra.mil/products/CWC/101b.pdf#search=%22least%20intrusive%20manner%20OPCW%20challenge%20inspection%22.

4 他の軍備管理・軍縮条約における査察の扱い

散条約に一般的に見られる特徴でもある。反対に，二国間或いは地域間で実施されているもの，例えば INF や戦略兵器削減条約（Strategic Arms Reduction Treaty: START），欧州通常戦力（Conventional Forces in Europe: CFE）条約での査察においては，こうした交渉は殆ど，或いは全く要求されていない。

① CWC 申し立て査察との類似性

先に述べたように，ジュネーブの CD では CWC と CTBT が相次いで議論された。そのため，これら二つの条約に対して，CD 参加国の代表団では同じ外交官や専門家が交渉に関与したケースも多く，条約や議定書の文言についても，CWC の申し立て査察と CTBT の OSI とで構造的にもある一定の相似性，若しくは相違性があることが知られている。そこで，本項では CWC 申し立て査察と CTBT の OSI とを制度面で比較検討し，CTBT の OSI に見られる査察団と被査察国の権利義務の対立構造を解消するために，CWC 申し立て査察で採用されているコンセプトを援用できないかを考察してみたい。

国連軍縮研究所（UNIDIR）では，申し立て査察の定義として「不遵守の確かな証拠を調査するために実施される査察の一種。国際制度では締約国から発動要請が出されるものの，条約が定める執行機関の承認が必要となる。通常は，査察を要求された国に拒否する権利はない。申し立て査察が実施されることはめったになく，賛否両論である[332]」としている。

制度的に申し立て査察を備える CWC では，条約第 9 条において，いずれの締約国も，他の締約国の領土内，又は他の締約国の管轄若しくは管理下での，条約違反が疑われる施設又は区域に対して，ショートノーティスのうちに国際査察団を送り込むことを認めている[333]一方で，査察要請を受けた締約国には受け入れを拒否する権限を認めていない。検証議定書第 10 部「第 9 条の規定に基づく申し立てによる査察」の第 16 項から同第 21 項で規定されるとおり，

---

(332) UNIDIR & VERTIC, *Coming to Terms with Security: A Handbook on Verification and Compliance*, United Nations Publications, 2003, www.unidir.org/pdf/articles/pdf-art1980.pdf#search=%22Challenge%20Inspection%E3%80%80CTBT%22, p.117.

(333) NTI, "Glossary," NTI Research Library Databases, www.nti.org/e_research/e6_glossary.html.

第5章　核実験査察を巡る問題

査察の対象となる施設又は区域について，その外縁（perimeter）は査察団と被査察国との協議事項となるため，施設の一部区域については立ち入りが制限される可能性はある（最大で108時間，査察団は査察活動を留め置きされる）ものの，やはり被査察国は査察団の施設に対する立ち入りを完全に拒否することはできない。

ただし，CWCでは要請締約国による申し立て査察の発動権の濫用を防ぐため，要請の受領後，12時間以内に執行理事会の4分の3以上の多数による議決を以て，申し立て査察の実施に反対することを決定（条約第9条第17項）できる「レッドライト方式」[334]を採用している。この意思決定における「レッドライト方式」は，CTBTのOSIが採用した「グリーンライト方式」よりも，より強力で侵入度の高い検証メカニズムだとされる[335]。また，被査察国は査察要請国が要請した施設や区域に対する査察団のアクセスを認めねばならない一方で，前述したように，外縁の決定を巡る協議により，最大で108時間にわたり査察の開始を遅らせられるほか，管理されたアクセスによって自国の機微な情報の保護措置を講じることができる。即ち，被査察国には査察の通報が行われれば，最大で5日間，査察を受け入れるための措置を講ずる時間が与えられることになる[336]。もっとも，CWCで査察の対象となる化学兵器生産の痕跡を完全に除去することは，一般的に非常に困難であると言われている[337]。

IAEA保障措置モデル協定（1971年）における特別査察（special inspection）も，CWCと並んで，こうした申し立て査察の一例として扱われるケースがあ

---

(334) 新井勉「生物兵器の禁止と検証：化学兵器との比較検討」『軍縮・不拡散問題シリーズ』第14号，2001年，www.iijnet.or.jp/JIIA-CPDNP/pdf/mondai/014arai.pdf，5頁。新井は，CWCではある締約国が他の締約国に対する査察を要請したら，条約実施機関（OPCW）はすぐに査察準備に着手し，執行理事会でそれに反対するとの意思決定がなされない（赤信号（レッドライト）が灯されない）限り，査察団が疑惑のもたれる国に迅速に派遣されるシステムを採用した旨説明している。

(335) I. William Zarman and Julia Lenderfer, "Formulas and Tradeoffs," in Mordechai Melamud, Paul Meerts and I. William Zartman, eds., *Banning the Bang or the Bomb?* Cambridge University Press, 2014, p.134.

(336) 浅田正彦「化学兵器禁止条約と申し立て査察（チャレンジ査察）：意義と限界」『国際問題』第529号，2004年，38頁。

(337) Michael Krepon, "Verifying the Chemical Weapons Convention," *Arms Control Today*, Vol.22, No.8, 1992, pp.22-23.

4 他の軍備管理・軍縮条約における査察の扱い

る。通常査察に追加される場合，又はモデル協定において特定査察及び通常査察のために定められたアクセス以外の情報や場所へのアクセスを含む場合には，これを「特別」なものとみなされる[338]。ちなみに，特別査察の適用については，1967 年のトラテロルコ条約において，保障措置協定に基づき IAEA 若しくはラテンアメリカ核兵器禁止機構（Agency for the Prohibition of Nuclear Weapons in Latin America: OPANAL）が特別査察を実施すると定めていたが，OPANAL では 1990 年代の条約改正により，右特別査察条項が削除されている[339]。

表 2：CTBT と CWC の査察制度比較

	査察要請の範疇	執行理事会の査察決議	査察区域	被査察国への査察要請の通報	査察の実施期間	被査察国の権利
CWC	他の締約国の領域内又は他の締約国の管轄若しくは管理下にあるいかなる施設又は区域（条約第 9 条第 8 項）。未申告施設も含む。	レッドライト方式	施設又は区域（要請外縁は，建物，工作物から外側に最低 10m）が対象。外縁から外側 50m 以内の地帯で監視機器の使用，拭き取りによる試料採取，空気，土壌又は排水のサンプリングなどが認められる。	査察団の入国地点への到着予定時刻の少なくとも 12 時間前（条約第 9 条第 15 項）	被査察国との合意により延長する場合を除き，84 時間を超えてはならない（憲章附属書第 10 部 C 第 57 項）	条約とは無関係な機微な設備や秘密の情報を保護するための措置をとる権利が認められる（条約第 9 条第 11 項）
CTBT	いかなる締約国の領域内若しくはいかなる締約国の管轄若しくは管理下にあるその他の場所，又はいずれの国の管轄若しくは管理下にもない場所（条約第 4 条第 34 項）。	グリーンライト方式	1,000km² （一辺は 50km 以内）に制限される。	事務局長は OSI の要請を受領した後 6 時間以内に査察を求められている締約国へ通報する（条約第 4 条第 40 項）。	査察団が査察命令遂行のため実施期間延長が必要と考え，執行理事会が決定した場合には，最長で 130 日の査察活動が実施できる（条約第 4 条第 49 項）。	同上（議定書第Ⅱ部第 88 項）

（筆者作成）

冒頭で述べたとおり，CTBT の OSI が申し立て査察の類型と言えるか否か

---

(338) ジョゼフ・ゴールドブラッド『軍縮条約ハンドブック』浅田正彦（訳），日本評論社，1999 年，203-204 頁。
(339) 黒澤満「国際条約と検証」『アジア地域の安全保障と原子力平和利用：地域構想特別委員会第 3 次報告書』社団法人原子燃料政策研究会 web サイト，2000 年，www.cnfc.or.jp/j/proposal/asia00/kurosawa.html，11 頁。

第5章 核実験査察を巡る問題

は議論の余地がある。以下，申し立て査察を明記している CWC の制度面での比較をもとに，CTBT の OSI が申し立て査察と言えるのか検討を試みる。

② 管理されたアクセスの解釈

CWC では 1984 年の米国の提案によって申し立て査察が設けられたが，その条約交渉の過程では，商業上・安全保障上の秘密情報に対する各国の保全意識が強く働いた結果，濫用防止のため，執行理事会は申し立て査察の要請に根拠がない，或いは濫用であると認める場合に，4分の3以上の多数決によって「査察を実施しない」ことを決定した経緯がある。また，未申告施設が査察団の関心の対象になった場合には，被査察国は疑惑施設への完全なアクセスの代替案を提案する権利を持つとする，「管理されたアクセス」の規定が設けられた。簡潔にまとめると，CWC で言うところの管理されたアクセスとは以下の要素を持つものだと言える。

(i) 査察団の活動において，被査察国が査察の目的に関係しないと判断した自国の機微情報に対して，査察団によるアクセスを制限するための措置。

(ii) 被査察国による管理されたアクセスの設定に対して，査察団側が本当に査察の目的に無関係な情報なのかを確認するための措置。

CTBT の OSI でも，被査察国は査察区域内で査察の目的に関係しない機微に係わる設備及び場所を保護し，査察の目的に関係しない秘密情報の開示を防止するために「管理されたアクセス」の権利をもつ。そして，この「管理されたアクセス」の規定に基づき，被査察国は以下の措置を含めることができる。

1. 機微に係わる表示，貯蔵品及び設備を覆うこと。
2. 査察区域内において，査察の目的に関係しない機微に係わる設備及び場所を保護し，査察に関係しない秘密の情報の開示を防止するための措置をとること。
3. 試料の採取及び分析を，査察の目的に関係する放射性生成物，またその他の生成物が存在するか否かを決定するためのものに限定すること。
4. 建造物とその他の構造物に対する査察団員のアクセスを管理すること。
5. 4km^2，合計で最大 50km^2 以内のアクセス制限地域を宣言すること。

査察団によるアクセスの要求に対して，最終的にアクセスを決定できるのは

被査察国の権利である（議定書第Ⅱ部第 88 項(c)）。しかしその一方で，査察団は宣言されたアクセス制限区域へのアクセスを要請するにあたり，同区域内外で査察命令を遂行するべく，あらゆる合理的な努力を払う，とされている。また，査察団が査察命令で許可された OSI 活動を実施できない場合，又は同区域へのアクセスが査察命令の遂行に必要であることを確実に証明する場合には，いつでも（査察団の構成員の一部に限られる場合もあるが）同区域内において特定の任務を遂行するためのアクセスを被査察国から認められる。

このとき，被査察国は OSI の目的に関係しない自国の機微にかかる設備その他の物を覆い，又はその他の方法によって保護する権利を執行できる。査察団員の人数は，OSI に関係する任務を完了するために必要な最小限度のものにすることが議定書上で求められており，同区域へのアクセスの態様については，査察団と被査察国との交渉事項となっている（議定書第Ⅱ部第 96 項）。

表 3：管理されたアクセスが認める措置

	管理されたアクセスの規定	機微にかかる文書を事務所内から撤去すること	機微にかかる表示、貯蔵設備及び設備を覆うこと	設備の機微にかかる部品を覆うこと	コンピュータシステムのオンライン接続の終了、データ表示装置の使用終了	サンプル分析を制限すること	無作為の選定に基づくアクセスの採用[340]	特定場所へのアクセスを個々の査察団員に限る	アクセス制限区域の設定	建物その他の工作物へのアクセスを管理
CWC	検証付属書第 10 部第 46 項から第 52 項	可能	可能	可能	可能	可能	可能	可能	規定なし	可能
CTBT	議定書第Ⅱ部第 86 項から第 96 項	規定なし	可能	規定なし	規定なし	可能	規定なし	規定なし	可能	可能
IAEA	モデル議定書 INFCIRC/540 第 7 条	規定なし	規定なし	規定なし	規定なし	規定なし	規定なし	規定なし	規定なし	規定なし

（筆者作成）

管理されたアクセスに関して，被査察国は査察団との交渉を前提に，あらゆる合理的な努力を行わねばならない（条約第 4 条第 60 項，議定書第Ⅱ部第 88 項

---

(340) 無作為の選定に基づくアクセス（random selective access）については，化学兵器禁止条約検証付属書第 10 部第 46 項から第 52 項までを参照。

(b))。また，管理されたアクセスの適用された被査察国の機微情報へのアクセスに関して，その最終決定権は被査察国にある（第4条第57項(c)及び同議定書第Ⅱ部第86項）。査察団は，管理されたアクセスが適用された被査察国の機微情報が，OSIの目的に関係があるか否かを確認するため，管理されたアクセスに対する代替アクセスを要求できる（議定書第Ⅱ部第91項及び同第96項）。

こうした観点を踏まえて，CTBTのOSIと，CWC，IAEA保障措置追加議定書でそれぞれ規定する管理されたアクセスの認める措置を比較したのが上の表3である。この表によれば，CTBTのOSIはCWCほど詳細が規定されてはいないものの，IAEAの場合ほどはアクセスの管理について自由度が与えられてもいないことが分かる。そして，CTBTのOSIは，その査察制度上の特性にいくつかのユニークさが認められるものの，やはり申し立てによる査察の類型と呼んでも差し支えないであろう。

また，このように，管理されたアクセスとは査察団と被査察国との「せめぎ合い」[341]の構造を最も顕著に表すものである。1,000km^{2}の査察区域での最長130日間にわたって行われる活動との条件に鑑みれば，CTBTでの管理されたアクセスを巡る被査察国との交渉は，常に時間との戦いに晒されている査察団にとって，過去の軍備管理・軍縮条約でもほとんど前例がないほど厳しいものとなる。

③ 査察報告書とOSIの秘密情報

CTBTのOSIが侵入度の高い活動であることは，既に何度も述べたとおりである。この侵入度の高さに関連する，OSIの成否に深く関わる重要事項として，大きく以下三つの項目が挙げられる。

(i) 主権国家たる被査察国の権利をどのように守るか
(ii) 査察団はOSIに無関係な機微情報（軍事上，商業上の秘密）をどのように同定するのか
(iii) 査察報告書（inspection reports）に盛り込む情報を誰がどのように取り

---

(341) 香川美治「包括的核実験禁止条約（CTBT）：平成16年度軍縮・不拡散問題講座」日本国際問題研究所軍縮不拡散促進センターwebサイト，www.iijnet.or.jp/JIIA-CPDNP/education/04_Kagawa.htm。

4 他の軍備管理・軍縮条約における査察の扱い

扱うか

このうち，(i)は国家主権に関わる問題であるだけに，権利義務関係のバランスを取ることが特に重要となる。OSI の実施にあたっては，被査察国の主権も要請締約国の主権と同様に等しく保護されねばならない。最終的に，条約の目的に関係しない被査察国の機微情報は，全て適切に保護される必要がある。こうした点からも，(i)は OSI 運用手引書の作成において，要となる問題の一つだと言える。

(ii)は条約・議定書で定める OSI 関連の規定のなかでも，最も解釈が難しいものの一つである。まず，OSI の開始時点において，「どの情報」が「何に関係」するのかを正確に把握しているのは，本質的には被査察国だけである。(※しかし，このことは要請締約国が提供する NTM 情報に被査察国がアクセスできることを意味する訳ではない。) 査察団は，被査察国にとって侵入的な OSI 活動を進める過程で，少しずつ査察関連情報を同定してゆかねばならない。他方で，被査察国が査察関連情報として査察団に開示・提供する情報は，必ずしも真正の（bona fide）情報を含むとは限らない。査察団にとっては，被査察国が開示・提供した情報が真正であるかを確認する必要が生じるのは当然のことであり，場合によっては被査察国が意図的な偽情報（disinformation）を提出し，査察団の活動を間接的に妨害しようとする意図を持っている可能性すらも考慮せねばならないであろう。

(iii)は OSI 活動の結果をどのようにアウトプットするか，という問題である。CTBT の場合，条約・議定書上では査察団が作成した報告書は，原則として事務局長を経由し，執行理事会に配布される。査察報告書は，事務局長の責任において作成され，被査察国のコメントと説明を添付した後，執行理事会及び全ての締約国に配布される。このとき，(i)及び(ii)にも関わる事項として，仮に被査察国が条約違反をしていた場合でも，OSI の目的に関係しない同国の機微情報は，報告書に記載されてはならない。そのため，報告書に記載される「事実関係の調査結果（factual finding）」は，条約違反を決定付ける材料としてのみならず，被査察国の主権保護の観点からも注目すべきものとなる。こうした観点に立てば，査察団と被査察国代表，そして事務局長と被査察国との間で，査察関連情報の判断を巡って行われる協議がいかに重要か理解されよう。

129

第 5 章　核実験査察を巡る問題

④　査察団の特権免除と被査察国の機微情報保護

　CTBT では，査察団に外交関係に関するウィーン条約に依拠した特権免除を認めている。そのため，被査察国にとって，OSI の目的に関係するか否かが不分明な，いわゆる白と黒の中間にあたる「グレーゾーン」情報が被査察国の管理が及ばない査察基地（base of operations）内で不当に取り扱われることは，当然危惧されるところである。そこで，本項では OSI 活動実施中に査察団の特権免除が被査察国の機微情報保護の権利にどのような影響を及ぼすのか，考察を行う。

　CTBT 議定書第 II 部第 27 項に示されるとおり，査察団には外交関係に関するウィーン条約の第 29 条の規定に基づき，外交官が享受する不可侵を与えられる。また，OSI 活動を行う査察団の住居及び事務所の構内については，同条約第 31 条第 1 項の規定に基づき，外交官の住居への不可侵及び保護が適用される。また，査察団の書類及び通信（記録を含む）についても，同条約第 30 条第 2 項の規定に基づき，外交官の全ての書類及び通信への不可侵が与えられるほか，査察団には技術事務局との通信において，暗号を使用することが認められている。こうした前提のもとで，査察団員はその特権免除を害されることなく，被査察国の法令を尊重する義務を負い，査察命令と両立する限り被査察国の国内問題に介入しない（shall be obliged not to interfere in the internal affairs of that state）義務を負う（CTBT 議定書第 II 部第 29 項より抜粋）ことになる。

　OSI が侵入度の高い活動であり，査察区域が核実験場や軍事基地などの機微な場所である可能性が高いことに鑑みれば，被査察国の立場としては議定書第 II 部第 61 項(c)の権利に基づき，査察基地内で行われている分析活動[342]の全てに立ち会い，OSI の目的に無関係な情報が不当に収集されていないことを確認したいところであろう。こうした場合に，被査察国側のエスコート（立ち合い）を査察基地でどこまで容認するかが問題となる。しかし，査察区域で取得

---

[342]　OSI 活動の最中に現地で行われる分析の性質をどのように定義するかにもよるが，本書では査察基地内でのサンプル分析，連続地震波形のデータ解析，撮影された写真解析などは，全て OSI 活動の範疇として，被査察国の立ち会いが可能だと解釈する。（そう解釈しない場合，全てのサンプル分析過程や連続地震波形データの解析過程において，被査察国が同国の機微な情報が含まれているか否かを確認することができなくなる。）

4 他の軍備管理・軍縮条約における査察の扱い

したOSIに関連する情報と，技術事務局として保有している秘密情報との線引きをどのように行うのか，また誰がその線引きを行うのかについて，条約・議定書上でも明確な記述はない。例えば，NTMによって得られた情報や，査察団員の健康カルテなどの個人情報は，技術事務局として保有している秘密情報の類であり，OSIの周辺情報として扱われる可能性がある。特にNTMによって得られた情報は，情報提供国の情報ソースを保護するためにも，技術事務局の秘密情報として扱う必要があり，従って被査察国に対しても開示しないことが原則となるべきであろう。

他方で，被査察国には国家の安全保障上の利益を保護し及びOSIの目的に関係しない秘密の情報の開示を防止するために，必要と認める措置をとる権利が与えられている（条約第4条第57項(b)）。そのため，被査察国としては，査察団が査察区域内で収集した情報に含まれるOSIの目的に関連しない自国の機微情報の存在を把握する必要がある。しかし，場合によっては，査察区域で収集された情報（サンプルやデータ，写真などが含まれる）がOSIの目的に合致するか否か，査察団と被査察国とで合意ができない可能性もあろう。こうした場合，まずは査察団と被査察国との間で協議を行うことが必要となる。そして，㈠議定書第Ⅱ部第61項(e)を援用し，査察団と合同で情報を封印するか，或いは㈡よりハイレベルでの協議，即ち被査察国と事務局長との協議により決定するか，㈢査察活動が終了するまで「グレーゾーン」情報のままとしておき，査察終了後の「暫定調査結果（Preliminary Findings，とりあえずの調査結果）」が取りまとめられるまでの間，査察団が査察活動を行う際に必知情報（need to know）の原則のもとで参照できる状態を維持するかの，いずれかを選択する必要に迫られることにもなり得よう。

特に㈢の場合，執行理事会へ上がる報告書（条約4条第47項の「査察の経過報告」など）には「グレーゾーン」の情報が含まれないように配慮せねばならない。一度執行理事会に上がってしまえば，51ヶ国からなる執行理事会メンバー全体に被査察国の機微情報が共有されてしまう。そのため，OSIの目的に関係していることが明白ではない情報は，条約第2条第6項の規定に基づき，機関（技術事務局）が「グレーゾーン」の情報として管理し続ける必要がある。ここでの機関には，条約第2条第52項に基づき，査察団と技術事務局のみな

第5章 核実験査察を巡る問題

らず，CTBTO 事務局長も含まれると解釈するべきであろう。

以上の前提条件のもとに，査察団の特権免除と被査察国の OSI の目的に関係しない同国の機微情報を保護する権利とを検討すると，査察団としては査察基地への被査察国の立ち合いをどこまで認めるか，そして査察基地における特権免除が被査察国の機微情報保護の権利に優先するのかという点で，判断が難しい状況となる。特に，査察団に与えられた技術事務局との暗号通信の権利については，被査察国の立場からすれば，OSI の目的に関係するか否かが明確ではない「グレーゾーン」情報が査察区域外に出ることが懸念されよう。そのため，こうした被査察国の懸念を払拭するために，査察基地と技術事務局における秘密情報管理のメカニズムを明確にする必要が生じるのである。

⑤ 自国の検証技術手段（NTM）について

CTBT の条約上の定義によれば，IMS 又は締約国の NTM にて，疑わしい地下核実験が探知された場合に，締約国は OSI の要請を行うことができる。そして，いかなる締約国も，一般的に認められている国際法の原則（国の主権の尊重の原則を含む。）に適合する方法で NTM によって得た情報を使用することを妨げられない（CTBT 第4条第5項）。

CTBT に NTM の使用を明記することは，ジュネーブの CD で条約交渉が行われた際にも，各国で見解が分かれた部分であった[343]。NTM には遵守を検証するための高度で機微な監視技術が用いられることが多い[344]。そのため，NTM 情報の存在自体が対外的には機微なものとして扱われるよう，要求される可能性がある。特に，被査察国の核実験場に関連した NTM 情報は，情報提供国が有する各種のインテリジェンス手段によって得られたものである可能性があり，情報ソース自体が白日の元に晒されれば，その後の同国の情報収集活動に支障が生じる恐れもある。他方，NTM 情報を提供する意思のある締約国

---

[343] U.S. Department of States Bureau of Arms Control, "Article-By-Article Analysis of the Comprehensive Nuclear Test-Ban-Treaty," U.S. Department of State website, www.state.gov/t/np/trty/16522.htm.

[344] George L. Rueckert, *On-site Inspection in Theory and Practice: A Primer on Modern Arms Control Regimes*, Praeger, 1998, p.44.

4 他の軍備管理・軍縮条約における査察の扱い

と被査察国との関係についても、政治的な配慮が必要となる[345]。そのため、ここではNTM情報の提供国のみが、技術事務局において同情報を秘密情報として適切に管理するよう求める権利を持つ、と解釈することがより妥当となるのではないだろうか。

なお、核実験禁止と検証を巡る歴史的な文脈からも、インテリジェンスで得られた情報を国際機関の査察活動と共有することの難しさについては議論があった。実際に冷戦中期頃まで、査察とNTMとの関係を結び付けることは、非常に困難なものとみなされていた。当時の議論として、テラー（Edward Teller）は、例え米国がスパイ活動を通じてソ連が核実験していることを発見しても、この情報を他の諸国に伝え、それと説得することは難しく、ましてや国際機関による査察に際して、はっきりと確認されていない情報や資料が使えるかどうかは疑問であると指摘している[346]。また、1970年代のSIPRIでは、兵器の制限に関する軍備管理協定を実現可能にする検証制度は、あくまでも非侵入的な観測衛星や電磁波、放射線の遠隔検出などの措置に限定されるべきと提案している[347]。

いずれにしても、NTMとは概ね締約国によるインテリジェンス活動を含めた情報収集手段を意味すると言ってよいであろう。軍縮・不拡散条約でNTMの使用を認める事例は多く、例えばCFE条約やSTARTにおいても、締約国はNTMの使用を妨げられないことが明記されている[348]。また、CWCの申し立て査察においても、NTMやインテリジェンスといった文言は条約上にない

---

[345] OPCWでの申し立て査察の発動にまつわる問題としてしばしば指摘されてきた被査察国への「政治的考慮」と同様に、CTBTのOSIでもNTM情報の提供国の扱い（とその匿名性への配慮）には慎重であることが求められよう。Serguei Batsanov, "Briefing Series the CWC: Issues for the First Review Conference," Center for Nonproliferation Studies website, cns.miis.edu/pubs/dc/briefs/032001.htm.

[346] エドワード・テラー「軍備管理の実現性と情報公開の原則」D.G.ブレナン（編）『軍備管理・軍縮・安全保障』小谷秀二郎（訳）、鹿島研究所・日本国際問題研究所、1963年、144頁。

[347] ストックホルム国際平和研究所（編）『核時代の軍備と軍縮』服部学（訳）、時事通信社、1979年、85頁。

[348] Richard Kokoski, *Technology and the Proliferation of Nuclear Weapons*, Oxford University Press, 1995, p.200.

第 5 章　核実験査察を巡る問題

ものの，NTM の使用の是非を巡り，過去何年にもわたって議論が行われている(349)。

一方，IAEA 保障措置では，例えばフルスコープ保障措置協定（INFCIRC/153）と保障措置追加議定書（INFCIRC/540）のいずれにおいても NTM の使用を明記していない。しかし，1991 年にブリックス（Hans Blix）IAEA 事務局長が外部から提供される情報の利用について，同事務局として「扉を閉めることはない」(350)と述べており，非公式に提供される NTM 情報を必ずしも拒絶している訳ではないことが伺える。菊地によれば，IAEA では様々なオープンソース情報や原子力資機材の輸出情報，そして加盟国から提供される情報を活用した情報分析を行うなかで，当初「加盟国の NTM による情報」と呼んでいたものが，その後「加盟国から提供される情報」と名称が変わり，現在ではオープンソース情報も含めて「IAEA が入手可能な情報」と総称するようになった(351)とされる。

NTM を構成する代表的な要素としては，画像解析（Imagery Intelligence: IMINT），間諜（Human Intelligence: HUMINT），信号解析（Signal Intelligence: SIGINT）(352)などが挙げられる。また，締約国のインテリジェンス能力によっては，測定及び痕跡解析（Measurement and Signature Intelligence: MASINT）や地球空間情報解析（geospatial intelligence）(353)といった情報ソースが用いられる

---

(349)　John Hart, "Political and Technical Aspects of Challenge Inspections Under the Chemical Weapons Convention," paper presented at EU Seminar on Challenge Inspections in the framework of the CWC, Vienna, Austria, June 24-25, 2006, www.sipri.org/contents/cbwarfare/pdfs/ci_final.pdf.

(350)　Interview by Spurgeon M. Keeny, Jr and Jon W. Wolfsthal on October 23, 1991, "IAEA Director Hans Blix: Keeping an Eye on a Nuclear World," *Arms Control Today*, Vol.21, No.9, 1991, p.4.

(351)　菊地昌廣「核拡散問題と検証措置」浅田正彦，戸崎洋史（編）『核軍縮不拡散の法と政治――黒澤満先生退職記念』信山社，2008 年，306 頁。

(352)　Eric Arnett, "The Proscription on Preparing to Test: Consequences for Verification," In Eric Arnett ed., *SIPRI Research Report No.8 Implementing the Comprehensive Test Ban: New Aspects of Definition, Organization and Verification*, Oxford University Press, 1994, pp.49-53.

(353)　Office of Director of National Intelligence, "How Do We Collect Intelligence," Office of Director of National Intelligence website, www.dni.gov/who_what/what_collection.htm.

4 他の軍備管理・軍縮条約における査察の扱い

ケースもあり，特に MASINT は核実験の遠隔探査において一般的な NTM だと位置付けることもできよう。核実験監視のために有効だとされる NTM の一つとして知られる衛星監視（satellite observation）や衛星画像（satellite imagery）分析は，こうした IMINT や MASINT の典型例である。実際に，米国は空軍技術応用センター（AFTAC）や兵器情報・不拡散軍備管理センター（WINPAC），国務省情報調査局（INR）で核実験の監視措置として IMINT や MASINT を重視し，多額の予算を投じて長年情報収集を行ってきたことで有名である[354]。また，SIGINT の一環である電子盗聴（electronic eavesdropping）も，核実験監視に有益な情報になる可能性がある[355]。例えば，核実験実施に先立って，特定の地域での通信量（traffic）が大幅に増大し，その後，自然地震とは思えない異常事象が確認された場合に，傍受された通信が仮に暗号化されていて内容の確認が困難だったとしても，その情報自体，地下核実験に関する有用な NTM 情報となりうる[356]。

HUMINT は，軍備管理・軍縮条約が備える検証制度とは根本的に異質なアプローチである。それは，時として検証・査察活動に有益な示唆をもたらし得る一方で，情報ソースや情報提供国の存在自体が機微情報であり，またかかる情報の信憑性について裏付けを得ることが困難なことからも，取り扱いに注意が必要となる。

これらの NTM 情報は，検証・査察活動を行うにあたって貴重な参考情報となる可能性が高いものの，その情報ソースについては，厳重に秘匿されるのが一般的だと考えられる。

他方，オープンソースで得られる情報も，近年では web 上でも参照可能で，かつ検証活動を補完し得る有効な手段の一つに数えることができるようになっ

---

[354] *FY2004 Performance Plan, Strategic Goal 4: Weapons of Mass Destruction*, U.S. Department of State website, www.state.gov/s/d/rm/rls/perfplan/2004/20469.htm.

[355] 米ロが衛星を用いて電子盗聴を行ってきた歴史については以下の文献を参照。Eric Arnett, *Antisatellite Weapons*, American Association for the Advancement of Science, 1989, p.2.

[356] Eric Arnett, "The Complementary Roles of National, Private and Multinational Means of Verification," In Eric Arnett ed., *SIPRI Research Report No.8 Implementing the Comprehensive Test Ban: New Aspects of Definition, Organization and Verification*, Oxford University Press, 1994, p.72.

第 5 章　核実験査察を巡る問題

てきた。具体的事例を挙げるならば，IMS の地震学的監視網を補完しうる存在として，米国地震学研究機関連合（Incorporated Research Institutions for Seismology: IRIS）が web 上で公開している地震監視情報[357]は，一つの好例である。IRIS は，CTBT が CD で交渉開始される以前から，マグニチュード 5 以上の事象との制限付きながらも，核実験探知に裨益するオープンソース情報として注目されていた[358]。また北朝鮮の核実験場について，デジタルグローブ（Digitalglobe）の商用衛星画像解析を軸に分析を行うことで世界的に知名度のある，ジョンズホプキンス大学米韓研究所の"38 North"プロジェクト[359]も，核実験の探知に関わる代表的なオープンソース情報と言ってよいだろう。従来，こうした IMINT に連なる衛星画像解析を NTM として運用する能力や，コストの負担が可能な国は限られていたが，近年は商用衛星の発展・普及により，こうした手段にアクセスするコストや技術的なハードルも相応に低下してきている。

　なお，一般的に多国間で情報協力を行う場合，NTM として意図的な偽情報を通報したり，相手側（情報の受け手）に何らかの行動を取らせる目的で，情報の全体像のごく一部しか共有しないといった情報工作が行われる可能性も想定すべきであろう。CTBT で技術事務局に対して行われる NTM 情報協力においても，こうした意図的な偽情報が用いられる可能性は否定できない。そのため，提供された NTM 情報の取り扱いと情報自体の真偽の検証は，慎重に行われる必要がある。

　以上のような NTM の性質に鑑みれば，各国の NDC や大学などの研究機関で観測された地震学的なデータ[360]や，その他の IMS が備えた監視技術に関連する公開に差し障りのないデータを除けば，提供された NTM 情報をそのまま

---

(357) "Seismic Monitor," Incorporated Research Institutions for Seismology (IRIS) website, www.iris.edu/seismon/.
(358) Sweet W, "IRIS and other Open Seismic Networks could be Crucial to Test-Ban Regime," *Physics Today*, 1993, p.36.
(359) "38 North," The US-Korea Institute at Johns Hopkins School of Advanced International Studies (SAIS) website, www.38north.org/.
(360) ジョセフ・ゴールドブラッド『軍縮条約ハンドブック』浅田正彦（訳），日本評論社，1999 年，196 頁。

査察報告書に引用することは論外となる。例えば，情報提供国の側で被査察国との外交関係を重視するがゆえに，表立った情報提供は憚られる可能性もあろうし，何らかのしっぺ返しが懸念されることも想像に難くない。こうした締約国の意図に反して，被査察国やその他の締約国に情報提供の事実が開示されるようでは，そもそもNTMを検証活動に取り入れるシステム自体が機能しなくなる。また多くの場合，NTMが情報提供国のインテリジェンス能力に立脚したものである以上，NTM情報をOSIで運用する際には，情報提供国のその後のインテリジェンス活動の妨げになるような事態は，極力避ける必要があろう。勿論，これは情報提供国がNTM情報を提供する事実を積極的に開示しようとする場合に，その行動を妨げるものではない。また，特に衛星画像情報に見られるように，商用衛星利用の範囲がCTBTの交渉当時より大幅に拡大していることから，将来的にCTBTOや関心国がこうしたNTM情報（衛星画像情報など）をオープンな形で共有しようとする可能性もあり得る[361]。

　言うまでもなく，NTMとの関連で，衛星画像の解析は近年大きくその重要性を増している。前述した"38 North"プロジェクトのように，商用衛星画像を解析するアプローチは，歴史的にも空間分解能（spatial resolution）の高い画像データを秘密情報として扱おうとしてきた軍備管理・軍縮条約での検証制度の議論[362]を過去のものにしてしまいかねない勢いがある。実際にCTBTが交渉開始された1990年代前半には，分解能にして10mクラスの商用衛星画像が主流であり，本当に検証技術として有効な高性能の衛星・遠隔探査技術は，あくまでも一部の先進国が独占する状況[363]にあった。ジュネーブのCDにおけるCTBT交渉時，衛星によって撮影された写真について，それがNTM情報であろうと，低解像度の商用衛星画像であろうと，OSIの目的とは無関係の被査察国の機微な施設や場所が映し出された可能性がある場合，それを査察団が

---

(361) Bhupendra Jsani, "The Role of Satellite Imagery for Monitoring International Treaties," in Bhupendra Jasani and Gotthard Stein, eds., *Commercial Satellite Imagery: A Tactic in Nuclear Weapon Deterrence*, Praxis, 2002, pp.49-50.
(362) Alex de Sherbinin et al., *A CIESIN Thematic Guide to Social Science Applications of Remote Sensing*, Columbia University Press, 2002, p.24.
(363) Richard Kokoski, *Technology and the Proliferation of Nuclear Weapons*, Oxford University Press, 1995, p.209.

第5章　核実験査察を巡る問題

使用することに強く抵抗した国もあった[364]。しかし，これらの議論は今日の衛星画像解析の普及状況に鑑みれば，最早隔世の感があると言わざるを得ない。古くは，長く秘匿されてきたロシアのノバヤゼムリア核実験場さえも民生用の地球観測衛星が撮影した衛星写真でその全貌が公になり，物議を醸した事例[365]にも見て取れるように，オープンソース情報は以前にも増してその存在感を高めてきている。こうした技術刷新が，将来的に検証制度と秘密情報の保護を巡る議論を少しずつ変えてゆく可能性も想定せねばならないであろう。

さて，核実験探知のために作られ，NTMで運用されているSIGINT，IMINT手段の代表的な事例として，米国による核実験監視・実験用衛星がある。1963年10月，PTBTにおける大気圏外での核実験監視のために，米国エネルギー省は最初のヴェラ（Vela）衛星を打ち上げた（これは最終的に12機まで打ち上げられた）。また，核実験監視用途として，NNSA国防核不拡散室（Office of Defense Nuclear Nonproliferation）は1993年に低エネルギーX線画像化センサーアレイ（The Array of Low Energy X-ray Imaging Sensors: ALEXIS）衛星を打ち上げたほか，地下核実験監視用の遠隔探知技術として，1997年に実験用の高速過渡事象記録（Fast On-orbit Recording of Transient Events: FORTE）衛星を打ち上げ，運用している[366]。このFORTE衛星は，大気中での核実験により発生する電磁パルスを探知・識別することが任務[367]だとされており，特に高密度の無線周波数バックグラウンドノイズを誤って検出しない技術を使用している[368]。また，可視光，電波，X線及びバックグラウンドの放

---

(364) 2005年8月15日，CTBTO準備委員会・暫定技術事務局関係筋より筆者聴取。

(365) Michael Moodie and Amy Sands, "New Approaches to Compliance with Arms Control and Nonproliferation Agreements," *Nonproliferation Review*, Vol.8, No.1, 2001, p.4.

(366) The Office of Defense Nuclear Nonproliferation, "Nuclear Explosion Monitoring Research and Engineering," National Nuclear Security Administration website, www.nnsa.doe.gov/na-20/monitor.shtml.

(367) "Statement of Rose E. Gottemoeller, Director Office of Non-proliferation and National Security, U.S. Department of Energy before the Subcommittee on Military Procurement Committee on National Security United States House of Representatives," March 19, 1998, dosfan.lib.uic.edu/acda/ctbtpage/gottemo.htm.

(368) A Department of Energy University California Laboratory, "Daily News Bulletin Friday Oct. 15, 1999," Los Alamos National Laboratory website, www.lanl.gov/orgs/

射線測定にかかるセンサーを搭載した計時測距航行衛星（Navigation Satellites with Time And Ranging: NAVSTAR，いわゆるGPS衛星）も，核実験監視の役割を担っている[369]。

こうした一方で，近年，米国で新たな核実験探知技術の開発を志向するNTM強化の取り組みが始まっていることにも言及しておきたい。2016年10月，地下核実験探知に関わる技術的な調査の見地から，米国ラスベガス近郊で政府機関が2.5tの化学的爆発を地下30m（101ft）の深さで実施した旨，ワシントンタイムズ紙が報じた。この爆発を通じて地震，光学，微気圧及び磁気データを収集するとともに，加速度計，高感度ビデオ，ドローン，光探知・距離センサー，合成開口レーダーによる監視が行われており，かつ2018年までに同様の実験を計5回行うとされている[370]。

また，CTBTの検証技術とは直接的に関係しないが，北朝鮮による核実験に備えるため，核開発疑惑の高まった2003年前後から，寧辺の核関連施設周辺で米国の大気収集機による情報収集活動が実施されてきた[371]。2006年以降は，米空軍の大気収集機が沖縄の嘉手納基地にしばしば飛来し，核実験に備えて待機している[372]。こうした大気収集機による放射性核種のサンプル収集は，HUMINTやSIGINTとは異なるNTMの一例として，OSIを要請する際に要請締約国が提出しなければならない関連資料（triggering event files）に該当するのみならず，核実験に使用された核兵器の種類を推定する上でも有益だと考えられる。また，こうした情報は，実際にOSI活動を行う際にも参考になる

---

pa/News/101599.html.
(369) Paul R. Higbie and Norman K. Blocker, "LA-UR-93-2834: The Nuclear Detonation Detection System on the GPS Satellites," Los Alamos National Laboratory website, 1993, www.osti.gov/scitech/servlets/purl/10185731/.
(370) "Federal Researchers Reported Wednesday They Detonated an Underground Explosion Comparable to Nearly 2.5 tons of TNT at a Vast Former Nuclear Proving Ground in the Desert North of Las Vegas," *The Washington Times*, October 12, 2016, www.washingtontimes.com/news/2016/oct/12/underground-explosion-tested-at-former-nevada-nucl/.
(371) 星野俊也「危険水域に入った北朝鮮の核」『グローバル・ヴィジョン』9月号，2003年，1頁。
(372) Air Force Link, "WC-135 Constant Phoenix," Official Website of the United States Air Force, www.af.mil/factsheets/factsheet.asp?fsID=192.

第5章　核実験査察を巡る問題

表4：NTMとCTBTの検証技術

	情報収集手段	CTBTで使用可能なもの	過去の実績
代表的なNTM	電磁パルス測定	将来の検討課題として条約で言及（条約第4条第11項）	大気中での核実験監視（米国のヴェラ衛星、FORTE衛星）
	偵察衛星	将来の検討課題として条約で言及（条約第4条第11項）	偵察衛星による高精度衛星写真の利用（PNET）
	SIGINT	NTM情報	各国インテリジェンス機関の情報提供（IAEA）
	HUMINT	NTM情報	各国インテリジェンス機関の情報提供（IAEA）
	大気収集機	NTM情報	北朝鮮の核実験（代表的なものとしては、米国WC-135（大気収集機））
	航空偵察	NTM情報	欧州通常戦力（CFE）条約
	インタビュー	NTM情報	国連イラク特別委員会（UNSCOM）／国連監視検証査察委員会（UNMOVIC）
多国間の検証技術手段	商業衛星（地球観測衛星）	将来の検討課題として条約で言及（条約第4条第11項）	IAEA
その他	インテリジェンス機関などとの情報共有	条約・議定書に言及なし	UNSCOM

（筆者作成）

情報源だと言える。具体的には、一定期間にわたって大気収集を行うことにより、環境中の放射能バックグラウンドを測定し、万一、核実験が行われた際には比較対象として用いることができる。実際に、CDでの条約交渉時には、ロシアがCTBTの検証制度に航空機による大気収集を盛り込むよう提案した経緯もあることから[373]、大気収集機を用いたアプローチは一般的にも高く評価されていると見てよい。

なお、航空機による大気収集自体は、通常の気象観測技術として多くの国で実施されてきたが、核実験が行われたことを確認するNTMとしても、近年一

---

[373] Jaap Ramaker, Jenifer Mackby, Peter D. Marshall and Robert Geil, eds., *The Final Test: A History of the Comprehensive Nuclear-Test-Ban Treaty Negotiations*, Preparatory Commission for the CTBTO, 2003, p.109.

層注目されるようになっている。日本においても2016年1月から，従来のT-4中等練習機による放射能じん収集に加えて，C-130輸送機を用いて核実験に起因する放射性希ガスの収集が実施されている[374]。

5 主権国家に対するOSIの要件
──査察関連情報と機微情報の保護──

査察団と被査察国との権利義務の「せめぎ合い」のなかでも，特にOSIの成否を分ける重要な論点が査察関連情報と機微情報の保護である。これは，CTBTの検証制度が実質的に機能するか否かを見極めるのにも少なからぬ影響を及ぼすポイントであり，かつ，侵入度の高いOSI活動に対して，条約発効後に全ての締約国から信頼を得るためにも，その整理は重要だと言えよう。

査察団が知り得た，被査察国にとっての機微情報が，OSIの目的に関係するか否か決着が付かない，いわば「グレーゾーン」に置かれた場合，OSI活動が終了し，査察報告書が作成されるまで，「グレーゾーン」情報を「事実関係の調査結果」として扱うわけにはいかない。こうした「グレーゾーン」情報の真偽がCTBTO事務局長によって判断されるまでの間，同情報は安全な状態で保管される必要がある。

ここからは，軍縮・不拡散を実施する現行の国際機関のなかで，扱う情報の性質上，情報保全措置が最も堅牢だと考えられるIAEA事務局での方法論と，CTBTO準備委員会・暫定技術事務局設置時より（CTBTO側が）頻繁に制度を参照してきたOPCWの事例に基づき，事務局の責任においてグレーゾーンの情報を管理する妥当性を検討する。

まず，IAEAのINFCIRC/540では，その第15条において，商業上・技術上及び工業上の秘密とその他の秘密情報について，有効な開示防止措置の責任は一義的にIAEA事務局にあるものと規定している。

第15条

(a) 事務局（Agency）は，<u>商業上の，技術上のそして工業上の秘密と，本</u>

---

(374)「北朝鮮の核実験に係る放射能特別調査の実施について」防衛省webサイト，2016年1月6日，www.mod.go.jp/j/press/news/2016/01/06a.html。

第 5 章　核実験査察を巡る問題

議定書の履行する上で事務局が知り得た情報を含むその他の秘密情報の開示に対し、効果的な予防となる厳重な体制を維持する義務を負う。(下線は筆者による)

(b)　パラグラフ(a)で参照される体制には、とりわけ以下に関係する規定を含めねばならない。

　(ⅰ)　秘密情報の取り扱いのための一般原則及び関連の措置
　(ⅱ)　秘密情報の保護に関係した職員の雇用条件
　(ⅲ)　違反が行われた場合、若しくは秘密情報の保護違反の申し立てが行われた場合

(c)　パラグラフ(a)で参照される体制は、定期的に理事会によって承認されねばならない。

このうち、特に第15条b(ⅱ)の規定は、IAEAが管理対象とする秘密情報の範疇を考える上で極めて示唆に富む。また、同(c)では秘密情報の取り扱いの基本原則と関連規定は、技術の進歩と仕様の更新に伴って、定期的に見直されねばならないものとしている。情報管理に関する限り、将来のCTBTOにおいてもこの事情は同じと見るべきであろう。一方、CWCにおける規定は以下のとおりである。

第8条第5項

　機関は、できる限り侵入の程度が低く、かつ、検証活動の目的の適時の及び効果的な達成に合致する方法で、この条約に規定する検証活動を行う。機関は、この条約に基づく自己の責任を果たすために必要な情報及び資料のみを要請する。機関は、この条約の実施を通じて知るに到った非軍事上及び軍事上の活動及び施設に関する情報の秘密を保護するために全ての措置をとるものとし、特に、秘密扱いに関する付属書に定める規定を遵守する。(下線は筆者による)

即ち、CWCのOPCW技術事務局でもIAEA事務局と同様に、事務局の責任において情報管理を行うシステムが採用されていることが分かる。CTBTOが将来どのような情報管理体制を設けるにせよ、OPCW技術事務局とIAEA事務局で採用されている方式に則れば、OSIの実施に関して、機関が知り得た

142

5 主権国家に対するOSIの要件

情報は，機関がその責任において管理するという考え方が，一般的な意味で妥当なものとなり得るのではないだろうか。

そこで，次に将来のCTBTOのOSIでは，事務局の管理すべき情報として，具体的にどのようなものを想定せねばならないのかについて，個別に検討する。

① NTM情報

IMINTやSIGINT，HUMINTやMASINTなどからなるNTM情報は，その情報提供国の要請に基づき，事務局によって適切に管理される必要がある。もし仮に，情報提供国がNTM情報を公開することを要請するか，或いはメディアなどを通じて実際に公開した場合，NTM情報が被査察国にとって機微なものであったとしても，情報提供国の行動を事前に阻止することは現実的に困難である。また，一度公開されてしまった機微情報は，既に機微情報としての価値を喪失しているため，事務局としても継続的に秘密情報として保護する妥当性を失うことになる。

② IMSデータ

IMSデータは，基本的に全ての締約国に公開されることが前提となっている。当然，査察団がIMSデータを査察区域に持ち込むことに対し，被査察国により何らかの制限が加えられることは妥当ではない。

③ オープンソース情報

オープンソース情報とは，公刊資料をもとに査察区域での査察活動に資するよう分析を加えた情報を指す。入手コストの低さなども相まって，近年はインテリジェンスの一形態としても評価が高まっているオープンソース情報だが，マスメディア，或いは情報提供国が公開する場合に，被査察国に関する情報（被査察国にとっての機微情報）も含む可能性がある。一度でも公開された公然の機微情報は，もはや保護の対象ではないのは言うまでもなく，この場合，OSIの目的との関連性が認められるのであれば，査察団がオープンソース情報を査察区域へ自由に持ち込むことも可能と見るべきであろう。

第5章　核実験査察を巡る問題

④　査察区域で収集した査察非関連情報

　査察団が査察区域で収集した情報のうち，査察団と被査察国とが協議した結果，査察関連情報として合意に至らなかったものがこれに該当する。このカテゴリの情報の管理が問題となるのは，被査察国がOSIに関連しないと主張した情報が，査察団の認識とは異なっている場合である。これらの情報は，議定書第Ⅱ部第109項の査察終了後の活動が始まるまでの間，査察団及び技術事務局によって査察非関連情報として扱われる必要があると考えられる。

⑤　査察区域で収集した被査察国の機微情報

　査察団がアクセスした情報について，被査察国が同国の機微情報を含むと主張した場合でも，それがOSIの目的に関係する限りにおいて，査察団には右情報を収集する権利がある。しかし，OSIが終了され，「事実関係の調査結果」が最終の査察報告書に記載されるまでの間，こうした情報がOSIの目的に関係するか否かについて，一方的に決定が行われる可能性は低い。

　OSI活動中，査察団が特定の情報に関心を示し，アクセスを要求するのは，そこに疑わしいものがあるとの認識を持ったためである。その時点では，アクセスが要求されている情報が本当に査察の目的に関係するか否かを把握できるのは，唯一，被査察国のみだと解釈せざるを得ない。即ち，特定の情報へのアクセスが要求された時点で（その情報へのアクセスが認められるか否かは被査察国による「管理されたアクセス」次第となるが），査察団は右情報が査察の目的に関連し得ると判断したことになる。次に，かかるアクセスの要求が被査察国により認められ，査察団が直接或いは間接的に情報を入手した時点で，もし被査察国が右情報は査察に無関係であり，かつ同国にとって機微なものだと判断すれば，査察団は被査察国の判断に従って，右情報を査察活動終了後まで，査察に無関係な被査察国の機微情報として扱わざるを得なくなる。

　いずれにしても，この問題について条約・議定書ともに対応する項目が存在していないため，最終的には将来のOSI運用手引書での規定を待つよりほかにない。

6 査察団と被査察国との「せめぎ合い」を巡る考察

① 情報共有の在り方

　CTBTのOSI実施過程において，査察団は要請があれば査察区域で収集した情報と資料のコピーを被査察国に提出しなければならない（議定書第Ⅱ部第60項(g)）。また，被査察国には査察区域で撮影された全ての写真，ビデオテープ，測定結果とサンプルを検査する権利があり，同時に査察の目的に関係しない同国の機微情報を含む写真，ビデオテープそして測定結果を保持する権利も有している（議定書第Ⅱ部第61項(e)）。これらの権利義務関係をまとめれば，①査察団がOSI活動を通じて得た情報は，基本的に全て被査察国に対して明らかにせねばならず，②OSIの目的に関係しない被査察国の機微な情報は，被査察国へ返却しなければならないことになる。

　他方で，査察団長が事務局長との通信によって知り得た情報や，情報提供国から得たNTM情報の扱いについて，被査察国との間でその存在も含めて情報共有をする必要があるのか否かは，慎重に検討されるべき事項である。こうした情報の具体的な例としては，査察団員の健康と安全に関わる病歴などの個人情報から，査察の進捗状況報告にHUMINTやSIGINTなどのNTM情報を加味して分析を加えた，言わば査察基地及び技術事務局内部の機微なメモまで含み得る。また，例えば査察団員個人の病歴情報であっても，仮に査察区域内での体内被曝量を検査し，その結果としてOSIの目的に関係しない放射性核種が検出されれば，被査察国にとっては保護されるべき機微情報と見なされる可能性がある。

　先に述べたように，「管理されたアクセス」の要求を通じて査察団が知り得た情報は，被査察国から同国の機微情報として，技術事務局の管理すべき秘密情報に指定される可能性が高い。その一方で，査察団が査察関連情報と位置づけた情報も，被査察国からはOSIの目的に無関係な同国の機微情報に指定される可能性がある。こうした場合，いずれも技術事務局（及び査察基地）の秘密情報として厳重に保護せねばならないであろう。

　また，執行理事会へ提出される査察報告書においては，例え被査察国が機微情報として秘密指定を行ったものであっても，OSIの目的に関係することが明

第5章 核実験査察を巡る問題

白であると事務局長が判断する場合には,「事実関係の調査結果」の範疇で報告書に記載されることとなる。

さて,CTBTでOSIが行われた結果,最終的に被査察国による違反の事実があったか否か,或いは査察の要請が濫用された否かを執行理事会及び全ての締約国が検討するために,OSI活動の結果を取りまとめた査察報告書が,政治的にも非常に重要な意味を持つのは言を俟たない。CTBTの条約第4条第62項において,査察報告書は以下のように規定されている。

条約第4条第62項

査察報告には,次の事項を含める。
(a) 査察団が行った活動についての記述
(b) 査察の目的に関連する査察団による事実関係の調査結果
(c) OSIの間与えられた協力についての記述
(d) OSIの間認められたアクセス(査察団に提供された代替的な手段を含める)の範囲及び程度に関する事実関係についての記述
(e) 査察の目的に関連するその他の詳細

異なる見解を有する査察団員がある場合には,当該見解を査察報告に付することができる。

(a)は基本的に査察活動の概要であり,被査察国の機微情報が含まれない程度に簡潔にまとめられるべき事項である。そのなかでも中核となるのは,査察区域の設定,査察基地の設置場所,査察命令に基づき使用された査察技術などの基本的な情報と,査察期間の延長があった場合には,その事実と執行理事会に対する査察期間延長勧告の発出日,掘削の要請を行った場合には,その事実と掘削要請の発出日など,OSIの節目となる重要イベントが記録される。

(b)は査察報告書で最も争点となり得る項目だと考えられる。「事実関係の調査結果」は,被査察国による違反の有無,或いは査察要請の濫用があったか否かについて検討するための情報となる。査察関連情報の同定をどのように行うかは被査察国にとっても最大の関心事項であり,被査察国の安全保障上の機微な情報が不当に報告書に記載されることがあってはならない。しかし,被査察国の機微情報を含む査察区域で収集された情報が,OSIの目的に合致している

か否かを判断する主体が条約・議定書上では明確ではない。そのため，OSI 運用手引書でどのような規定を設け，全体としてのバランスを取るかが重要となる。この詳細については②にて検討する。

(c)と(d)は，被査察国による「査察への協力の度合い（an account of the cooperation granted during the on-site inspection）」を報告するための項目である。(c)ではロジスティクス上の協力が遅滞なく行われた否かが，そして(d)では「管理されたアクセス」が適切に実施され，被査察国が査察団のアクセス要求に対してあらゆる合理的な努力を払ったか否か（議定書第Ⅱ部第96項参照）が問われることになる。これらは客観的な評価基準を示すのが難しい問題であるため，条約第4条第63項のプロセスにおいて，被査察国が特に説明を試みようとする箇所だと考えられる。

査察報告書に記載されるポイントを踏まえた上で，被査察国による違反の事実，或いは査察要請権の濫用の事実を明らかにするために最も重要となるものは，査察関連情報の同定への対応と査察への協力の2項目に集約されると考えられる。

表5：被査察国の協力の度合いと査察関連情報同定への協力との関連性

	被査察国が査察の受け入れに協力的である場合	被査察国が査察の受け入れに非協力的である場合
被査察国が条約の遵守に違反しており，何らかの核実験を実施している	「査察への協力の度合い」に対する評価（条約4条第62項）を重視し，政治レベルでの駆け引きを有利にしようとする可能性がある。核実験の根拠を全て隠せる自信がある場合，被査察国は査察関連情報の同定に積極的に応ずる可能性がある。	関連情報収集の妨害を目的に，管理されたアクセスを濫用し，サボタージュを行うなどして，時間切れによる査察の失敗を狙う。核実験の根拠を隠し通す自信がない場合は，査察関連情報の同定に非協力的対応をとる可能性がある。
被査察国は条約を遵守しているが，要請締約国が情報収集や被査察国の国威低下を狙い，意図的にOSIの発動を要請している	要請締約国によるOSIの要請権の濫用であることを証明するためには，進んで査察団に情報を開示することが有益になる。自国の潔白を晴らすべく，査察関連情報の同定には積極的に対応する。	査察の要請締約国に対する何らかの政治的な意思表示か，或いは査察区域内に安全保障上の高度に機微な地域や情報が存在する場合，右情報の保護が主体となり，査察関連情報の同定に非協力的対応をとる。

(筆者作成)

第5章　核実験査察を巡る問題

被査察国による査察関連情報の同定への対応が，直接「査察への協力の度合い」に現れるとの仮説のもとに，条約の遵守と「査察への協力の度合い」との関係性から，被査察国の反応を考察した結果が表5である。

② OSI 関連情報の同定とその管理

CTBT の条約・議定書では，OSI 関連情報の定義について明記しておらず，あくまでも査察報告書に含まれるものとして，条約第4条第62項(b)で査察の目的に関連する査察団による「事実関係の調査結果」を規定するのにとどまる。また，この「事実関係の調査結果」が出る前段階との位置付けにて，議定書第Ⅱ部第109項で，査察終了後に査察団により作成され，24時間以内に被査察国代表と査察団長とが連署（countersign）する「暫定調査結果」が言及されているのみである。「暫定調査結果」は，被査察国によってその内容が確認されるのみの暫定的なステータスの文書だと考えられるが，このとき万一，「暫定調査結果」に同国にとっての機微情報が含まれていた場合に，被査察国がどのような対応を取りうるのか，条約・議定書は明記していない。

「事実関係の調査結果」とは，条約・議定書のタイムラインの上では，査察区域での OSI 活動が完全に終了した後，提出された（注「暫定調査結果」は執行理事会や他の締約国には配布されない）「暫定調査結果」を踏まえて事務局長の責任において作成されるものであり，最終の査察報告書においてのみ記載されるべきものだと考えられる。被査察国には，この査察報告書のドラフトが手交され，事務局長に対して48時間以内に意見を述べ，説明を提供する権利と，OSI の目的に関係せず，技術事務局の外部に送付されるべきではないと認められる情報及び資料を特定する権利が与えられている。事務局長は，査察報告書のドラフトに対して被査察国が行う提案を検討し，可能な限りこれを採用し，被査察国が述べた意見や提供した説明を査察報告に付加することとなっている（条約第4条第63項）。即ち，「事実関係の調査結果」について，被査察国には意見を述べ説明を行う権利は与えられているものの，最終の査察報告書にこれを反映させるか否かは事務局長の判断に委ねられる，と解釈できる（この一連のプロセスを表6に示す）。

なお，「事実関係の調査結果」について，CWC の申し立て査察では検証付

属書第10部第59項に類似の規定がある。特に、CWCの検証付属書第10部第60項で「暫定報告（Preliminary Inspection Report、とりあえずの報告）」として査察団から事務局長へ提出される報告こそ、CTBTのOSIにおける「暫定調査結果」に相当するものだと考えられるが、CTBTと異なるのは、CWCでは事務局長ではなく、査察団長が「事実関係の調査結果」を作成することとされている点である。この点において、CWCの申し立て査察では査察団長の権限がCTBTのそれよりも強力であると見なすことができよう。

　CTBTでは、執行理事会およびその他の締約国へ最終の査察報告書を配布するにあたり、事務局長がOSI関連情報として「事実関係の調査結果」を正当なものと認め、査察報告書に取りまとめねばならない。また条約第4条第63項で規定されているとおり、事務局長は査察活動の終了後、被査察国にドラフトの最終の査察報告書を手交し、同国よりコメントと説明を受け、それらを査察報告書に添付することとなっている。さらに、技術事務局（査察団を含む）は、被査察国が査察に無関係な機微情報だと指定したものを適切に保護する義務がある（条約第2条第6項）。条約および議定書では、誰が最終的にOSI関連情報を同定するのかが明記されていない。しかし、査察の情報管理の構造を整理すれば、事務局長以外にOSI関連情報の最終的な判断を担う存在はいない。また、執行理事会への説明責任についても事務局長が負うものと解釈す

表6：査察団がアクセスを要求した情報の最終的な取り扱い

	被査察国は査察団がアクセスを要求した情報が、OSIの目的とは関連しておらず、さらに同国にとって機微であり開示は認められないと主張し、管理されたアクセスを適用した場合。
査察団がアクセスを要求した情報が、事実としてOSIの目的に関連していた場合。	査察団と被査察国は交渉によって当該情報への代替アクセスを模索（管理されたアクセス）。開示が認められた被査察国の機微情報は、技術事務局がOSI関連情報として管理する。最終的に、事実としてOSIに関係していることが判明すれば、査察報告書に記載される。
査察団がアクセスを要求した情報は、当初査察の目的に関連すると思われたものの、事実としてOSIの目的とは無関係であった場合。	査察団と被査察国は交渉により当該情報への代替アクセスを模索（管理されたアクセス）。開示が認められなかった被査察国の機微情報は、技術事務局が秘密情報として管理する。最終的に、事実としてOSIに関係していないことが判明すれば、査察報告書には当該情報は一切記載されない。

（筆者作成）

第5章　核実験査察を巡る問題

べきであろう（条約第2条第52項）。

　こうして、査察報告書にはOSIの目的に関連した機関の秘密情報が記載され、執行理事会及び、その他の締約国に配布される。これは実質的に条約第2条第7項及び同第4条第64項の規定に沿って行われるものと考えられる。

　他方で、OSIの発動及び、その成果であるところの査察報告書について意思決定を行う執行理事会の構成を巡る課題にも言及しておく必要があるだろう。CTBTの規定上、執行理事会は、OSIの履行の要否を決定し（条約第4条D第46項）、査察が行われた場合は査察結果に基づき、条約の違反があったか否か、或いはOSIを要請する権利が濫用されたか否かの最終的な検討を行う（条約第4条D第65項）こととなっている。しかし、核実験という非常に機微な政治的問題を巡り、こうした条約上の手続きが適正に行われるかどうかを懸念する見方があることも事実である[375]。

　表7に明らかなように、執行理事会メンバーは地理的配分で割り振られている。そのため、数の上ではG77（途上国グループ）＋中国が執行理事会メンバーの半数を占める可能性が高い。

　CTBT発効後は、この執行理事会において、OSIの発動及びOSI終了後の意思決定を行うことになるが、その際、執行理事会メンバー全51カ国中、30カ国以上の賛成票（条約第4条第46項及び条約第2条36項）が必要となる。このとき、条約違反の核実験が行われた疑いがあると結論付ける、或いはOSI発動権が濫用されたと決定する局面で、執行理事会での投票状況の如何によっては、黒が白、或いは白が黒へと逆転することも起こり得ると考えねばならないであろう。実際に、一国一票が原則の国連総会の意思決定方式において、大国の意向よりも、数で勝る開発途上国の総意の方が通りやすいとの例[376]もある。意思決定におけるG77＋中国の意向を必ずしも常に問題視する訳ではないものの、同グループには中国をはじめ、イランやエジプト、インド、パキスタンといったCTBTに未署名・未批准の発効要件国──いずれも核実験を実施す

---

(375) National Academy of Scicence, *Technical Issues Related to the Comprehensive Nuclear Test Ban Treaty*, National Academy Press, 2002, p.55.
(376) Paul A James, "Talking Points on the UN Financial Crisis," Global Policy Forum website, www.globalpolicy.org/vigil/talkpoi.htm.

る能力を持ちうることから，条約附属書二に含まれた国々である——も名を連ねている。従来のCTBTO準備委員会や各作業部会においても，G77＋中国はグループ共通の立場として一般ステートメントを実施し，また個別の議題においても，特に同グループとして重要視するものについては，やはり共通のステートメントを行う傾向が指摘されている[377]。

こうした執行理事会の構成を巡る懸念に対する抜本的な解決策はないが，査察結果への厳然とした分析を踏まえて，条約違反の有無を問うとの正攻法を追求するのがやはり最善なのではないだろうか。このとき，各国NDCが最終の査察報告書と資料を精査し，確固たる根拠のもとに，執行理事会での意思決定に臨めるよう，執行理事会メンバーが平時より各国NDCの整備に取り組む姿勢が不可欠であるのは言うまでもない。

表7：条約附属書一の地域別執行理事会メンバー割り当て数とG77＋中国の占有率

	条約附属書一（第2条28項）で規定する地域に属する国の数	同地域から執行理事会入りできる国の数	G77及び中国への参加国数（括弧内はG77及び中国の占有率）
アフリカ	53ヶ国	10ヶ国	53ヶ国（100％）
東欧	22ヶ国	7ヶ国	3ヶ国（14％）
ラテンアメリカ及びカリブ	33ヶ国	9ヶ国	31ヶ国（94％）
中東及び南アジア	26ヶ国	7ヶ国	19ヶ国（73％）
北米及び西欧	28ヶ国	10ヶ国	2ヶ国（7％）
東南アジア，太平洋及び極東	31ヶ国	8ヶ国	21ヶ国（68％）

（筆者作成）

③ 技術事務局の位置付け——IAEA事務局との比較検討——

OSIに関連して，CTBTOの技術事務局が将来的に有すべき機能について，本節ではIAEA事務局による秘密保護の事例とも比較しつつ考察する。先に述べたとおり，査察団及び査察団を技術的に支援する技術事務局の情報管理は

---

(377) 齋藤智之「研究ノート：国際機構におけるグループの政治力学——包括的核実験禁止条約機関（CTBTO）準備委員会を事例として——」『外務省調査月報』2008年，No.1，www.mofa.go.jp/mofaj/press/pr/pub/geppo/pdfs/08_1_2.pdf，34頁。

極めて重要となる。そのため，この査察団と技術事務局による情報管理が被査察国のみならず，全ての締約国から信頼を得るためには，どのような原理原則が求められるのかを検討する必要がある。

特に，OSI 活動の実施期間を通して，査察基地とウィーンの CTBTO 技術事務局との間で行われる通信及びデータ伝送では，常に厳格な情報管理体制が敷かれねばならない。通信にかかる特権免除（議定書第Ⅱ部第27項(c)）と，査察団と技術事務局との通信の権利（同第62項）に基づき，査察団は暗号化された通信を行う権利を有するのに加えて，OSI 関連情報について，技術事務局は査察団の査察区域内での活動を技術的に支援する義務を負っており（条約第2条第43項(f)），さらに査察団がアクセスを通じて知り得た，被査察国が指定する同国の機微情報についても，査察基地内のみならず，技術事務局としてこれを保護するために全ての措置をとるものとし，特に秘密の保護に関する条約上の規定を遵守せねばならない（条約第2条第6項）。こうした点を踏まえれば，被査察国が機微情報だと主張する情報についても，それが OSI 活動中のアクセスを通じて知り得たものであるならば，さらなるデータ解析支援や分析上のクロスチェックの実施のためにも，査察基地と技術事務局との暗号化通信が利用可能だと解釈することができよう[378]。既に，IAEA 保障措置や OPCW の通常査察において，こうしたアプローチを実施している例もある[379]とされる。被査察国の主権との兼ね合いでは議論の余地もあろうが，有効かつ効率的な OSI の実施の追求と，OSI の目的に無関係な被査察国の機微情報保護を両立させる OSI 情報管理のメカニズムが実現すれば，査察基地と技術事務局との情報共有を否定することは難しくなるのではないか。

ただし，一口に暗号化通信といっても音声通信か，FAX やコンピュータを介したデータ伝送を認めるのかによって，通信により伝達される情報の保護の在り方は大きく変わってくる。ジュネーブの CD における CTBT 交渉当時の

---

[378] Sukeyuki Ichimasa, "CTBT On-Site Inspection: Protection of Confidentiality and Information Relevancy," *CPDNP Working Paper*, 2006, www.cpdnp.jp/pdf/003-03-010.pdf, p.4.

[379] Edward Lfft, "The Universe of On-Site Inspections," *Arms Control Today*, November, 2004, www.armscontrol.org/act/2004_11/lfft.asp?print.

6　査察団と被査察国との「せめぎ合い」を巡る考察

　1996年版『コンサイスオックスフォード辞書（Concise Oxford Dictionary）』では，コミュニケーション（Communication）について，電話回線やコンピュータによる情報の送受信の手段（the means of sending or receiving information, such as telephone lines or computers）だと定義している。CTBTのOSIが高度の査察技術，例えば，地震観測機器をフィールドへ展開し，連続波形データの解析を行うことなどを考慮するならば，通信はコンピュータを介したデータ伝送を含めるとするのが今日的には適切であろう。

　もっとも，CTBTのOSIが申し立て査察の類型であり，「締約国は，この条約及び議定書第Ⅱ部の規定に基づき，いかなる締約国の領域内若しくはいかなる締約国の管轄若しくは管理の下にあるその他の場所についても又はいずれの国の管轄若しくは管理の下にもない場所についてもOSIを要請する権利を有する」（条約第4条第34項）とされている以上，通信インフラが不十分な地域が査察区域として指定される可能性も否定できない。そのため，将来的には高強度の暗号化がなされた衛星通信など，高速データ伝送手段の導入も検討する必要が生じよう。

　こうしたなかで，査察団及び技術事務局の内部におけるOSI関連情報の取り扱いは，非常に微妙な問題となりうる。例えば，アクセス制限を課すことにより，情報を知り得る立場の人間の数を減らすといっても，締約国の側からすれば，アクセス制限が実際に機能しているのか検証する手段がなく，また人数が減ったところで情報へアクセスする権限を持つ人間が情報管理を徹底しているのか，不当に漏洩させてはいないか，といった懸念を払拭できるだけの確証を得ることは難しいであろう。

　この点において，IAEA保障措置において実施されている情報管理は多大な示唆に富む。IAEA事務局が利用可能な情報としては，㈦締約国により保障措置取り決め及び同追加議定書に基づいて提出された情報（或いはそれ以外で自発的に提供された情報），㈣保障措置及び同追加議定書に基づいて事務局が行った活動により得た情報，㈱事務局内部の原子力安全性，放射性廃棄物，技術協力関連などのデータベースに由来する情報，㈫公然情報，㈺第三者から事務局

153

に提供された保障措置に関係する情報などが挙げられている[380]。こうした情報に対して，IAEA保障措置では，1997年に理事会で承認された「全ての秘密情報を不当な開示から保護するための制度」によって情報管理が行われている。また，同制度の見直し会合も定期的に実施されており[381]，情報管理の在り方に対して建設的な模索が行われてきた経緯がある。

IAEA保障措置では，かねてより事務局内で保障措置秘密（Safeguards Confidential）を扱っており，機微に関わるIAEA保障措置上の手続きや方針については，事務局の外には一切開示しないものとされてきた。唯一，事務局長によりIAEA理事会（Board of Governors）のために作成される保障措置実施報告書（Special Safeguards Implementation Report）のみが，保障措置に関する情報開示の窓となってきたのである[382]。

CTBTの場合でも，OSIを受け入れた被査察国の立場とすれば，自国にとって機微な情報を含む可能性がある一切の情報は査察区域の外には出したくない，と考えるのが自然であろう。しかし，秘密情報は事務局長，技術事務局の職員と査察団に限り，必知情報の原則に基づき共有される必要があり，それを以ってOSIにおいて技術事務局の持つべき機能や位置付けを明確にすべきではないだろうか。

7　OSI演習を通じた制度整備と人材育成

ここまで，査察団と被査察国との「せめぎ合い」を巡って検討し，OSIの実施に関して多くの問題が残され，かつOSI運用手引書の策定が依然として大きなチャレンジであること明らかにしてきた。これらはいずれも，適切な制度設計なくしてOSIが条約・議定書の規定どおりに実施し得ないことを示して

---

(380)　Department of Safeguards, "The Safeguards System of the International Atomic Energy Agency," IAEA website, www.iaea.org/OurWork/SV/Safeguards/safeg_system.pdf.

(381)　"GOV/INF/2002/1: The Agency's Regime for the Protection of Safeguards Confidential Information," February 5, 2002.

(382)　"Nuclear Proliferation and Safeguards," Congress of the United States Office of Technology Assessment, 1977, www.princeton.edu/ota/disk3/1977/7705/7705.PDF, p.41.

7 OSI演習を通じた制度整備と人材育成

おり，CTBTの発効までに整備しておかねばならない課題を改めて認識させるものだと言えよう。そのため，CTBTO準備委員会・暫定技術事務局では，締約国の専門家とともに，停滞するOSI運用手引書の検討に梃子入れし，目に見える形でOSI待機状態をアピールする大規模なIFEを中心に，演習やトレーニングプログラムを定期的に実施している。

特に，CTBTO準備委員会・暫定技術事務局では人材育成から査察関連機器の開発・調達，さらには核実験の痕跡の捜査論理の検討に至る査察制度の確立に力を入れている。具体的には，①野外演習（Field Tests, Field Exercises）にはじまり，②指向性演習（Directed Exercises）や③立ち上げ演習（Build-up Exercises），そして大規模な④IFEへと至るプロセス（IFEサイクル）が進められてきた[383]。2008年にカザフスタンで開催された第1回のIFE（IFE08）は，OSIのロジスティクスに焦点が当てられ，総重量50t以上の査察機材などをウィーンのCTBTO準備委員会・暫定技術事務局から輸送し，査察団員，エスコート，オブザーバーら200名が5週間にわたってテントで寝起きして，シナリオベースでの野外演習に参加した[384]。2014年にヨルダンで開催された第2回IFE（IFE14）では，掘削と共鳴地震計測を除き，17項目にのぼる条約上の査察技術の大半が実地試験に付された[385]。同時に150tにのぼる査察機器の迅速な輸送と展開，充実した機能を備えるOSIオペレーションサポートセンター（ウィーン）の導入，野外における通信システムの導入などの新たな試みのもと，査察実施前から実施完了後の活動に至るまで，数多くの知見を得たと

---

(383) Matjaz Prah, "Overview of the CTBTO On-Site Inspection Site Inspection Verification Element," paper presented in the Policy Course entitled Multilateral Verification, Collective Security: The Science and Significance of the CTBT, September 5-9, 2011, ktp.ctbto.org/pluginfile.php?file=/2403/mod_page/content/28/5.%20Matjaz%20PRAH%2C%20Understanding%20On-Site%20Inspections%20%5BCompatibility%20Mode%5D.pdf.

(384) Edward Lfft, "On-Site Inspections Under the 1996 Comprehensive Nuclear Test Ban Treaty (CTBT): Technical Considerations," *VERTIC Occasional Papers*, December 2009, www.vertic.org/media/assets/Publications/CTBT%20OP2.pdf.

(385) Jenifer Mackby, "The CTBT: At the Intersection of Science and Politics," Federation of American Scientists Public Interest Report, Fall, Vol.67, No.4, 2014, fas.org/wp-content/uploads/2014/11/CTBT-Intersection-Fall-2014.pdf, p.3.

される[386]。

　特に，前者のIFE08は旧ソ連のセミパラチンスク核実験場の近傍が査察区域として設定され，目視観測や汚染除去などを中心に，核実験場で現実に生起している事象をCTBTO準備委員会・暫定技術事務局関係者や査察団員らが直接経験する機会を提供したと言えよう。無論，IFEが核実験査察として，どこまで現実味ある想定のもとで，シナリオベースの演習を行い得るかは，常に問い直されるべき課題である。IFE14のケースでは，過去に核実験に関わったN5の専門家の貢献のもとで，核実験場に存在するであろう放射能をはじめ，核実験後の「現象」に関するリアリティを追求し，2年にわたり9カ国の専門家がCTBTO準備委員会・暫定技術事務局関係者とシナリオ設計を行ったとされる[387]。こうした取り組みに正解はなく，CTBTO準備委員会・暫定技術事務局側ではOSI待機態勢のように，目に見える成果，或いは数値化される成果としてOSIの実施能力や整備状況を示してゆかねばならない事情もある。IFEの前後数年にわたって準備・実施・事後評価に多大な人的資源が投入され，また査察団員候補の教育，訓練，実地研修にも少なからぬコストが求められるのは言うまでもない。IFEで使用するOSI関連機器もIMSやIDCのインフラ同様に，調達・維持・更新という一定のコストがかかる。そのため，一方においてはどこまでリアリティを追求したとしても現実の核実験査察を模すことは不可能で，多くの活動は徒労だとする批判もなされようが，他方でOSIの制度整備のモメンタムを維持し，暫定運用とは別な形でCTBTの発効促進に繋がるような，OSIの存在価値をアピールする手立てとして，IFEのプロセスが重要だと受け止める必要もあるだろう。IFEサイクルが始まって10年以上が経過したことに鑑みれば，こうしたプロセスを繰り返すこと自体に価値が生じているとみることもできる。なぜなら，もしIFEサイクルが打ち止めになってしまった場合，それは財政的な理由か，或いは発効促進を巡る政治的取り組

---

(386)　"CTBTO IFE14 Jordan: Inspection Phases," CTBTO Preparatory Commission website, www.ctbto.org/specials/integrated-field-exercise-2014/inspection-phases/.

(387)　"CTBTO Integrated Field Exercise 2014: an International Project," Australian Safeguards and Non-proliferation Office Annual Report 2014-15, dfat.gov.au/about-us/publications/international-relations/asno-annual-report-2014-15/html/section-2/ctbto-integrated-field-exercise-2014-an-international-projec.html.

7　OSI 演習を通じた制度整備と人材育成

みが壁に突き当たったことを裏付けるものと見なされかねないためである。

　また，最後の地下核実験が行われてから長い年月が過ぎるなか，核実験に携わった N5 の技術専門家の知見が失われて行っている事実もある。米国を例にとれば，最後の地下核実験から既に 25 年以上が経過している。米国では，核弾頭の組み立てに知見を有する技術者の世代交代及び，その知見の継承が信頼性のある核抑止力維持の上での懸案事項になって久しい[388]。これは，核実験実施の技術を持つ専門家の世代交代にも同様に当てはまる問題であり，それは当然のことながら，核実験場で生起する事象に知悉した N5 の専門家が，CTBTO 準備委員会の事業に携わることができる時間にも限りがあることを意味している。CTBT の発効の見通しが立たない状況だからこそ，こうした取り組みに財政上の支援を行った上で，一歩一歩着実な前進が得られるよう，定期的に演習を設計・実施し，その成果と教訓を N5 の専門家も交えて評価する粘り強い努力が求められるのではないだろうか。

　他方，こうした IFE 実施との兼ね合いで指摘すべき事項の一つに，CTBTO 準備委員会・暫定技術事務局における OSI 実施体制の問題点が挙げられる。2018 年現在，CTBTO 準備委員会・暫定技術事務局における OSI 局の規模は，IMS 局や IDC 局と比べても著しく小規模なものに留まっている。本章で検討してきたとおり，OSI は実質的に条約発効後に備えた活動との前提になる。そのため，OSI 局の任務とは，概ね N5 の協力を得つつ，第 3 章で述べたように地下核実験の捜査論理を検討し，査察機器や OSI のロジスティクスに関わる関連資機材の仕様を定め，これを開発・調達し，機器の操作を含めて，各国専門家を中心とした査察団員ロスターの教育・訓練を実施することがその中核だと言ってよい。

　OSI 局の活動がこうした取り組みに終始することは，CTBT が置かれた現在の状況に鑑みれば，ある程度やむを得ないと言わねばならないだろう。しかし将来的に，CTBT 発効の兆しが見えてきた場合には，よりオペレーショナルな組織として，OSI に関連するあらゆる業務を取り仕切れる体制へと変化す

---

[388]　"2017 Index of U.S. Military Strength," The Heritage Foundation website, index.heritage.org/military/2017/assessments/us-military-power/u-s-nuclear-weapons-capability/, p.345.

第 5 章 核実験査察を巡る問題

ることも必要になると考えらえる。具体的には，締約国専門家を呼集することが前提の査察団の編成において，初動段階で必要となる技術的バックグラウンドを持った OSI 局スタッフが査察団員として活動の中核を担えるよう，人事上の工夫を行う余地があろうし，核実験後の「現象」や捜査論理に関する検討は，N5 の専門家の助力を得て，より規模を拡大して組織的に取り組むことが不可欠であろう[389]。

---

(389) 一政祐行「CTBT 現地査察（OSI）制度整備の現状と課題」日本原子力研究開発機構主催『包括的核実験禁止条約（CTBT）に関わるシンポジウム』技術セッション報告，2009 年 7 月 9 日，www.jaea.go.jp/04/np/activity/2009-07-09/2009-07-09-5.pdf，24-25 頁。

第6章　CTBT署名開放以後の核実験

　前章まで，CTBTの検証制度，特にOSIを巡る様々な論点について詳細な検討を行ってきたが，本章ではCTBTの署名開放以後に核実験を行った三つの国，即ちインド，パキスタン，北朝鮮に焦点を当て，これまで明らかになっているそれぞれの実験の概要と，実験実施国の置かれた国際政治・安全保障上の立ち位置，そして国際社会の反応などについて概観し，暫定運用下のCTBTの検証制度が果たした意義や，その限界についても考察する。

1　インドの核実験

　インドによる最初の核実験は，1974年5月18日にインド・ラジャスタン州ポカラン（Pokhran）で行われた。これは地下107mのシャフト型の地下核実験であり，その結果として12kt（インド政府発表値。米国が発表した推定値は4-6kt。）の核出力が発生し，半径47mから75m，深さ10mのクレーターが地表に形成された(390)。インド政府はこの実験を平和目的核爆発だと宣言し，その後，20年以上にわたって実質的な核実験のモラトリアム状態に入った。

　このモラトリアムが破られたのは，CTBT署名開放から2年近い1998年4月8日のことであった。同日，インドのバジパイ（Atal Bihari Vajpayee）首相は，その2日前の1998年4月6日に隣国パキスタンが長射程ミサイルGhauriの発射試験を行ったことを受けて，実に24年ぶりの核実験再開を承認した。そして1ヶ月後の1998年5月11日と同13日，インドのポカラン核実験場で，一連のShakti作戦が敢行された。その直後にインド政府が発表したところでは，5月11日の実験でそれぞれ43-60ktの熱核爆発装置（Shakti1），12ktの核爆発装置（Shakti2），0.2ktの低出力核爆発装置（Shakti3）のそれぞれ異なる核爆発を同時に実施したとされる。次いで行われた5月13日の実験について

---

(390) "First Nuclear Test at Pokhran in 1974," Federation of American Scientists website, July 4, 2000, fas.org/nuke/guide/india/nuke/first-pix.htm.

第6章　CTBT署名開放以後の核実験

も，インド政府が0.5kt（Shakti4）と0.3kt（Shakti5）の未臨界実験を同時に実施したとの声明を行った[391]。1998年5月17日には，一連の実験で使用された五つの地下核実験場について，インド政府がそれぞれ写真を公開している[392]。これらに先立って，質量ともに最良の偵察衛星を有する米国ですら，インドの核実験の予兆を察知することができなかった[393]ことは，国際社会に驚きを以て受け止められた。

振り返って見れば，CTBT交渉が1996年の署名開放を目指して進められ，NPT無期限延長が1995年に合意されることで核兵器国の地位固定も強まる気配のなか，CDでのCTBT採択を敢然と拒否したのがインドであった。そして，第2章で述べたとおり，CDでコンセンサスが得られなかったCTBTは国連総会へと場所を移し，賛成158票，反対3票の圧倒的な支持によって採択されることになる。追い詰められたインドは，米国上院でCTBTが批准され，国際社会からインド（及びパキスタン）への条約批准の政治的圧力が一層強まる前に，一連の核実験シリーズを敢行しようとする動機を強めていったのであった[394]。

こうして，5月11日にインドによって第1回の核実験が行われた際，CTBTO準備委員会・暫定技術事務局では，まだ建設途上であったIMSネットワークを駆使してその一部始終を監視し，データを記録した。当時，PIDCで地下核実験の地震学的な遠隔探査・分析に必要だとされた地震波事象数は57であったが，インドの核実験では，IMSネットワークの存在によって72の観測可能な地震波のシグナルが探知された[395]。特に，パキスタンのナイロール

---

(391) "India: Nuclear Weapons," Federation of American Scientists website, fas.org/nuke/guide/india/nuke/index.html.

(392) "India Releases Pictures of Nuclear Tests," *CNN World News*, May 17, 1998, edition.cnn.com/WORLD/asiapcf/9805/17/india.nuke.tests/.

(393) 西脇文昭『インド対パキスタン：核戦略で読む国際関係』講談社現代新書，1998年，166頁。

(394) Leonard Weiss, "India and the NPT," *Strategic Analysis*, Vol.34, No.2, March 2010, pp.264-265.

(395) Paul G. Richards, "Building the Global Seismographic Network for Nuclear Test Ban Monitoring," Lamont-Doherty Earth Observatory of Columbia University website, 1999, www.ldeo.columbia.edu/~richards/EARTHmat.html.

(Nilore) に置かれた観測所では，観測された地震波中のノイズの 1,000 倍に相当する，極めて強い地震波が探知されている[396]。しかし，5 月 13 日の実験については，インドの発表を裏付ける地震波は記録されなかった。この背景について，当時は核実験場の軟弱な地層が核爆発のエネルギーを吸収してしまったか，或いはデカップリング技術が適用された可能性も疑われた[397]。

関心各国は，それぞれの NTM によって情報収集と分析を行った一方で，CTBTO 準備委員会による IMS 観測データに熱い視線を注いだ。特に，Shakti1 の熱核爆発装置が本当に水爆であったのか否かは注目された。当時からその小規模な核出力を理由に，Shakti1 はブースト型核爆発装置の実験的爆発だったのではないかとする推測が議論の的になった[398]。ルイス (Jeffrey Lewis) も地震波の解析結果などから，Shakti1 で使用された核爆発装置がどのようなものであったにせよ，結局はフィズルだと指摘しつつ，インドは将来の完全なる水爆実験に備えて，CTBT への署名・批准を拒否しているのではないか，との推論を提示した[399]。

こうしたインドの核実験を巡る政治的側面についても，無期限延長された NPT 体制に対する強い反発と受け止められた[400]一方で，パーコヴィッチ (George Perkovich) は，1998 年の核実験に前後してインド政府から発出された声明を検討した上で，インドが持つべき国際安全保障戦略への深い理解や，保有しようとしている核兵器の存在が隣国パキスタンや仮想敵国である中国，そして米国との関係にもたらす中長期的な影響などの深慮を欠いたものであっ

---

(396) Ibid.
(397) 竹内俊隆「印パの核爆発実験と地震波による検証：CTBT の検証体制不備説をめぐって」『大阪外国語大学論集』第 21 号，1999 年，180 頁。なお，竹内はインド側がデカップリングを採用したと発表しておらず，核実験を世界に知らしめるとの観点に立っても，爆発の衝撃を意図的に抑える必然性がないことを挙げ，デカップリングが適用された可能性には懐疑的との見解を示している。
(398) "11 to 13 May 1998 – Pokhran Tests," CTBTO Preparatory Commission website, www.ctbto.org/specials/testing-times/11-to-13-may-1998-pokhran-tests/.
(399) Jeffrey Lewis, "India's H Bomb Revisited," Arms Control Wonk website, August 27, 2009, www.armscontrolwonk.com/archive/202445/indias-h-bomb-revisited/.
(400) Jaswant Singh, "Against Nuclear Apartheid," *Foreign Affairs*, Vol.77, No.5, September-October 1998, p.52.

第 6 章　CTBT 署名開放以後の核実験

たことを指摘している(401)。

　なお，インドが地下核実験の翌年（1999 年）に発表した核ドクトリン(402)によれば，同国は「先行不使用」と「最大限の報復」の二つの方針を唱えている。中国との関係上，前者は将来的な信頼醸成にも結びつき得る内容だが，後者は同国の第二撃能力の強化を直接的に示唆しており，これは中国がインドに対して持つ，核の優位性の差を縮めんとする意思の現れとも考えられる。実際に，当時中国に対する抑止力として，インドが保有する中距離ミサイル Agni 搭載用の核弾頭の信頼性を確認するために，将来インドがモラトリアムを撤回して核実験を再開する可能性も指摘されている(403)。

　そして，今日のインドが追求しているとされる核戦力は，ICBM，SLBM，戦略爆撃機からなるいわゆるトライアドであり，なかでも海上での核抑止力と位置付けられる弾道ミサイル潜水艦 Arihant は，2016 年に試験運用を終了し，インド海軍への配備が進んでいるとして注目を集めている(404)。同潜水艦にはインドの保有する K-4（射程距離 3,500km）及び K-15（射程距離 750km）弾道ミサイルが搭載可能であると推測され(405)，これらはインドが獲得しようとしている第二撃能力を象徴するものと見られている。また，中国を念頭においた核抑止力の構築として，インドは 2016 年から 2017 年にかけて前述の Agni-4（射程距離 4,000km）と Agni-5（射程距離 5,000km）中距離／長距離弾道ミサイルを試験発射している(406)。このように，インドは 1998 年の核実験以後，着実にその核戦力を強化・多様化させ，生存性を高めるアプローチへと邁進している

---

(401)　George Perkovich, *India's Nuclear Bomb: The Impact on Global Proliferation*, University of California Press, 1999, pp.438-439.

(402)　Embassy of India, "Draft Report of National Security Advisory Board on Indian Nuclear Doctrine," Emabbsy of India Archive, www.indianembassy.org/policy/CTBT/nuclear_doctrine_aug_17_1999.html.

(403)　T. T. Poulose, "India's Deterrence Doctorine: A Nehruvian Critique," *Nonproliferation Review*, Vol.6, No.1, 1998, p.80.

(404)　Kelsey Davenport, " India, Pakistan Escalate Missile Rivalry," *Arms Control Today*, March 2017, pp.32-33.

(405)　Ibid.

(406)　Ibid. なお，長距離弾道ミサイルの定義は曖昧だが，以下本書では基本的に参照した資料の表記に準拠する。

と考えられる。

2　パキスタンの核実験

　一方，パキスタンはインドの核実験から間を置くことなく，1998年5月に6基の核爆発装置[407]を用いた全2回の核実験の実施を宣言した。このとき，パキスタン政府は，1998年5月のインドの核実験を受けて，自国も核実験実施に踏み切ったとする声明を発出している[408]。パキスタンの *Defense Journal* 誌によれば，かかるインドの核実験は，それまでの14年間に及ぶ，爆発を伴わない同国の核兵器開発実験（コールドテスト）に大きな転機をもたらしたとされ，それぞれ異なる設計，サイズ，核出力を備えた6基の核爆発装置を用い，これらを同時に起爆させる核実験計画が速やかに政治決定されたことを指摘している[409]。こうした核実験実施の背景については，前述した1995年のNPTの無期限延長化の影響もさることながら，CTBT交渉終盤でのインドによるCTBT草案へのコンセンサス拒否にパキスタンも呼応したこと[410]など，パキスタンの核実験は，まさにインドの核兵器開発を強く意識して行われたものだと言うことができよう。

　もともと，インドとの間で1947年，1965年，1971年と3度の戦争を戦ってきたパキスタンにとって，1974年のインドが行った平和目的核爆発は，同国が核兵器開発へと進む端緒であったと考えられる。カナダやフランスから供与された使用済み核燃料再処理技術を含む平和利用目的の原子力技術はもとより，重水炉や弾道ミサイル技術に関する中国の協力も，こうしたパキスタンの核兵

---

(407)　このとき，核実験には同時に2基以上の核爆発装置が起爆された可能性が指摘されている。Ola Dahlman, Jenifer Mackby, Svein Mykkeltveit and Hein Haak, eds., *Detect and Deter: Can Countries Verify the Nuclear Test Ban?* Springer, 2011, p.23.

(408)　"Pakistan Responds to India's Nuclear Tests by Entering the Region's Arms Race," *The Guardian*, May 29, 1998, www.theguardian.com/world/2015/may/29/pakistan-nuclear-tests-india-1998.

(409)　Rai Muhammad Saleh Azam, "When Mountains Move: The Story of Chagai," *Defense Journal*, June 2000, www.defencejournal.com/2000/june/chagai.htm.

(410)　堀江訓「包括的核実験禁止条約（CTBT）の現状と展望」『軍縮・不拡散問題シリーズ』No.9, 2000年11月, www.cpdnp.jp/pdf/003-02-009.pdf, 1頁。

第 6 章　CTBT 署名開放以後の核実験

器開発の下地になったと指摘されている[411]。

　その後のパキスタンの核兵器開発は，1986 年頃から 1998 年の核実験までの間，もし核兵器が必要となればいつでも組み立て可能な能力を持つ，言わば仮想的核戦力（virtual nuclear arsenals）能力として内外に仄めかされる状況にあった。この点で，西脇が指摘するように，パキスタンの政府首脳は，核実験実施までの 10 年余りの間，核兵器の保有を否定もしなければ認めもしない，ある種の NCND 政策を採り，兵器化一歩手間の状態での核抑止を追求していた[412]と言われている。

　なお，パキスタンで核兵器の開発がいずれの時期に始まっていたのかについては，2016 年に発表された米国議会調査局報告書に詳しい。それによれば，1970 年代から 1980 年代初頭にかけて，既に米国はパキスタンが核兵器開発を行う可能性があるとの情報を得ており[413]，1982 年の米国国家情報評価（National Intelligence Estimate: NIE）でも，同国が核実験を実施できるとすれば，その時期は 1983 年から 1984 年頃になる旨の推測をしていたと指摘[414]されている。実際にパキスタンの核兵器開発のためのコールドテストは，1983 年 3 月 11 日にまで遡るとの見方もある[415]。パキスタンで「核兵器開発の父」と見なされ，かつ核の闇市場（いわゆるカーン・ネットワーク）の首謀者としても知名度の高いカーン（Abdul Qadeer Khan）博士が 2009 年に *AIJ News* で述べたところによれば，1984 年には既に核爆発装置を起爆（detonate）する能力を獲得していた[416]とされ，当初よりプルトニウム型を採用したインドとは異

---

(411)　吉田文彦（編），朝日新聞特別取材班『核を追う――テロと闇市場に揺れる世界』朝日新聞社，2005 年，201-202 頁。
(412)　西脇文昭『インド対パキスタン：核戦略で読む国際関係』講談社現代新書，1998 年，97-109 頁。
(413)　Paul K. Kerr, "Pakistan's Nuclear Weapons," *CRS Report for Congress*, February 12, 2016, www.fas.org/sgp/crs/nuke/RL34248.pdf p.5.
(414)　Ibid.
(415)　Rai Muhammad Saleh Azam, "When Mountains Move: The Story of Chagai," *Defense Journal*, June 2000, www.defencejournal.com/2000/june/chagai.htm.
(416)　"Pakistan: Dr Abdul Qadeer Khan Discusses Nuclear Program in TV Talk Show (Karachi Aaj News Television in Urdu)," Open Source Center Federation of American Scientists website, August 31, 2009, fas.org/nuke/guide/pakistan/aqkhan-083109.pdf.

なり、パキスタンはウラン型の核爆発装置の開発を秘密裏に進めていた。原始的なガンバレル方式のウラン型核爆弾は、1945年に米国が広島に投下したものが核実験を経ていないプロトタイプであったことに象徴されるように、非常にシンプルな構造となっている[417]。このガンバレル方式の利用は、パキスタンにとって核実験を行わずとも核兵器を組み立てる能力が存在することを公式・非公式に伺わせるのに役立った[418]とも指摘されている。

さて、このパキスタンの核実験を時系列で整理すると、1998年5月28日、パキスタンはバロチスタン州にあるチャガイ（Chagai）核実験場（或いはラスコー（Ras Koh）核実験場）で5回の地下核実験が実施され、この結果は即座に同国のシャリフ（Nawaz Sharif）首相によって発表された[419]。その2日後の1998年5月30日、同じくチャガイ核実験場にて1回の地下核実験を実施すると、同国としての一連の地下核実験は完了した旨、アフマド（Shamshad Ahmad）外務次官が発表した[420]。なお、核実験の詳細について *Arms Control Today* 誌のまとめたところによれば、パキスタンの核兵器開発計画の責任者であったカーン博士の発言として、5月28日の核実験に使用された5基の核爆発装置のうち、1基は核出力30-35kt、その他の4基については戦術核兵器に適するよう、極めて小さな核出力になるべく設計したものであったとされ、他方の5月30日に使用された1基の核爆発装置については、パキスタン原子力委員会委員のムバリクマンド（Samar MobarikMand）博士の発言として、核出力は15-18ktであったとされている[421]。

一連の核実験に対して、主要国は相次いで経済制裁を発動させるとともに、国連安保理が議長声明を発出（1998年5月30日）し、5常任理事国（P5）の外相会合共同コミュニケが発出（1998年6月4日）され、そしてインドとパキス

---

(417) Hardd A. Feiresou, Alexander Glaser, Zia Mien and Frank N. Von Hippel, *Unmaking the Bomb: A Fissile Material Approach to Nuclear Disarmament and Nonproliferation*, The MIT Press, 2014, p.36.
(418) 西脇、前掲書、129頁。
(419) Howard Diamond, "India Conducts Nuclear Tests: Pakistan Follows Suit," *Arms Control Today*, May 1, 1998, www.armscontrol.org/act/1998_05/hd1my98.
(420) Ibid.
(421) Ibid.

第 6 章　CTBT 署名開放以後の核実験

タンの核実験に対する安保理決議第1172号の採択（1998年6月6日）へと至っている(422)。同決議第1172号では、第10項で「国際的な核不拡散体制の礎としての、また、核軍縮推進のために不可欠の基礎としての、NPT及びCTBTへの完全なコミットメント、並びにこれらの条約の決定的な重要性を改めて確認する」ことが示されるとともに、第11項で「国際的な核不拡散体制は維持され、強化されるべきであるとの確固たる確信を表明し、NPTに照らし、インドもパキスタンも核兵器保有国としての地位は認められないことを想起する」(423)という、文言上は厳しい内容となっている。しかし、インドが核実験を行った直後のバーミンガムでのG8首脳会議では、インドへの経済制裁を主張した米国に対して、インドとの間で原子炉の供給交渉中であったロシアをはじめ、英国やフランスが反対に回るなど、主要国の足並みが乱れ、それがパキスタンによる核実験の正当化にも繋がったとの批判があった(424)ことも忘れてはならない。なお、インドとパキスタンの核実験に経済制裁が課されたものの、いずれの国の核兵器開発に対しても歯止めにはならず(425)、またこうした経済制裁も長くは続かなかった。核実験が行われた当初、インドとパキスタン両国に対する経済制裁を主張した当の米国も、テロとの戦いのなかで南西アジアにおけるパキスタンとの協力関係重視へと傾き、また中国に対するカウンターバランスとしてインドとの関係改善の必要性が高まると、両国に対する経済制裁を2001年9月までに全て解除した(426)。

ちなみにインドは中国を、パキスタンはインドをそれぞれ仮想敵国と位置付けているが、カシミール地域という火種を抱えるインド・パキスタン両国が、

---

(422)　「パキスタンによる地下核実験の実施（我が国の対応：クロノロジー）」外務省webサイト、1998年6月9日、www.mofa.go.jp/mofaj/gaiko/kaku/india_paki/pakistan.html。
(423)　「安保理決議1172（仮訳）」外務省webサイト、1998年6月6日、www.mofa.go.jp/mofaj/gaiko/kaku/india_paki/ketugi.html。
(424)　浅田正彦「ポスト冷戦期の核不拡散体制」納家政嗣、梅本哲也（編）『大量破壊兵器不拡散の国際政治学』有信堂、2000年、103-104頁。
(425)　Gary Clyde Hufbauer, Jeffre J. Schott, Kimberly Ann Elliott and Barbara Oegg, *Economic Sanctions Reconsidered 3rd Edition*, Peterson Institute for International Economics, 2007, p.13.
(426)　Michael Krepon, "Looking Back: The 1998 Indian and Pakistani Nuclear Tests," *Arms Control Today*, May 2008, www.armscontrol.org/act/2008_05/lookingback.

双方の保有する小規模の核戦力を用いて適切にエスカレーションの制御を行ないうるのか，そして核抑止力の存在が同地域に「核の平和」をもたらすのかは，長年にわたり争点となってきた[427]。こうしたなか，パキスタンの核戦力は目下のところ，信頼性の高い第二撃能力としての海上発射型巡航ミサイル Babur-3（射程距離450km）に重点が置かれているとされるが，同国の保有するディーゼル駆動潜水艦への同ミサイルの搭載は2017年時点では実現していない[428]。なお，パキスタンは2017年1月に IRBM の Ababeel（射程距離2,000km）への MIRV 搭載試験を実施している。

3　北朝鮮の核実験

1993年から1994年にかけての北朝鮮のいわゆる第一次核危機と，その後の1994年から北朝鮮が NPT 脱退を宣言した2003年までの米朝枠組み合意（2012年4月7日に北朝鮮は合意の破棄を宣言），そして第二次核危機の始まった2003年から開始され，2009年以降は中断された六者会合を通じて，これまで国際社会は北朝鮮の核問題と20年以上も向き合ってきた[429]。

2006年7月にミサイル発射試験を，そして同年10月に豊渓里（プンゲリ核実験場）にて第1回目の核実験を行った北朝鮮は，国際社会の強い批判にも関わらず，2009年5月に第2回，2013年2月に第3回，2016年1月に第4回及び同年9月に第5回，そして2017年9月に第6回の核実験を敢行している。こうして回数を重ねるなかで，北朝鮮が様々な核兵器開発・運用上の知見を身に着けつつあり，かつ金正日国防委員長から金正恩国防委員会第一委員長へと権力の移行が進む過程で，同国の権力基盤が国内的にも対外的にも核開発を極めて重視する傾向が強まってきたことが推測される。

---

(427)　Mario E. Carranza, "An Impossible Game: Stable Nuclear Deterrence after the Indian and Pakistani Tests," *The Nonproliferation Review*, Spring-Summer 1999, www.nonproliferation.org/wp-content/uploads/npr/carran63.pdf, pp.11-12.

(428)　Kelsey Davenport, "India, Pakistan Escalate Missile Rivalry," *Arms Control Today*, March 2017, pp.32-33.

(429)　「北朝鮮核問題」国立研究開発法人日本原子力研究開発機構核不拡散・核セキュリティ総合支援センター資料アーカイブ，www.jaea.go.jp/04/iscn/archive/nptrend/nptrend_01-05.pdf．

第 6 章　CTBT 署名開放以後の核実験

　北朝鮮の核実験は 2006 年の第 1 回核実験から 2017 年の第 6 回核実験まで，いずれも CTBTO 準備委員会並びに関心各国の NDC や関係する研究機関で地震波や放射性核種（放射性希ガスを含む），微気圧振動などの監視が行われている。2006 年 10 月 9 日の第 1 回核実験において，北朝鮮がロシアに公式に告げたところによれば，それは 5-15kt の核出力を伴ったものであったとされ，また同様に中国に対して告げたところでは 4kt であったとの指摘がある[430]。一方，観測された実体波マグニチュード（mb）で言えば，2006 年の核実験の観測値は 4.1mb（CTBTO 準備委員会）[431]，4.0-4.2mb（日本 NDC‐1（日本気象協会））[432]，4.3mb（米国地質学研究所（USGS））[433]といったように，各観測機関によってその観測値には差異がある。北朝鮮による第 1 回核実験の核出力推定を行った小山は，このときの実験が玄武岩層か或いは凝灰岩層にある地下核実験場で，爆発が半径 7m の空洞と同程度の影響を及ぼす地下ドームで行われたとの仮定のもと，地震の規模を CTBTO 準備委員会発表の観測値で 4.1mb にとった場合の補正量を計算し，地震の規模が 4.5 から 5.2mb，爆発の規模も核出力で 1.2kt-10kt になるとの分析を発表している[434]。他方，米国議会調査局による 2006 年の報告では，核出力は 1kt 以下であったとされている[435]。

　2009 年の北朝鮮による第 2 回目の核実験に対して，USGS が発表した値は

---

(430)　Emma Chanlett-Avery and Sharon Squassoni, "North Korea's Nuclear Test: Motivations, Implications, and U.S. Options," *CRS Report for Congress*, October 24, 2006, p.2.

(431)　"On the CTBTO's Detection in North Korea," CTBTO Preparatory Commission website, February 12, 2013, www.ctbto.org/press-centre/press-releases/2013/on-the-ctbtos-detection-in-north-korea/.

(432)　「1 月 6 日の北朝鮮における事象に関するとりあえずの解析結果」日本国際問題研究所軍縮・不拡散促進センター CTBT 国内運用体制事務局 web サイト，2016 年 1 月 14 日，www.cpdnp.jp/pdf/DPRK2016/dprk-2016.1.14.pdf，2 頁。

(433)　"M 4.3 Nuclear Explosion‐North Korea," USGS, October 9, 2006, earthquake.usgs.gov/earthquakes/eventpage/usp000eurb#executive.

(434)　小山謹二「北朝鮮の核爆発実験は失敗か？成功か？」日本国際問題研究所軍縮・不拡散促進センター web サイト，2006 年 10 月 31 日，www.cpdnp.jp/pdf/002-04-005.pdf，2 頁。

(435)　Emma Chanlett-Avery and Sharon Squassoni, "North Korea's Nuclear Test: Motivations, Implications, and U.S. Options," *CRS Report for Congress*, October 24, 2006, p.1.

4.7mbであった(436)。2013年2月12日の第3回目の核実験において、USGSでは5.1mbを観測している(437)。そして、2度の核実験が行われた2016年は、第4回目の1月6日の核実験で5.1mb(438)、続く9月9日の第5回目の核実験では、USGSの観測した値は過去最大の5.3mbを記録している(439)。

なお、この第4回の核実験では、北朝鮮が「水爆実験」と声明(440)を出したことで、2016年以前の核実験よりも一層、その戦略的な意味合いが複雑なものとなった。しかし、2013年以前の核実験と比べても、数値だけを見れば、取り立てて大きなものではなかった。例えば韓国政府は韓国地質資源研究院（KIGAM）の観測値である4.8mbを念頭に、北朝鮮の行った核実験の核出力は6-9ktであったとの推測を示している(441)。これは水爆の実験として、ことさらに核出力の大きさを誇示するのに十分な数値だとは言い難い。他方、2016年に再び水爆の実験だとして行われた第5回核実験では、それまでに観測されたものよりも大きな地震波が各機関で観測された。このとき、韓国政府はKIGAMが観測した地震波が5.0mbであったことを以て、想定される核出力は10ktであったとの推測を示している(442)。

2017年9月3日に行われた第6回目の核実験は、前回の核実験から僅か1年という異例のショート・インターバルでの実施であった。折しも、その前日

---

(436) "M 4.7 Nuclear Explosion – North Korea," USGS website, May 25, 2009, earthquake.usgs.gov/earthquakes/eventpage/usp000gxgc#executive.

(437) "M 5.1 Nuclear Explosion – 24km ENE of Sungjibaegam, North Korea," USGS website, February 12, 2013, earthquake.usgs.gov/earthquakes/eventpage/usc000f5t0#executive.

(438) "M 5.1 Nuclear Explosion – 21km ENE of Sungjibaegam, North Korea," USGS website, January 6, 2016, earthquake.usgs.gov/earthquakes/eventpage/us10004bnm#executive.

(439) "A possible explosion of magnitude 5.3 occurred in North Korea on September 9, 2016 at 00:30:01 UTC（9:00 am local time），" USGS website, September 8, 2016, www.usgs.gov/news/possible-explosion-magnitude-53-north-korea.

(440) Euan McKirdy, "North Korea Announces it Conducted Nuclear Test," *CNN*, January 6, 2016, edition.cnn.com/2016/01/05/asia/north-korea-seismic-event/.

(441) Choe Sang-Hun and Jane Perlezsept, "North Korea Tests a Mightier Nuclear Bomb, Raising Tension," *New York Times*, September 8, 2016, www.nytimes.com/2016/09/09/world/asia/north-korea-nuclear-test.html?_r=0.

(442) Ibid.

第 6 章　CTBT 署名開放以後の核実験

9 月 2 日には朝鮮中央通信（KCNA）が ICBM に搭載可能な水爆及び，高高度核爆発による電磁パルス攻撃能力について言及（報道は 9 月 3 日）[443]した矢先での事案であった。この第 6 回核実験で観測された値について，日本の気象庁は 6.1（気象庁マグニチュード（Mj））[444]，韓国軍合同参謀本部は 5.6mb[445]，USGS は 6.3mb[446]と発表している。また，その核出力については 100 – 150kt 程度との見積もりから[447]，一部の研究機関では 250kt という見方[448]も示されている。なお，CTBTO 準備委員会・暫定技術事務局が後日に実体波マグニチュードを 5.8 から 6.0mb へと修正したことを受けて，小野寺五典防衛大臣は核出力の推定値を 70kt から 120kt へ上方修正するとし，第 6 回核実験が水爆であった可能性は否定できないとした[449]。一方，韓国政府はより小さく見積もり，核出力が 50kt 程度であったとの立場をとっている[450]。この第 6 回核実験について，韓国政府の見積もりを除けば，いずれの機関の見方も北朝鮮が行った過去の核実験で最大規模であった可能性を示唆していると言えよう。

　こうした北朝鮮の核実験に対する国際社会の反応として，国連安保理は国連憲章第 7 章第 41 条に基づき，核兵器開発プログラムと同国の核兵器への完全

---

(443)　Jonathan Cheng, "North Korea Says It Has Developed Advanced Hydrogen Bomb Nation Threatens an Electromagnetic Pulse Attack," *Wall Street Journal*, September 2, 2017, www.wsj.com/articles/north-korea-says-it-has-developed-advanced-hydrogen-bomb-1504394440.

(444)　「地震波の振幅規模，10 倍に　北朝鮮核実験，気象庁観測」『朝日新聞』2017 年 9 月 3 日，www.asahi.com/articles/ASK935HWBK93UBQU00K.html。

(445)　「北朝鮮で M5.6 の地震　6 度目の核実験を実施か」『ニューズウィーク日本版』，2017 年 9 月 3 日，www.newsweekjapan.jp/stories/world/2017/09/m566.php。

(446)　"M 6.3 Explosion - 21km ENE of Sungjibaegam, North Korea," USGS website, September 3, 2017, earthquake.usgs.gov/earthquakes/eventpage/us2000aert#executive.

(447)　"North Korea nuclear test: 'Tunnel collapse' may provide clues," *BBC News*, September 3, 2017, www.bbc.com/news/41139740.

(448)　38 North, "North Korea's Punggye-ri Nuclear Test Site: Satellite Imagery Shows Post-Test Effects and New Activity in Alternate Tunnel Portal Areas," 38 North website, September 12, 2017, www.38north.org/2017/09/punggye091217/.

(449)　「北核実験　規模 120 キロトン　防衛相　水爆級に上方修正」『東京新聞』2017 年 9 月 6 日，www.tokyo-np.co.jp/article/politics/list/201709/CK2017090602000124.html。

(450)　"North Korea Resumes Work at Nuclear Test Site, Analysts Say," *New York Times*, September 13, 2017, www.nytimes.com/2017/09/13/world/asia/north-korea-nuclear-test.html.

で検証可能，かつ不可逆的な廃棄（Complete, Verifiable, and Irreversible Dismantlement: CVID）及び，弾道ミサイル発射試験の自制などを要求し，2006年以来，八つの決議を採択してきている。2006年に採択された安保理決議第1718号及び，2009年に採択された同第1874号は，それぞれ第1回と第2回の北朝鮮の核実験に対するものである。2012年12月に採択された同第2087号は，人工衛星の打ち上げと称する北朝鮮の弾道ミサイル発射に対応するものである。2013年2月の3回目の核実験に対しては決議第2094号が採択され，また2016年に行われた4回目の核実験と弾道ミサイル発射に対しては決議第2270号が，そして同年の5回目の核実験には決議第2321号が採択されている。

　2017年7月3日及び7月28日に北朝鮮が弾道ミサイル発射を行ったことを受けて，同年8月には安保理決議第2371号[451]が採択された。同決議では海産物，鉱石，出稼ぎ労働者に焦点を当てるなど，これまでの制裁措置から免れていた北朝鮮の外貨収入源を狙った制裁アプローチが盛り込まれ，大きな注目を集めた。その後，8月9日にはKCNAによって，米領グアムに向けて中距離弾道ミサイルを発射する計画を策定する旨報道があった[452]。さらに，2017年9月3日の第6回核実験を受け，同月に採択された決議第2375号の協議にあたっては，米国トランプ（Donald Trump）政権が予め「最強の制裁」を目指すと宣言し，その草稿[453]で石油供給中断や外国での北朝鮮労働者の雇用禁止を目指すなど，肝煎りでの交渉が行われたとされる。最終的に採択された決議[454]は，中ロの反対もあり，北朝鮮からの繊維製品の輸入禁止，北朝鮮籍の労働者の労働許可の発給停止が盛り込まれる一方で，注目された北朝鮮への石油供給は「規制」されるに留まり，また争点の一つと目されていた金正恩氏をはじめとする北朝鮮指導層の要人について，制裁対象として個人指定せず，最

---

(451) S/RES/2371 (2017), unscr.com/en/resolutions/2371.
(452) 「北朝鮮，8月中旬までにグアム攻撃案策定へ　米大統領の警告を一蹴」『朝日新聞』2017年8月10日，www.asahi.com/international/reuters/CRWKBN1AQ066.html。
(453) "US Proposes UN Resolution to Ban Oil Exports to North Korea," *CNN*, September 6, 2017, edition.cnn.com/2017/09/06/politics/us-un-resolution-north-korea/index.html.
(454) "Fact Sheet: Resolution 2375 (2017) Strengthening Sanctions on North Korea," United States Mission to the United Nations website, September 11, 2017, usun.state.gov/remarks/7969.

重要の北朝鮮国内の三つの団体を資産凍結の対象に指定する内容となった。これらの安保理決議のいずれも，2006年の安保理決議第1718号を基準に，全ての加盟国が履行の義務を負う制裁の対象範囲を徐々に拡大してきている[455]。

しかし，以上のような国際社会の姿勢にも関わらず，水爆実験の実施を宣言し，相次いで核実験を敢行していることに看取できるように，北朝鮮の核開発の勢いに目立った停滞は見られない。そればかりか，近年，北朝鮮は米国をはじめとする周辺国との緊張関係のなかで，核抑止力を前提とした総力戦を行う用意がある，或いは米国の軍事的制裁の兆候に対して，米国本土への核兵器による攻撃を辞さないなどとする挑発的な姿勢を示している[456]。また，歴史的にも北朝鮮との密接な関係にある中国は，かねてより北朝鮮の核問題解決のための鍵だと見なされてきたものの，長らく有効な手立てを打てずにいたが，2017年初旬からは徐々にその姿勢にも変化が生じている[457]。

他方，北朝鮮の核実験を巡って，もう一つ見落とすべきではない重要なポイントが，核兵器の運搬手段である弾道ミサイル発射試験の実施状況である。実際に，最初の核実験が行なわれた2006年以来，核実験の実施に前後してミサイル発射試験が行なわれる傾向が顕著に見てとれる。

以下，米国軍備管理協会（ACA）がまとめた2006年から本書執筆時点までの北朝鮮によるミサイル発射試験に関するクロノロジー[458]を中心に，その他，

---

(455) 一政祐行「核不拡散と経済制裁を巡る諸問題」『防衛研究所紀要』第19巻第2号，2017年3月，37頁。

(456) Barney Henderson, "North Korea 'Tests Ballistic Missile' Amid Reports Pyongyang Stating War 'Imminent'," *Telegraph*, April 29, 2017, www.telegraph.co.uk/news/2017/04/28/north-korea-tests-ballistic-missile-amid-reports-pyongyang-stating/; "North Korea State Media Warns of Nuclear Strike if Provoked as US Warships Approach," *Reuters*, April 11, 2017, www.cnbc.com/2017/04/11/north-korea-calls-us-aircraft-carrier-dispatch-outrageous.html.

(457) なお，2017年4月にティラーソン米国国務長官が毎日新聞の取材で語ったところでは，中国は北朝鮮の核開発を自国の安全保障問題と捉えるようになっており，第6回目の核実験が行われた場合には，これまで採用しなかった独自の経済制裁を講じるなど，北朝鮮に対してより強硬な姿勢を示すとした。「米国務長官 中国が『北朝鮮が6回目核実験なら独自制裁』」『毎日新聞』2017年4月28日，mainichi.jp/articles/20170428/k00/00e/030/233000c。

(458) Kelsey Davenport, "Fact Sheets & Briefs: Chronology of U.S.-North Korean Nuclear and Missile Diplomacy," Arms Control Association website, April 2017, www.

3　北朝鮮の核実験

日本の防衛省公刊による一次資料[459]，国内外主要紙の報道，国連安保理決議などから事実関係について取りまとめたものである（ミサイルの名称については基本的に参照した資料の表記に準拠する）。なお，核兵器の運搬手段としてのミサイル発射試験に焦点を絞り，北朝鮮が発射した短距離発射体（多連装ロケットなど）についての言及は割愛する。

> 2006年6月4日から5日にかけて，北朝鮮は長距離弾道ミサイル（Taepodong-2）及び，短距離／中距離弾道ミサイル（Scud-c, Nodong）を含む7基の弾道ミサイルの発射試験を実施した。発射から1分を経ずに消失したTaepodong-2以外の6基のミサイルについては，発射試験は成功であったと目されている。

> 2008年9月17日，北朝鮮西部のポンドンリ（Pongdong-ni）に新たなミサイル試験場が完成間近と報じられる[460]。同試験場は従来のムスダンリ（Musudan-ri，北朝鮮東部）よりも近代的で，より大型のミサイル発射試験を高頻度で実施することが可能だと推測されている。

> 2009年4月5日，北朝鮮が3段式ロケットのUnha-2を発射した。（同ロケットは長距離弾道ミサイル（Taepodong-2）の改良版であると推測される。）北朝鮮はUnha-2が衛星軌道に衛星を打ち上げたと主張したものの，米国北方軍（U.S. Northern Command）はロケットの第1段が日本海に着水し，ペイロードを含む残りの部分も太平洋に落ちたと報告している。この間，2011年12月17日に金正日国防委員長が死去し，2011年12月29日，公式に金正恩氏（現国防委員会第一委員長）が権力継承した。

---

armscontrol.org/factsheets/dprkchron#1999.
(459)　「2016年の北朝鮮による核実験・ミサイル発射について」防衛省webサイト，www.mod.go.jp/j/approach/surround/pdf/dprk_bm_20161109.pdf。
(460)　Charles P. Vick, "The Latest up-date in North Korean Ballistic Missile & Space Booster Developments," Global Security.org website, January 26, 2009, www.globalsecurity.org/space/world/dprk/missile-developments.htm.

173

第 6 章　CTBT 署名開放以後の核実験

　2012 年 4 月 13 日，北朝鮮が 3 段式の液体燃料ロケット Unha-3 を発射。第 1 段の点火 90 秒後にロケットは高度を下げ，進路を東に向けた。第 1 段は 4 基の IRBM（Nodong）のエンジンクラスターから形成され，第 2 段は IRBM の Musudan（BM-25）のエンジンがベースになっていると推測されたが，この第 2 段は点火しなかった。報道によれば，ロケットの失敗は第 2 段の構造的欠陥が原因であったとも考えられている。この Unha-3 ロケットの発射に関して，北朝鮮は公式に失敗を認めた。

　2014 年 3 月 26 日，北朝鮮は日本海に向けて 2 基の IRBM（Nodong）を発射した。このミサイル事案は 5 年ぶりの安保理決議違反であった。

　2014 年 3 月 30 日，北朝鮮は新たな方式（new form）での核実験を実施すると宣言。詳細は明らかにされなかったものの，弾道ミサイルに搭載可能な小型核弾頭開発のための新たな核実験を企図していたのではないかとの指摘もあった。また，これは北朝鮮のミサイル発射試験ではないものの，2014 年 4 月 4 日に韓国が北朝鮮の大半を射程に収める弾道ミサイルの発射試験に成功した。

　2014 年 5 月 2 日，ジョンズホプキンス大学米韓研究所 "38 North" は，衛星写真の解析結果として北朝鮮がロケット発射場を拡張し，また移動式 ICBM 発射装置のためのエンジン試験を行なっていることを指摘した。

　2014 年 10 月，同米韓研究所は，Sinpo South Shipyard において，北朝鮮が SLBM 用のテストベッドを保有していると指摘した。

　2014 年 10 月 25 日，スカパロッティ（General Curtis Scaparrotti）在韓米軍司令官は，北朝鮮が小型化プロセスを通じて，核兵器を弾道ミサイルに搭載可能であると考えている旨発言した。

3 北朝鮮の核実験

　2015年2月7日，北朝鮮が新型対艦ミサイルの発射試験を敢行すると声明。翌2月8日にウォンサン（Wonsan）から5基の短距離弾道ミサイルが発射され，北東の海域まで201km（125mile）飛翔した。

　2015年5月9日，北朝鮮が潜水艦から弾道ミサイル発射に成功したと主張した。

　2015年11月28日，北朝鮮が潜水艦から弾道ミサイルを発射したものの，失敗したと報じられた。同発射試験について，韓国国家情報院では軌跡が全く確認できなかったと説明した（防衛省による発表）。

　2015年12月21日，北朝鮮が潜水艦から弾道ミサイルの発射に成功したと報じられた。

　2016年1月8日，北朝鮮・朝鮮中央テレビが報じた2015年12月の金正恩氏の活動に関する記録映画のなかで，2015年5月に公開したものとは異なるSLBMの映像を放映。

　2016年2月7日，北朝鮮が地球観測衛星を搭載したと主張する長距離弾道ミサイルが発射された。飛翔距離は2,500km。防衛省の分析によれば，射程の長い弾道ミサイルの発射試験は他の弾道ミサイルの性能向上にも裨益するため，弾道ミサイル開発全体を前進させる取り組みであると考えられる[461]。

　2016年3月10日，北朝鮮がScudと推定される弾道ミサイルを2基発射し，飛翔距離は500kmであった。

---

[461]「2016年の北朝鮮による核実験・ミサイル発射について」防衛省webサイト，www.mod.go.jp/j/approach/surround/pdf/dprk_bm_20161109.pdf，4頁。

175

第6章　CTBT署名開放以後の核実験

　2016年3月18日，北朝鮮がNodongと推定される弾道ミサイルを1基発射し，このとき飛翔距離は800kmであった。2016年4月15日，北朝鮮がそれまでに実績が不明であったMusudanの発射試験を行なうが，これは失敗したと報じられた。

　2016年4月23日，北朝鮮はSLBM（KN-11）のコールドローンチ型発射（※空中にミサイルを射出した後に点火する発射方式）を行ない，空中で爆発するまで30kmほど飛翔したことが韓国政府関係者によって言及された。（防衛省は飛翔距離の詳細は不明としている。）北朝鮮は試験発射の成功を主張した。

　2016年4月28日，北朝鮮はMusudanと推定される弾道ミサイル2基を発射，飛翔距離は不明（防衛省）。

　2016年5月31日，北朝鮮はMusudanとも推定されるSLBM1基を発射。飛翔距離は不明。

　2016年6月21日（ACA発表。防衛省の発表では2016年6月22日。），北朝鮮は2基のMusudanの発射試験を行なった（通算6回目）。2基のうち1基は400km飛翔，もう1基は150km飛翔した後に爆発している。

　2016年7月9日，北朝鮮はSLBM1基を発射。韓国報道によれば飛翔距離は数km。2016年7月19日，北朝鮮はScud若しくはNodong弾道ミサイル3基を発射。飛翔距離は1基目が400km程度，3基目が500km程度。

　2016年8月3日，北朝鮮がNodongと推測される弾道ミサイル2基を発射。1基目は発射直後に爆発，2基目の飛翔距離は1,000km。

3 北朝鮮の核実験

　2016年8月24日，北朝鮮がSLBMを発射，飛翔距離は500km程度。

　2016年9月5日，Scud若しくはNodongと推測される弾道ミサイル3基を発射。飛翔距離は1,000km程度。防衛省の分析では，同時に発射され，いずれも1,000km飛翔した後にほぼ同じ地点に落下したと推定されることから，配備済みの弾道ミサイルについても，北朝鮮は技術的信頼性の向上を進めている可能性があると指摘された[462]。

　2016年10月15日，Musudanと推測される弾道ミサイル1基を発射した。飛翔距離は不明。

　2016年10月20日，Musudanと推測される弾道ミサイル1基を発射した。飛翔距離は不明。防衛省は，これらのMusudanと推定される弾道ミサイルの発射が発射台付き車両（Transporter Erector Launcher: TEL）からによるものであり，ミサイル戦力の生存性向上が図られていることを指摘した[463]。

　2017年2月12日，新型弾道ミサイルPukguksong-2（KN-15，或いは北極星2号とも呼ばれる）の発射試験が行なわれ，北朝鮮がこれを成功と報じた。ミサイルはロフテッド軌道（防衛省公刊資料によれば，通常よりも高い角度で高高度まで打ち上げる発射形態を指し，一般論として迎撃がより困難になるとされる[464]）をとって500km飛翔した。写真解析によって，Pukguksong-2は固形燃料を用いたIRBMである可能性が指摘されている。Pukguksong-2はTELを用いて発射された。

---

[462] 「2016年の北朝鮮による核実験・ミサイル発射について」防衛省webサイト, www.mod.go.jp/j/approach/surround/pdf/dprk_bm_20161109.pdf, 3頁。
[463] 　前掲文書, 5頁。
[464] 　前掲文書, 6頁。

第 6 章　CTBT 署名開放以後の核実験

> 2017 年 3 月 6 日，北朝鮮は中朝国境付近から日本海に向けて 4 基の弾道ミサイルを発射。ミサイルは 1,000km 飛翔して日本の排他的経済水域内（沿岸から 300km 程度）に落下した。

そして，その後，圧力を一層強める米国側と，挑発的な姿勢を鮮明にした北朝鮮側との駆け引きから，いわゆる「4 月危機」と呼ばれる緊張状況が北東アジアで発生した。

> 2017 年 4 月 5 日，北朝鮮は弾道ミサイル 1 基の発射試験を行なうものの，発射直後に爆発した。

> 2017 年 4 月 15 日，金日成国家主席の生誕記念軍事パレードにおいて，北朝鮮は KN-08 の新たな変異型及び新型のキャニスター 2 基を展示。

> 2017 年 4 月 16 日，北朝鮮は弾道ミサイル 1 基の発射試験を行なうものの，発射直後に爆発した。

北朝鮮を巡る緊張はその後も続き，「5 月危機」と呼ばれる翌 5 月 1 日には，トランプ米大統領は環境が適切であれば金正恩氏と会見してもよいだろう，そうなれば光栄であると発言[465]するなど，核問題解決と緊張緩和に水を向けるかの動きもあった。この間，4 月 25 日から 5 月 2 日にかけて，北朝鮮の核実験場の指揮施設の屋根が迷彩色に再塗装されていたことが衛星写真から確認されている[466]。2017 年 5 月 2 日，米国のポンペオ（Michael Richard Pompeo）CIA 長官の延坪島視察計画が発表される。5 月 3 日から 4 日にかけて，北朝鮮が韓中関係のレッドラインという言葉を用い，異例の中国批判を行った。5 月 3 日に万景峰号のウラジオストック便の就航延期が発表された。5 月 4 日，米

---

[465] Jeremy Diamond and Zachary Cohen, "Trump: I'd be 'honored' to Meet Kim Jong Un under 'Right Circumstances,'" *CNN*, May 2, 2017, edition.cnn.com/2017/05/01/politics/donald-trump-meet-north-korea-kim-jong-un/index.html.

[466] Frank Pabian, Joseph S. Bermudez Jr., and Jack Liu, "Going Under Cover: Enhanced Concealment Effort Noted at the Punggye-ri Nuclear Test Site," 38 North website, May 10, 2017, 38north.org/2017/05/punggyeri051017/.

国下院で北朝鮮に対する制裁強化にかかる法案が可決された。5月5日，北朝鮮が金正恩氏の暗殺計画にCIAが関与していると非難を行った。同日，金正恩氏は延坪島で部隊に激励。5月9日には韓国大統領選挙の結果，左派と言われる文在寅大統領が選出された。

> 2017年5月14日，北朝鮮は新たに弾道ミサイルを発射，日本海の方向へ30分で800km程度飛翔して日本の排他的経済水域外に落下した[467]。これについて，防衛省は新型弾道ミサイルであり，飛翔高度が初めて2,000kmを超えるロフテッド軌道によるものであった可能性があると報じた[468]。一方，米国はこの弾道ミサイルはICBMではないとの見方を示した[469]。KCNAは，5月15日，弾道ミサイルは威力ある大型核弾頭が搭載可能な「火星12」(KN-17)という新型であり，技術特性を調べるための発射試験で高度2,111kmまで上昇し，787km離れた公海上の目標水域に到達したと報じた[470]。

> 2017年7月4日，北朝鮮が発射し，飛距離930km，高度2,802kmに到達したKN-14と目される弾道ミサイルに関して，ロシアのショイグ(Sergei Kuzhugetovich Shoigu)国防相はIRBMであるとのコメントを発した[471]その一方で，米国のティラーソン(Rex W. Tillerson)国務

---

[467] 「北朝鮮ミサイル，高高度のロフテッド軌道か　政府NSC」『朝日新聞』2017年5月14日，www.asahi.com/articles/ASK5G30WLK5GUTFK003.html。

[468] 「『北』また弾道ミサイル　狙いは」『FNNニュース』2017年7月4日，www.fnn-news.com/news/headlines/articles/CONN00363229.html。

[469] 「米軍も北朝鮮ミサイルを探知『ICBMではない』」『日本経済新聞』2017年5月14日，www.nikkei.com/article/DGXLASFK14H13_U7A510C1000000/。

[470] 「北朝鮮『新型ミサイル発射に成功』金正恩氏が視察」『日本経済新聞』2017年5月15日，www.nikkei.com/article/DGXLASGM15H0F_V10C17A5000000/。

[471] Barbara Starr and Ryan Browne, "US, South Korea drill as Tillerson calls for 'global action' on North Korea," *CNN*, July 5, 2017, edition.cnn.com/2017/07/03/asia/north-korea-missile-japan-waters/index.html; Choe Sang-Hun, "U.S. Confirms North Korea Fired Intercontinental Ballistic Missile," *The New York Times*, July 4, 2017, www.nytimes.com/2017/07/04/world/asia/north-korea-missile-test-icbm.html?mcubz=2.

長官は今回のミサイルが北朝鮮によるICBMの発射試験であったと確認した旨，声明を発出した[472]。

7月28日，北朝鮮がICBM「火星14」を発射，飛行距離は998km[473]。

8月26日，北朝鮮が日本海に向けて3発の短距離ミサイルを発射。うち2発が日本海に落下した[474]。2017年8月29日，北海道を越えて襟裳岬沖に弾道ミサイルを発射。報道によれば，韓国軍合同参謀本部は同ミサイルの最大高度は約550km，飛行距離は約2,700kmと発表。中距離以上の弾道ミサイルとみられ，Musudanや新型弾道ミサイル「北極星2」（米韓の呼称はKN15）ではないかとの指摘も出された[475]。一方，小野寺防衛大臣は，このミサイルについて，IRBM「火星12」（射程最大5,000km前後）である可能性を指摘した[476]。

11月29日，北朝鮮が日本海に向けて弾道ミサイルを発射した。同日のKCNAを通じた北朝鮮政府声明では，米国本土全域を攻撃できる新型のICBM「火星15」の発射に成功したこと，ICBMはロフテッド軌道を用いて予定どおりの軌道を53分間にわたって飛行し，高度4,475kmに達したこと[477]，そして金正恩氏がICBM発射を現地視察し，

---

(472) Statement by Secretary Tillerson, Washington, DC, July 4, 2017, www.state.gov/secretary/remarks/2017/07/272340.htm.
(473) 「北朝鮮ICBM，意表突く2回目発射 米国へアピール最大化」『日本経済新聞』2017年7月30日, www.nikkei.com/article/DGXLASGM30H1M_Q7A730C1PE8000/.
(474) 「首相『ミサイル，これまでにない深刻かつ重大な脅威』」『朝日新聞』2017年8月29日, www.asahi.com/articles/ASK8Y2QT1K8YUTFK002.html?google_editors_picks=true.
(475) 「北朝鮮が弾道ミサイル発射 日本上空を通過」『朝日新聞』, 2017年8月29日, www.asahi.com/articles/ASK8Y21Y1K8YUHBI003.html。
(476) 「中距離弾道ミサイル『火星12』の可能性 小野寺五典防衛相が言及」『産経新聞』2017年8月29日, www.sankei.com/politics/news/170829/plt1708290024-n1.html。
(477) 「北朝鮮 重大報道で『『火星15型』の発射実験に成功』」NHK webサイト, 2017年11月29日, www3.nhk.or.jp/news/html/20171129/k10011239671000.html?utm_int=all_side_ranking-social_003。

「核武力完成の歴史的大業を果たした」と語ったと報じた(478)。

このように，軍事的緊張が高まる北朝鮮の核兵器開発能力に関して，2017年4月時点で年間に6-7の新たな核兵器を開発する核分裂性物質生産能力があると考えられており，既に保有している可能性のある核兵器数も20-25に達するとの見方も指摘されている(479)。このほか，本書執筆時点で最新のSIPRI "Trends in World Nuclear Forces 2017"によれば，その核兵器保有数は10から20程度との推測値もある(480)。

また，その運搬手段に関するアセスメントも頻繁に更新される状況にあるが，一つの参考として，2015年時点で北朝鮮は700の短距離弾道ミサイル，200程度のNodong，100程度のMusudanに加えてTaepodong-2及び陸上移動型のKN-08を保有していると推測され，さらに北朝鮮による運搬手段開発の課題について，複数の専門家が①核弾頭の小型化，②再突入体の開発と長距離ミサイルのための精密誘導システムに加えて，③これらのシステムの信頼性確認のためのより頻繁な発射試験の必要性を指摘していた(481)ことにも言及しておきたい。第1章第4節で述べたNASによる核実験のモデル解説に照らすと，北朝鮮の核兵器開発は，既に低出力な実験段階を終えた可能性も考慮すべきなのかもしれない。

こうした北朝鮮の核兵器開発の動向と，定期的に実施される核実験がもたらす影響は，CTBTの発効促進にとって，必ずしも好ましいものとは言えない部分もある。無論，前述したとおり，IMSの観測した検証関連データやIDC

---

(478) 「北朝鮮，米本土全域『攻撃可能』正恩氏『歴史的大業』」『朝日新聞』，2017年11月29日，www.asahi.com/articles/ASKCY3W41KCYUHBI019.html?iref=comtop_8_01。

(479) "Pence Talks Tough on North Korea, but U.S. Stops Short of Drawing Red Line," *New York Times*, April 17, 2017, www.nytimes.com/2017/04/17/world/asia/trump-north-korea-nuclear-us-talks.html?_r=0.

(480) Shannon N. Kile and Hans M. Kristensen, "Trend in World Nuclear Forces, 2017," *SIPRI Fact Sheet*, July 2017, www.sipri.org/sites/default/files/2017-06/fs_1707_wnf.pdf, p.2.

(481) Matthew McGrath and Daniel Wertz, "Issue Brief: North Korea's Ballistic Missile Program", The National Committee on North Korea website, August 2015, www.ncnk.org/resources/publications/Missil e_Issue_Brief.pdf, pp.2-4.

第 6 章　CTBT 署名開放以後の核実験

の解析結果などを通じて，暫定運用下にある IMS ネットワークの存在価値が最大限に発揮され，国際的にも注目を集め続けてきたことは間違いない。しかし，核兵器開発を巡る文脈で注視されているポイントは，それが核実験であったか否かを判断する CTBTO 準備委員会の検証情報や，各国 NDC・関係機関の発表する核実験の監視結果では既になくなりつつある印象も否めない。2006 年の段階では，北朝鮮の宣言した核実験の真偽や成否は，まさに国際的な関心事であった。その後，数年ごとに核実験が繰り返されるようになると，もはや観測された人工地震や放射性希ガスの探知状況自体に多くの関心は集まらず，本節で参照した主要各紙の報道内容に見られるように，核出力の推定に結びつく実体波マグニチュードの数値や，弾道ミサイルを中心とした核兵器システムの開発段階へと注目が移ってしまった。ともすれば，核実験を包括的に禁止し，その探知と検証にかかる手段を備えた CTBT の存在意義や普遍的な価値に対して，国際社会がかつて寄せた期待を色褪せさせることになりはしないか，との懸念も抱かざるを得ないような状況である。北朝鮮の核兵器開発によって，NPT とともに今日の核軍縮・核不拡散体制の両輪となっている CTBT の意義が揺らぐことは，断じて避けねばならない事態である。

　これまでのところ，米国トランプ政権は北朝鮮への軍事的制裁にかかるレッドラインは設定しないと明言してきた[482]。しかし，前述した 2017 年 7 月 4 日に発射された KN-14 弾道ミサイルが ICBM であったとのティラーソン国務長官の声明発出以後，メディアの関心は明らかに次なる核実験ではなく，核兵器の運搬手段の開発状況へと焦点を移し，軍事的制裁に移行する可能性すらも論じられはじめた[483]。これは，過去に同様の核実験やミサイル発射実験を重ね，

（482）　David Jackson, "Trump spokesman: No 'Red Line' on North Korea," *USA Today*, April 17, 2017, www.usatoday.com/story/news/politics/2017/04/17/donald-trump-sean-spicer-bbc/100573888/.

（483）　Ben Westcott, "North Korea brings missile threat to the US: What does Trump do now?" *CNN*, July 4, 2017, edition.cnn.com/2017/07/04/politics/north-korea-icbm-us-china/index.html; Hyung-Jin Kim and Foster Klug, "North Korea vows more 'gift packages' of missile tests for U.S." *Chicago Tribune*, July 4, 2017, www.chicagotribune.com/news/nationworld/; William Gallo, "Did North Korean Missile Test Trigger Trump's 'Red Line'?" *VOA News*, July 4, 2017, www.voanews.com/a/did-north-korean-missile-test-trigger-trump-red-line/3928740.html.

安保理決議に基づく経済制裁の対象となったインドやパキスタンの前例とは大きく異なる点である。実際に，ヘイリー（Nikki Haley）米国国連大使は，2017年7月4日の北朝鮮によるICBM発射を明らかな軍事的エスカレーションだと批判しつつ，外交的な問題解決の可能性が急速に萎んでいると警鐘を鳴らした[484]。

この北朝鮮の核兵器開発問題を考える際の参考として，二つの事例を指摘したい。一つ目は1981年，イスラエルが隣国イラクによって核兵器開発が行われることを恐れ，兵器用核分裂性物質の生産に結びつく同国のオシラク（Osirak）原子炉を突如として空爆し，破壊した[485]という，核兵器開発を疑われる国に対して行われた数少ない軍事的制裁事例の存在である。なお，イスラエルは2007年にも，シリアがアル＝キバル（al-Kibar）近郊において北朝鮮の支援下で極秘裏に建設していたプルトニウム生産用の原子炉を単独で爆撃し，破壊している[486]。

他方，二つ目の事例は，1998年にインドとパキスタンが核実験を行った際に，国際社会は経済制裁を一定期間にわたって課した[487]のみで，何らの軍事的制裁措置も講じられなかったという事実である。前者はいずれも，核拡散の懸念に対して単独で行われた予防的武力行使の事例であるが，重要なポイントは，イラクもシリアもイスラエルによる攻撃当時に，いわゆる核兵器開発における「ブレイクアウト（breakout）」段階には達していなかったことにある[488]。

---

[484] "US Increases Pressure on North Korea After Missile Test," *Guardian*, July 5, 2017, www.theguardian.com/world/2017/jul/05/north-korea-missile-test-new-threat-world-says-us-military-force-sanctions-workers.

[485] ロジャー・クレイア『イラク原子炉攻撃！イスラエル空軍秘密作戦の全貌』高澤市郎（訳），並木書房，2007年，4頁。

[486] Leonard S. Spector and Avner Cohen, "Israel's Airstrike on Syria's Reactor: Implications for the Nonproliferation Regime," *Arms Control Today*, July 30, 2008, www.armscontrol.org/print/3095.

[487] Alex Wagner, "Bush Waives Nuclear-Related Sanctions on India, Pakistan," *Arms Control Today*, October 1, 2001, www.armscontrol.org/print/933.

[488] なお，核兵器を含む大量破壊兵器開発疑惑を理由に行われたイラク戦争も，こうした核拡散をトリガーとする予防的武力行使の一例と考えられるが，戦後，その疑惑の根拠が情報機関などによって操作された不確かなものであったことが明らかになり，またイラク調査グループ（ISG）団長のケイ（David Kay）によって，イラク政府の大量

第6章　CTBT署名開放以後の核実験

それと同時に，爆撃の是非はともかくとして，イスラエルにとって，イラクもシリアも将来的に同国の安全保障上，重大な脅威になることが明白だったことが指摘できよう。なお，付言するならば包括的共同作業計画（Joint Comprehensive Plan of Action: JCPOA）への合意に至る以前，イランの核兵器開発問題に対して，イスラエルや米国が軍事的制裁をとるか否かが争点になった[489]時期があった。もし仮に，このときイランに対して軍事力が行使されていたとしても，やはりイスラエルによるイラク及びシリア爆撃と同様に，「ブレイクアウト」段階には達していない核拡散者への予防的武力行使になった可能性もあった。

一方，後者の事例については，インドもパキスタンも核実験当時，限定的ながらも核兵器の運搬手段を保有し，かつ核実験を経て，一定数の核爆発装置を保有している可能性があった。かつてジュネーブのCDでCTBT交渉に参加し，ともに同条約の採択を拒否したインドとパキスタンは，そもそもNPTにも加盟せず，1970年代から核兵器開発能力があると目されてきた。こうした国々が核兵器国として名乗りを挙げたことに対して，最終的に国連安保理決議によって，国際社会から厳しい姿勢が突き付けられたことは前述したとおりである。しかし，両国の核兵器開発に対して，表立って軍事的制裁が全く議論されなかったことは，北朝鮮の核兵器開発を巡る状況との対比においても注目される。

この点に関連して，カシミール地域を巡るインドとパキスタン間での紛争がエスカレートし，突発的にインドとパキスタンが相互に核兵器を使用するリスクが懸念されてきたことは指摘しておくべき事実である[490]。しかし，その一方で，インドやパキスタンから核威嚇を受ける国があった訳ではない。例えば，

　　　破壊兵器開発疑惑が否定されたことから，ここでの事例には加えていない。Hearing of the U.S. Senate Armed Services Committee Subject: Iraqi Weapons of Mass Destruction Programs, Washington, D.C., January 28, 2004, nsarchive.gwu.edu/NSAEBB/NSAEBB80/kaytestimony.pdf.

（489）　Dov S. Zakheim, "The Iran Primer: The Military Option," United States Institute of Peace website, August 2015, iranprimer.usip.org/resource/military-option.

（490）　Zia Mian, "Kashmir, Climate Change, and Nuclear War," Bulletin of the Atomic Scientists website, December 7, 2016, thebulletin.org/kashmir-climate-change-and-nuclear-war10261.

インドが仮想敵国と見なす中国ですら，インドの核実験はもとより，その核戦力に関する言及すらも殆どしていない(491)。この数少ない例外としては，2017年にインドが行った射程5,000km以上とされる弾道ミサイルAgni-5の発射試験に対し，中国外務省が1998年の安保理決議を参照しつつ，核兵器搭載可能な弾道ミサイル開発をインド・パキスタン両国が行うことに否定的見解を示した事例(492)がある。しかし，保有する核戦力の規模や，Mtクラスの核出力を発揮する水爆の存在など，中国とインドとの核戦力には実質的に20年近い技術格差があり(493)，これまでのところ，核拡散を理由に中国のインドへの武力行使が取り沙汰される状況にはない。また，インドやパキスタンが自国の保有する核戦力をして，それぞれ最小限抑止(494)や拒否的抑止(495)と呼び，1998年以来，周辺国に対して積極的に核威嚇を行ってきた訳ではないことも，両国の核兵器開発に対する軍事的制裁が議論されない根本的な理由の一つだと考えられよう。

いずれにしても，核兵器の運搬手段を持ち，核実験を行うことで「ブレイクアウト」段階を超えた国に軍事的制裁を行うのは，非常な困難を伴う。この点で一つ付言するならば，中国が最初の核実験を成功させた際，米国が核兵器開発に対する軍事的制裁を検討した事例がある(496)。しかし，周知のとおり中国に対する軍事的制裁は行われなかった。即ち，リスクとコストの観点から，核

---

(491) Xiaoping Yang, "China's Perceptions of India as a Nuclear Weapons Power," Carnegie Endowment for International Peace website, June 30, 2016, carnegieendowment.org/2016/06/30/china-s-perceptions-of-india-as-nuclear-weapons-power-pub-63970.

(492) Kelsey Davenport, "India, Pakistan Escalate Missile Rivalry," *Arms Control Today*, March 2017, www.armscontrol.org/act/2017-03/news/india-pakistan-escalate-missile-rivalry.

(493) Ashley J. Tellis, *India's Emerging Nuclear Posture: Between Recessed Deterrent and Ready Arsenal*, RAND, 2001, pp.696-697.

(494) Jasjit Singh, "A Nuclear Strategy for India," in Jasjit Singh ed., *Nuclear India*, Knowledge World, 1998, pp.313-315.

(495) Kamal Matinuddin, "The CTBT Controversy: Need for a Consensual Approach," in Moonis Ahmar, ed., *The CTBT Debate in Pakistan*, Har-Anand Publications, 2001, p.120.

(496) Volha Charnysh, "A Brief History of Nuclear Proliferation," Nuclear Age Peace Foundation website, www.nuclearfiles.org/menu/key-issues/nuclear-weapons/issues/proliferation/Proliferation_History.pdf, p.5.

第 6 章　CTBT 署名開放以後の核実験

不拡散問題に対しては，経済制裁に象徴される非軍事的制裁が選好される傾向があると言えよう。その結果，歴史的にも核実験の実施に至った国に対して，核拡散や核の脅威を理由に軍事的制裁が採られた事例は，これまでのところ皆無の状況にある[497]。

　いかなる行為主体にとっても，北朝鮮の核問題は，外交的な解決を迎えることが理想である。しかし，周辺諸国との緊張関係が高まるなか，北朝鮮の特異な統治体制が対内的にも対外的にも核兵器の存在に支えられている現実を踏まえれば，ソフトランディングを期待することすら，夢物語の誇りを受ける可能性もあろう。いずれにしても，北朝鮮の核兵器開発に対して軍事的制裁が行使されるとなれば，それは歴史的にも初の試みとなる。前述した北朝鮮の挑発的な姿勢をそのまま受け止めるならば，こうした核兵器を巡る軍事的制裁は，当事国のみならず，周辺の関係国が相応の安全保障上のコストを支払う事態へと至る可能性がある。

4　問い直される核実験の戦略的含意

　インド，パキスタン，北朝鮮の核実験は，いずれも CTBT の監視下で行われ，厳しい国際社会の反発を招いた。それでは，これらの国々の核実験に対して，CTBT や国際社会の反発は，いかなる影響を及ぼし得たと言えるだろうか。

　まず，核実験実施国として最後発の北朝鮮の事例に鑑みれば，IMS ネットワークが核実験の探知・検証にあたるなか，2006 年から 2017 年までの過去 6 回，足掛け 10 年以上に及ぶ同国の核実験に対して，CTBT の存在が何らかの制約要因になってきたとは言い難い。また，次章でも述べるとおり，同国の CTBT に対する姿勢は過去 20 年にわたって極めて不透明である。他方，国際社会の反発については，特に歴史的な同盟国である中国の反応や，米国の出方を伺いつつ，核実験や弾道ミサイル発射試験の実施時期を操作している印象もある。その意味では，ある程度の影響が見受けられると言えよう。他方，インドとパキスタンについて言えば，いずれもジュネーブの CD における CTBT 交渉の当事国（CD メンバー国）である。1998 年の核実験以後は，CTBT の署

---

(497)　一政祐行「核不拡散と経済制裁を巡る諸問題」『防衛研究所紀要』第 19 巻第 2 号，2017 年 3 月，46-47 頁。

名・批准はしない一方で核実験モラトリアムを宣言するなど，国際社会の反発のみならず，同条約が両国の核実験に対して一定の影響を及ぼしている可能性が指摘できる。

　さて，N5による過去の核実験と比較すれば，インドの核実験は1974年と1998年にごく少数回行われたのみであり，核爆発装置の実験使用数も一桁程度だと推測され，これはパキスタンについてもほぼ同じ状況だと考えられる。前述した米国の核実験の歴史に見て取れるとおり，主立った核兵器国は度重なる核実験を通じて，兵器として安定的に起爆・使用できるかどうか設計の妥当性を検証し，その破壊力や環境への影響，運用戦略や防護措置などの調査・研究を行ってきた。そして，多様な核兵器の運用戦略を踏まえた小型化と，より少ないウランやプルトニウムでより大きな核出力を獲得するための兵器設計の見直しを進め，かつ一点危険防止実験に象徴されるように万一の事故に備えた安全性の確保をはかってきた。そうした観点からすれば，インドやパキスタン，北朝鮮の核実験には，いわゆる「後発の技術優位性」が存在した可能性もあり得るものの，これら3カ国によるそれぞれの核実験が信頼性のある核兵器システムの開発に必要十分な回数と内容であったか否かについては，議論の余地もあろう。

　こうした議論との関連では，核実験を行ってから核兵器システムとして運用可能な状況にこぎ着けるまでの期間，即ち核戦力化のリードタイムも注目すべきポイントとなる。N5の過去の事例を紐解けば，4番目の核兵器国となったフランスでは，1960年2月13日の同国初のジェルボワーズブルー（Gerboise Bleue）核実験（鉄塔上，核出力60-70kt）から4年後の1964年には，既にその核戦力が一部で運用可能な段階に入っていたとされている[498]。また，フランスが弾道ミサイル開発を開始したのは最初の核実験に先立つ1959年のことであった。この年，弾道エンジン研究開発協会（the Society for Research and Development of Ballistic Engines: SEREB）を発足させ，ゼロからの開発として射程3,500kmの地上発射及び海上発射型弾道ミサイル保有を目指すプロジェクト「貴石（Precious Stone）」が進められた。そして，1965年11月26日に衛

---

(498) "French Nuclear Program," Atomic Heritage Foundation website, February 14, 2017, www.atomicheritage.org/history/french-nuclear-program.

第 6 章　CTBT 署名開放以後の核実験

星打ち上げに成功するとともに，同年 10 月に初の IRBM である SSBS S2 の試射を開始した。その後，マルセイユとリヨンの中間に位置するプラトー・ダルビオン（Plateau d'Albion）に 18 のサイロを設置し，1971 年 8 月 2 日には 120kt のプルトニウム型（純粋核分裂型）の核弾頭 MR-31 を搭載したミサイル部隊の運用開始へとこぎ着けている。他方，このフランスの事例でもう一つ興味深いのは，戦術核兵器の開発である。1965 年に開発が開始された低核出力の純粋核分裂型の戦術核爆弾 AN-52（核出力 6 - 25kt）及び，プリュトンミサイル用の戦域ミサイル弾頭 AN-51（核出力 10 - 25kt）は，1972 年から 1973 年にかけて，フランスの核兵器庫に収められている[499]。即ち，核搭載弾道ミサイルの開発をゼロから開始して，IRBM の試射に至るまでに約 6 年，核兵器システムとしては約 12 年近い歳月を経て実戦配備に至ったことになる。また，戦術核について言えば，開発開始から核兵器庫への配備まで約 6 - 7 年の年月を要していることが分かる。

しかしながら，近年の核兵器開発を巡る動向を見るに，こうした核兵器システムとしての核戦力化のリードタイムを巡る議論と並んで，核兵器の実験的な爆発を成功させることによる核抑止力の誇示や，核実験とともに核兵器保有の事実を内外に宣言し，国威の発揚を狙うといった軍事的・政治的意図[500]も，一般的に大きな意味合いを持つようになっているといえるのではないか。この意味においては，インド，パキスタン及び北朝鮮の核実験は，それまで秘匿化されてきた核兵器開発計画を政治的なタイミングを見計らって核爆発を起こし，その能力を顕在化させた[501]点に，共通する特徴を見出すこともできる。

他方，インドとパキスタンの核実験以降，CTBT が交渉当時には想定していなかった「宣言政策としての公然の地下核実験」という側面が大きくクロー

---

(499)　"France's Nuclear Weapons: Origin of the Force de Frappe," Nuclear Weapon Archive.org website, December 24, 2001, nuclearweaponarchive.org/France/FranceOrigin.html.

(500)　広瀬訓「包括的核実験禁止条約（CTBT）の意義と現状」広島市立大学広島平和研究所監修，吉川元・水元和実（編）『なぜ核はなくならないのかⅡ「核なき世界」への視座と展望』法律文化社，2016 年，64-65 頁。

(501)　北野充「核爆発能力の『顕在化』と『秘匿化』とその決定要因」『軍縮研究』第 6 号，2015 年 11 月，46 頁。

4 問い直される核実験の戦略的含意

ズアップされるようになった。これは即ち，かつてN5が辿ったように核実験を数十回，数百回繰り返し，兵器化を試行錯誤し，必要なデータを蓄積してゆくよりも，地下核実験で一定の核出力を発生させ，地震学的遠隔監視でその規模が推測されるような国際的な注目こそ，「宣言政策としての公然の地下核実験」が最も直接的な核抑止力獲得のアピールになりうることを示している。この点において，CTBTの検証制度が当初から目標としてきた，全世界で1kt程度の地下核実験の探知能力[502]の整備・維持は，昨今の核実験を行う国々でのトレンドにミスマッチしてしまう可能性も懸念される。

　それでは，今日の国際安全保障環境において，CTBTの意義や役割をどのように評価すればよいのだろうか。この問題を考えるのにあたり，改めて核実験の戦略的含意について考察を試みたい。本書では，第1章で米国を軸とした核兵器開発と核実験の歴史的展開を検討し，かつ本章でCTBT署名開放以後，暫定運用レベルの核実験監視網が立ち上がった時期のインド，パキスタン，北朝鮮の核実験を概観してきた。膨大な人的資源が投入され，国際政治的にも多大なリスクを背負って敢行される核実験について，その戦略的含意をケースごとに個別に読み解くのは容易いことではない。しかし，過去70年に2,000回を超える核実験が行われ，現在も地下核実験から未臨界実験まで多くのバリエーションのもとに核実験が繰り返されていることに鑑みれば，その意味するところの要点をすくい上げ，吟味することは，CTBTの将来を占うだけでなく，核軍縮に向けた建設的な議論を行う上でも有意義だと言えるのではないだろうか。こうした観点から，本書としては，これまでの検討の結果を踏まえ，核実験の戦略的含意について，大きく①核実験実施国の置かれた戦略的状況，②核兵器の開発段階，③国際規範による核兵器開発への制限などの諸要素によって判断される必要があると整理したい。

　①については，今日のN5と実質的な核兵器保有国であるインド，パキスタン，イスラエル，そして核兵器開発国である北朝鮮において，それぞれに意味合いが異なる。先行するN5は全てCTBTの署名国であり，核実験禁止の国際規範のもとに，既に25年以上にわたる核実験のモラトリアム（※中国とフラ

---

[502] 一政祐行「核実験の禁止と検証：包括的核実験禁止条約（CTBT）を中心に」浅田正彦，戸崎洋史（編）『核軍縮不拡散の法と政治』信山社，2008年，225-226頁。

第6章　CTBT署名開放以後の核実験

ンスについては，20年余）を維持している。核不拡散は当然のことながら，核軍縮にも寄与するCTBTへの署名は，核実験を要するような新型の核兵器を開発しないという政治的意思の表明ととることができよう。これらの国々にとって（未臨界実験も含めた）核実験とは，新型核兵器の開発という側面よりも，備蓄庫に収められた既存の核兵器の信頼性維持があくまでも主となり，このことは実質的な核兵器保有国でも一部は当てはまる可能性が推測される。一方，最後発の核兵器開発国である北朝鮮では，各国からの厳しい経済制裁下にあっても，急ピッチで核兵器開発が進められ，その戦力化が追及されている節がある。また，同国の統治体制存続のために，対外的にも対内的にも，核兵器開発それ自体に戦略的な含意が生じている可能性[503]も指摘されている。軍事的制裁の是非も取り沙汰されるなか，北朝鮮のような核兵器開発国において，戦略的状況という要素が持つ核実験への意味合いやリスク，コストは，N5や実質的な核兵器保有国とは比べるまでもなく大きいことが分かる。

②の開発段階に関しては，第1章第4項で参照した2002年のNAS報告が指摘しているとおり，核実験や核兵器技術に十分な知見のない国と，核実験に多大な知見を有し，核兵器の設計を洗練させるのに長けた国とで，核実験そのものの意味合いが大きく異なることに今日でも変わりはない。この点で，核兵器システムとして運用可能な水準に達して久しいN5諸国と，例えば現在進行形での核兵器開発国である北朝鮮の核兵器の開発段階に照らしてみても，核実験の意義や効果に大きな差が生じるのは明らかだと言えよう。このとき，核兵器開発や備蓄核兵器の信頼性維持を未臨界実験やコンピュータシミュレーションにある程度依存できる状況が構築されているか否かも，注目すべき重要なポイントである。

③の国際規範に関して，核実験の制限や禁止にかかる多国間条約の存在が核実験実施国の意思決定に大きな影響を及ぼすこと自体，既に米国の核実験史の検討を通じて指摘したとおりである。米国以外に目を向けてみても，例えば中国とフランスはPTBTを批准しなかったが，1964年までにそれぞれ地下核実

---

(503)　「〈北朝鮮4次核実験〉水爆というが……3回目の核実験7.9ktより威力弱い6.0kt(2)」『中央日報／中央日報日本語版』2016年1月7日，japanese.joins.com/article/494/210494.html。

4　問い直される核実験の戦略的含意

験に踏み切っている。N5 として最後発であった中国も，1980 年には大気圏内核実験を終了させ，地下核実験へ移行したことから，PTBT がこれらの国々に一定の規範的影響を及ぼした可能性は認められよう。また，1996 年の国連総会における CTBT 採択前夜，中国とフランスはそれぞれ最後の地下核実験を「駆け込み」で行い，同条約に署名（※フランスは批准も完了）していることから，やはりここでも CTBT の規範的影響を指摘することができる。無論，一部に例外の存在は認められるものの，PTBT の発効と CTBT 署名開放の前後で，N5 諸国では核実験の戦略的含意に相応の変化が生じたという，これらの事実を無視すべきではないだろう。この③に関連して，地下核実験の監視・検証体制を IMS ネットワークの暫定運用の形で支える CTBTO 準備委員会・暫定技術事務局の活動が，核実験禁止の国際規範を補強するものとして重要な役割を果たしていることは言うまでもない。

　なお，①と②は，ある意味において対外的にコントロールできる余地が非常に限られているのが現実である。今後，仮に核抑止力の存在を背景に国家間の摩擦が強まった場合，こうした戦略的含意にかかる要素も，それぞれ大きく変動するであろうことは否定し得ない。このことは，次章で述べるとおり，米国が核実験モラトリアムと併せて実施してきた核実験再開の「セーフガード」の事例に鑑みれば明白だと言える。

　しかしながら，③の国際規範だけは別である。国際規範の強化や，核実験監視のためのインフラ整備・維持のモメンタム向上のために，国際社会がとれる選択肢は今も決して少なくはない。その意味においては，核実験に一喜一憂せず，長期的な展望のもとで，いかに核実験禁止の国際規範を守っていくべきかを，常に問い続ける必要があろう。また，より多くの関心国が包括的な核実験禁止の在り方を協議する枠組みを維持し，かつその時々の戦略環境を見据えながら，N5 や実質的な核兵器保有国，そして新たに核兵器開発を試みる核拡散者に対して，連綿と核軍縮・核不拡散を訴えかけてゆく強さが求められるのではないだろうか。

第7章　CTBT発効の見通し

　2018年5月時点で，CTBTは署名国数183ヶ国，批准国数166ヶ国となっており，条約第14条で規定された発効要件国は44ヶ国のうち36ヶ国が批准を完了している。数字の上では，一見して非常に普遍性が高く思われるこのCTBTだが，発効要件国には未署名の北朝鮮，インド，パキスタンの3ヶ国に加えて，未批准の中国，エジプト，イラン，イスラエル，米国の5ヶ国が含まれている。核兵器国及び実質的な核兵器保有国においては，将来の核実験オプションを残したいという安全保障上のニーズが明確になっているケースもあれば，核実験禁止の国際規範そのものへの関心がそもそも薄く，CTBTの批准についても政策上のプライオリティとして受け止められていない場合も考えられよう。また，インドやパキスタンのように，CTBTに署名も批准もしないが，核実験のモラトリアムに公式にコミットする姿勢を強調するケースもある。

　本章では，以下CTBT発効の要と目される米国を中心に，それぞれの発効要件国の状況について考察する。

1　CTBT発効要件国としての米国

　核実験禁止の歴史的な取り組みにおいて，ソ連や英国のそれとともに，米国のコミットメントを抜きには語れない部分が多いことは否定できないであろう。本節では，今日の核実験禁止の懸案となっているCTBTに対する米国国内の議論を軸に，同条約発効要件国としての米国の立ち位置を考察し，その批准の見通しを検討する。

(1)　米国歴代政権の包括的な核実験禁止へのアプローチ

　1992年8月，米国の地下核実験の終了を1996年9月30日に定めたエクソン・ハットフィールド・ミッチェル9ヶ月核実験モラトリアム法が米国上院で

第 7 章　CTBT 発効の見通し

採択された際，投票結果は 68 対 32 であった(504)。同年，ブッシュ大統領は，新たな核兵器の設計を継続する必要はないと宣言し，CTBT 交渉への道を開いた(505)。

その後，1995 年の NPT 運用検討会議での無期限延長への各国合意の取り付けを念頭に，米国クリントン政権が CTBT 交渉でイニシアティブをとったのは第 2 章で述べたとおりである。既に多年にわたる検証制度検討の成果もあり，CD での交渉は 1996 年に妥結した。しかし，CD での CTBT の採択は，インドの反発によってコンセンサスの形成に失敗し，最終的に 1996 年 9 月 10 日，国連総会本会議場にて CTBT が採択され，同条約は即時に署名開放された。米国では 1997 年 9 月 22 日にクリントン大統領から上院に CTBT が提出されたが，共和党のヘルムズ（Jesse Helms）上院外交委員長は，CTBT は外交委員会における優先審議事項ではないとしてこれを退けてしまい，CTBT が同委員会で正式な審議にかけられたのは，署名開放から 3 年近くが経過した 1999 年夏のことであった(506)。そして 1999 年 10 月 13 日，上院での CTBT を巡る審議の結果，投票結果 51 対 48 という僅差で，同条約の批准は否決されてしまった。

このときの米国上院では，模擬的な実験（未臨界実験など）が地下核実験の代用になるとの証明ができないこと，CTBT に備わる検証制度が条約違反の核実験の探知には不十分であること，イランやイラクといった，当時危険視されていた国々が CTBT に加盟しないであろうことなどを批准否決の理由として指摘した(507)。特に，CTBT の検証制度の限界については，IMS の能力では

---

(504)　Tom Z. Collina and Daryl G. Kimball, "No Going Back: 20 Years since the Last U.S. Nuclear Test," *Arms Control Today*, Vol. 3, No.14, September 20, 2012, www.armscontrol.org/issuebriefs/No-Going-Back-20-Years-Since-the-Last-US-Nuclear-Test%20.

(505)　Robert W. Nelson, "If it ain't Broke: The Already Reliable U.S. Nuclear Arsenal," *Arms Control Today*, April 2006, www.armscontrol.org/print/2026.

(506)　Mary Beth D. Nikitin, "Comprehensive Nuclear-Test-Ban Treaty: Background and Current Developments," *CRS Report for Congress*, September 1, 2016, fas.org/sgp/crs/nuke/RL33548.pdf, p.2.

(507)　青木節子「第一期ブッシュ政権の大量破壊兵器管理政策にみる『多国間主義』」『慶應義塾大学大学院政策・メディア研究科総合政策学ワーキングペーパーシリーズ』

1　CTBT発効要件国としての米国

極小規模の核爆発を探知することが不可能であり、また条約違反に対する強制力も国連安保理に完全に依存してしまっているという、条約・議定書が定める制度的側面も問題視されていた[508]。当時はヘルムズ上院議員の議論に象徴されるように、唯一の超大国米国が直面するのは最早ロシアのような伝統的脅威ではなく、弱小国や非国家主体などの非対称的脅威であること、そして、こうした脅威を前にして、優位性ある米国の軍事力への法的制約を受け入れることは、百害あって一利無しだと断じる見方が共和党内で根強かった[509]。

なお、米国上院でのCTBT批准審議に前後して、CTBTの価値や役割、その限界を巡って様々な議論が戦わされた。6名の米国国防長官経験者らは、上院での審議に先立ち、CTBT批准が米国の核抑止力を損ねるものだと痛烈に批判したほか、コーエン元国防長官（William S. Cohen）は、米国上院議員のなかにはCTBT批准を拒否したいと願うものもいる一方で、条約そのものを拒絶することは回避したいとの考え方が存在するとして、米国は核実験モラトリアムを維持しつつも、他国に対して核実験禁止への意欲を阻害すべきではないと主張した[510]。また、CTBT批准反対派は、次節にて述べる核兵器の備蓄管理計画（Stockpile Stewardship Program: SSP）についても、その技術的有効性が完全には検証されていないと批判し、核兵器に用いられる核分裂性物質が老朽化することへの懸念や、兵器として要求される99％から99.5％もの信頼性の維持、そして核弾頭の安全性に対する検証の必要性など、合計で九つの項目を挙げて、米国にとって核実験が必要であることを論じた[511]。これらの議論の

第93号（2006年）、17頁。

[508] Baker Spring, "The Comprehensive Test Ban Treaty and U.S. Nuclear Disarmament," Backgrounder #1330 on Missile Defense, October 6, 1999, www.heritage.org/research/reports/1999/10/the-test-ban-treaty-and-nuclear-disarmament.

[509] Nancy W. Gallagher, "Re-thinking the Unthinkable: Arms Control in the Twenty-First Century," *Nonproliferation Review*, Volume.22, Number 3-4, September-December 2015, pp.477.

[510] Helen Dewar and Roberto Suro, "Senate Conservatives to Demand Test Ban Vote: Defense Secretary William Cohen Testifies before the Senate Armed Services Committee on Wednesday (Reuters)," *Washington Post*, October 7, 1999, www.washingtonpost.com/wp-srv/politics/daily/oct99/senate7.htm.

[511] Baker Spring, "The Comprehensive Test Ban Treaty and U.S. Nuclear Disarmament," Backgrounder #1330 on Missile Defense, October 6, 1999, www.

第 7 章　CTBT 発効の見通し

ほかに，CTBT に対する批判を米国議会調査局が取りまとめたところでは，米国の核抑止力は核拡散を思いとどまらせるのに有効な切り札であるのに対して，CTBT は NPT と同様に，核拡散を阻止する有望な手立てにはならず，寧ろ国際安全保障上，紛争を抑止する役割を担う核兵器への確信を低減させ，その将来にわたる信頼性や安全性を損ないかねないとの指摘があった[512]。また，確信犯的な国の核兵器開発を CTBT が阻止することは困難であり，CTBT の検証制度には抜け道もあることから，他国で核実験が秘密裏に実施された場合，米国は安全保障上，深刻な損害を被るであろうなどといった議論が紹介されている[513]。

なお，こうした CTBT の批准反対を巡る議論に関連して，1998 年 8 月，ロシアによる極低出力の核実験と思しき事象が米国で観測され，一時騒然となったことがあった。このとき，CIA が検討した結果，観測された事象が核実験なのか，それとも大規模な化学的爆発なのかをデータだけでは判別できないとの結論に達している[514]。また，この事象との関連で，米ロ間では核爆発にかかる「ゼロイールド」の解釈に差異が生じているとの議論も沸き起こった[515]。折しも整備が始まった IMS ネットワークの，よりグローバルな核実験監視網への期待が大きく高まるなか，CTBT 推進派からも，極低出力の核実験の探知に検証技術上の限界が残っているとなると，CTBT 批准に否定的な共和党の議論に却って油を注ぐのではないかとの懸念が生じた[516]。

いずれにしても，CTBT の早期発効に向けて関心国が外交努力を展開し，さらに 2000 年の NPT 運用検討会議に向けて，N5 による核軍縮努力が一層進

---

heritage.org/research/reports/1999/10/the-test-ban-treaty-and-nuclear-disarmament.
(512)　Jonathan Medalia, "Comprehensive Test Ban Treaty: Pro and Con," *CRS Report for Congress*, June 28, 2005, fpc.state.gov/documents/organization/50255.pdf, pp.2-4.
(513)　Jonathan Medalia, "Comprehensive Nuclear-Test-Ban Treaty: Issues and Arguments," *CRS Report for Congress*, March 12, 2008, www.ctbto.org/fileadmin/user_upload/pdf/External_Reports/RL34394.pdf, pp.26-27.
(514)　Roberto Suro, "CIA is Unable to Precisely Track Testing," *Washington Post*, October 3, 1999, www.washingtonpost.com/wp-srv/national/daily/oct99/nuclear3.htm.
(515)　Jonathan Medalia, "Comprehensive Nuclear Test-Ban-Treaty: Issues and Arguments," *CRS Report for Congress*, March 12, 2008, pp.20-21.
(516)　Ibid.

1　CTBT 発効要件国としての米国

展することへの期待感が盛り上がるなか，米国上院の CTBT 批准否決が国際社会にもたらした衝撃は大きかった。続くブッシュ（George W. Bush）政権下では，CTBT 批准を巡って，上院での再審議は一切行わない方針であるとの声明が発せられ[517]，CTBT が米国の安全保障上の利益にならないとの認識が公言されたのに加えて，核実験のモラトリアムは維持されたものの，条約の発効促進関連の活動（CTBT 発効促進会議）はボイコットされた[518]。ブッシュ政権期の米国の軍備管理政策は，対弾道ミサイル・システム制限（Anti-Ballistic Missile: ABM）条約の破棄や，7年にわたる生物兵器禁止条約（Biological Weapon Convention: BWC）検証議定書の策定努力を否定したことに端的に象徴されるように，公式な軍備管理合意や，大量破壊兵器の不拡散を担う国際機関の有効性への不信感が先に立つものであった。その結果，米国一国主義的な行動と有志連合によって，大量破壊兵器能力獲得を狙う体制や非国家主体を挫折させ，懲罰を加え，恥をかかせ，そして除去することに米国は躍起になった[519]。他方，核実験の「セーフガード」を見直し，核実験の再開までのリードタイムを，従来の24－36ヶ月から18ヶ月へと大幅に短縮することが目指されたほか，新たに核実験を行う必要性を低減する効用もあるとして，信頼できる代替核弾頭（Reliable Replacement Warhead: RRW）開発計画が持ち上がった[520]。

一方，米国と CTBT との関係では，より劇的な変化が生じた。2001年8月には，CTBTO 準備委員会会合の場で，IMS，IDC 及びグローバル通信基盤（GCI）からなる核実験監視網以外の検証措置（※即ち OSI の制度整備）には，米

---

[517] Daryl Kimball, "Fact Sheet & Briefing: Nuclear Testing and Comprehensive Nuclear Test Ban Treaty (CTBT)," Arms Control Association website, September 2016, www.armscontrol.org/factsheets/Nuclear-Testing-and-Comprehensive-Test-Ban-Treaty-CTBT-Timeline.

[518] "1999-2002: The United States and the CTBT," CTBTO Preparatory Commission website, www.ctbto.org/the-treaty/developments-after-1996/1999-2002-the-united-states-and-the-ctbt/.

[519] Wade Boese, "President George W. Bush," *Arms Control Today*, January 1, 2004, www.armscontrol.org/act/2004_01-02/Bushbio.

[520] 梅本哲也「米国核政策の展開」浅田正彦，戸崎洋史（編）『核軍縮不拡散の法と政治――黒澤満先生退職記念』信山社，2008年，151頁。

第 7 章　CTBT 発効の見通し

国として分担金を一切支出しない旨，宣言した(521)。この背景には，米国が単独では設置できない場所でも，暫定運用下の IMS ならば観測施設の設置が可能であり，それらは同国の NTM とあわせて，他国の核実験の遠隔監視に有効活用できる(522)恰好のツールだとの認識があった。逆に，OSI は条約の発効が前提となる検証制度であり，CTBT の批准を拒否している米国として支持する理由がないことが指摘された(523)。

当時，ブッシュ政権下の米国の CTBT 離れをして，同条約を死文化させようとする政治姿勢への批判(524)や，CTBT のみならず，NPT 体制自体が動揺することへの懸念(525)が噴出した。しかしながら，ブッシュ政権期の米国政治で CTBT が完全に否定された訳ではなかった。世界中の人々が耳を澄ませて話を聞こうとするような，影響力ある話し手による，時宜を得た鋭い声明として話題になった，米国政治の重鎮達であるシュルツ（George Shultz），ペリー（William J. Perry），キッシンジャー（Henry Kissinger）とナン（Sam Nunn）ら「四賢人」の小論文「核兵器のない世界（"A World Free of Nuclear Weapons"）」(526)は，死文化が懸念されていた CTBT を改めて議論の俎上に載せた。「四賢人」は，CTBT が NPT を強化し，国際的な核関連の監視活動を支えるものだとして，発効に向けて必要な手立てをとるべきだと提言するとともに，違法な地下核実験が行われた場所を同定する IMS 及び，米国の核兵器の備蓄管理技術に

---

(521) "Statement by Ambassador Stephen J. Ledogar (Ret.) Prepared for the U.S. Senate Foreign Relations Committee Hearing on the CTBT," October 7, 1999, www.fas.org/nuke/control/ctbt/text/100799ledogar%20.htm.

(522) Daryl Kimball, "Maintaining U.S. Support for the CTBT Verification System," Paper presented at the VERTIC Seminar, Vienna, Austria, March 18, 2002, www.armscontrol.org/aca/ctbtver.asp.

(523) "Comprehensive Nuclear Test Ban Treaty," NTI website, April 1, 2003, www.nti.org/analysis/articles/comprehensive-test-ban-treaty/.

(524) Mitsuru Kurosawa, "Nuclear Disarmament: From the 20th Century to the 21st Century," in Wade L. Huntley, Mitsuru Kurosawa and Kazumi Mizumoto, eds., *Nuclear Disarmament in the Twenty-First Century*, Hiroshima Peace Institute, 2004, p.18.

(525) Thomas Graham Jr. and Lawrence Scheinman, "Non-Proliferation and the Test Ban Treaty," Center for Nonproliferation Studies website, cns.miis.edu/research/testban/np_tbt.htm.

(526) 一政祐行「用語解説：核兵器の無い世界」日本国際問題研究所 web サイト，2009 年，www2.jiia.or.jp/RESR/keyword_page.php?id=74。

ついて，CTBT のもとでの高い信頼性や安全性，有効性を維持するべく，過去 10 年間の成果を超党派でレビューするよう提案した(527)。CTBT に関する提案も含めて，「四賢人」の核兵器のない世界に関する声明は，米国のみならず世界的な反響をもたらした(528)。

そして，その後，核兵器のない世界を掲げたオバマ大統領が登場すると，CTBT や軍備管理・軍縮に対する米国の風向きは大きく変わることになる。オバマ大統領の 2009 年のプラハ演説では，ブッシュ政権期から一転して，グローバルな核実験の禁止に向けて，緊急かつ集中的に米国としての CTBT 批准を追求する旨明言された(529)。また，オバマ政権 1 期目の 2010 年に米国国防省が発表した「核態勢見直し（Nuclear Posture Review: NPR）報告」では，①米国の CTBT 批准は中国を含めた他の諸国の批准及び条約の早期発効を促すものとなり，②NPT 未加盟国に対しては，NPT 上の核兵器国が牽引する従来の自発的な核実験モラトリアムをより正式なものとすることで，これらの国々の安全保障戦略における核兵器の重要性を低減させ，それによって戦略的安定の向上に資する旨指摘した(530)。また，ブッシュ政権期に推進された RRW は，2010 会計年度に関連予算が計上されず，実質的に頓挫した(531)。あわせて，核弾頭の寿命延長計画（Life Extension Program: LEP）の延長線上にある，より財

---

(527) George P. Shultz, William J. Perry, Henry A. Kissinger and Sum Nunn, "Toward a World without Nuclear Weapons," NTI Nuclear Security Project website, www.nti.org/media/pdfs/NSP_op-eds_final_.pdf?_=1360883065, p.8. なお，「四賢人」はその後，2008 年に「核兵器のない世界に向けて（Toward a Nuclear-Free World）」，2010 年の「いかに我々の核抑止力を守るか（How to Protect Our Nuclear Deterrent）」，2011 年の「核拡散の時代における抑止（Deterrence in the Age of Nuclear Proliferation）」を *Wall Street Journal* 誌上で立て続けに発表している。

(528) Brad Roberts, *The Case for U.S. Nuclear Weapons in the 21st Century*, Stanford University Press, 2016, p.27.

(529) Remarks by President Barack Obama in Prague as Delivered, The White House, Office of the Press Secretary, April 5, 2009, obamawhitehouse.archives.gov/the-press-office/remarks-president-barack-obama-prague-delivered.

(530) U.S. Department of Defense, "Nuclear Posture Review Report 2010," April 2010, www.defense.gov/Portals/1/features/defenseReviews/NPR/2010_Nuclear_Posture_Review_Report.pdf, p.13.

(531) 劔持暢子「米国の備蓄核兵器に関する一考察」『防衛研究所紀要』第 13 巻第 2 号，2011 年 1 月，105 頁。

第 7 章　CTBT 発効の見通し

政的に強化された SSP の下で，核兵器の備蓄運用計画（Stockpile Management Program: SMP）が打ち出され，LEP が RRW に取って代わることになった[532]。同政権が 2 期目に入って以降，2013 年のベルリンにおけるオバマ大統領の演説においても，CTBT 発効促進の重要性は改めて強調された[533]。

　こうした一方で，オバマ政権では CTBT の検証制度に対する様々な梃子入れが行われ，なかでも OSI への米国の回帰は顕著であった。2014 年に CTBTO 準備委員会・暫定技術事務局によってヨルダンで実施された IFE14 には，米国エネルギー省，LANL，サンディア，ローレンスリバモア（LLNL），パシフィックノースウェストの各国立研究所から専門家が参加した[534]。これは，ブッシュ政権期に米国が OSI 分野から撤退し，選別的な検証制度への関与策をとったことからすれば，対照的な措置であった。また，2016 年 5 月には米国国立ネバダ安全保障サイト（Nevada National Security Site: NNSS）に各国の CTBT・OSI 関連技術の専門家らが招聘され，NNSS で過去に行われた地下核実験の痕跡・指標が公開された[535]。また，NNSA では核実験探知のための震源物理学的実験を実施し，その成果を各国と共有する[536]など，実質的な意味での CTBT の検証制度へのインプットが行われた。

　オバマ政権期の米国では，CTBT 批准推進派も様々な論拠を挙げて，同条約発効のメリットを説いた。コリーナとキムボール（Tom Z. Collina and Daryl

(532) 福井康人「備蓄弾頭維持管理計画（SSMP）──核抑止力維持と核軍縮推進の狭間で──」『外務省調査月報』2010 年, No.4, www.mofa.go.jp/mofaj/press/pr/pub/geppo/pdfs/10_4_1.pdf, 10-11 頁。
(533) "Transcript of Obama's Speech in Berlin," *The Wall Street Journal*, June 19, 2013, blogs.wsj.com/washwire/2013/06/19/transcript-of-obamas-speech-in-berlin/.
(534) "DOE/NNSA Participates in Large-Scale CTBT On-Site Inspection Exercise in Jordan," National Nuclear Security Administration website, November 28, 2014, nnsa.energy.gov/blog/doennsa-participates-large-scale-ctbt-site-inspection-exercise-jordan.
(535) "NNSA hosts international CTBT on-site inspection experts at Nevada National Security Site," National Nuclear Security Administration website, May 26, 2016, nnsa.energy.gov/blog/nnsa-hosts-international-ctbt-site-inspection-experts-nevada-national-security-site.
(536) "Los Alamos Staff Help Improve U.S. Capability to Detect Underground Nuclear Explosions," Los Alamos National Laboratory website, May 17, 2016, www.lanl.gov/discover/news-stories-archive/2016/May/underground-nuclear-explosions.pdf.

G. Kimball) は、米国の核戦力を維持するために核実験は必要ないこと、CTBT の検証能力は条約違反の探知に十分なものであること、そして米国の条約批准が他の発効要件国に与える影響が極めて大きいことなどを指摘している(537)。ルフト（Edward Lfft）は、CTBT の地震学的な遠隔監視が 100％ 確実に核爆発と化学的爆発を識別することができないとして、条約違反の行為に対して IMS の監視技術が必ずしも確実な検証手段とは言えないことから、核実験が実施された証拠を直接押さえられる OSI こそ重要だと強調し、CTBT の発効促進は急務だと説いている(538)。2012 年の NRC 報告は、IMS ネットワークが米国独自の NTM では得られない重要なデータを提供している(539)こと、洗練度の低い核兵器開発においては、CTBT が存在しようとしまいと関係のない局面は確かにあるものの、そうした核兵器の脅威に対して、米国が核実験を再開してまで挑み返す必要はない(540)ことを挙げた。そのうえで、米国は CTBT が発効しようがしまいが、IMS とその運用、訓練および維持に対する支援を行う必要がある(541)と指摘している。この点について、NAS の 2002 年の報告では、当時既に地下核実験の再開自体、備蓄核兵器の健全性を推し量るのには不適切な手段であり、SSP に地下核実験が新たに追加する技術的利点は存在しないと断言していた(542)。NAS 報告から 10 年を経て発表された NRC 報告は、科学的根拠を示した上で、CTBT の検証インフラが有する核実験探知能力の評価から、（次節で述べるとおり）備蓄核兵器の信頼性を維持するための SSMP や LEP の成果と課題に対する分析まで含めて、改めて米国の CTBT 批准を実

---

(537) Tom Z. Collina and Daryl G. Kimball, "Now More Than Ever: The Case for the Comprehensive Nuclear Test Ban Treaty," *Arms Control Association Briefing Book*, February 2010, www.armscontrol.org/system/files/ACA_CTB_Briefing_Book.pdf.

(538) Edward Lfft, "On-Site Inspections Under the 1996 Comprehensive Nuclear Test Ban Treaty (CTBT): Technical Considerations," *VERTIC Occasional Papers*, December 2009, www.vertic.org/media/assets/Publications/CTBT%20OP2.pdf.

(539) National Research Counsil of the National Academies, *The Comprehensive Nuclear Test-Ban Treaty Technical Issues for the United States*, National Academy Press, 2012, p.1.

(540) Ibid., p.2.

(541) Ibid., p.6.

(542) National Academy of Science, *Technical Issues related to the Comprehensive Nuclear Test Ban Treaty*, National Academy Press, 2002, pp.21-22.

第 7 章　CTBT 発効の見通し

質的に後押しする内容であったと言えよう。

　いずれにしても，核兵器のない世界という高邁な理念が語られるなか，ブッシュ政権期に蔓延した NPT 体制の動揺であるとか，死文化が狙われる CTBT といった懸念は，オバマ政権下で払拭されたかのように見えた。しかし，共和党と民主党の議席数が「捻れた」上院において，CTBT 批准に向けたイニシアティブが実を結ぶことは遂になかった。オバマ大統領の 2 期目の任期も残すところ数ヶ月となった 2016 年 9 月には，国連総会第一委員会のタイミングで，米国主導で CTBT の早期発効を呼びかける安保理決議第 2310 号が採択された（決議第 2310 号については，第 8 章で詳述する）[543]。同決議は多数の支持を得ており，実際に CTBT 発効促進のモメンタムを高めるのにも寄与するであろう。しかし，決議第 2310 号が米国の CTBT 批准に取って代わる訳ではなく，また同決議の採択を端緒に，中国や他の発効要件国が新たに CTBT の署名・批准へと動き出した訳でもない。署名開放後 20 年以上を経た CTBT に対して，N5 とイコールである P5 が足並みを揃え，CTBT 発効促進の政治的意思を表明したことには一定の意義が見いだせる一方で，発効要件国の批准状況が改善されない限り，CTBT が日の目を見ることはないとの事実には，何らの変化も生じてないことは指摘せねばならないだろう。そして，そうした発効要件国のなかでも，一挙手一投足が注目されてきた CTBT 発効の鍵となる国は，依然として米国であることに変わりはないのである。

(2)　備蓄核兵器の信頼性維持と核実験再開に向けた「セーフガード」

　1993 年，米国で核兵器の備蓄管理に関する大統領令（PDD/NSC-15）[544]が発せられた際，24－36ヶ月間のリードタイムのもとで，核実験を再開できる待機能力を維持するための「セーフガード」も導入された。翌 1994 年，クリントン政権下で備蓄核兵器の性能維持を目的とした，SSP が議会に承認され，核

---

[543]　"Adopting Resolution 2310 (2016), Security Council Calls for Early Entry into Force of Nuclear-Test-Ban Treaty, Ratification by Eight Annex 2 Hold-Out States," UN Security Council 7776th Meeting, September 23, 2016, www.un.org/press/en/2016/sc12530.doc.htm.

[544]　"Presidential Dicisive Directive / NSC-15," White House, November 3, 1993, fas.org/irp/offdocs/pdd/pdd-15.pdf.

1　CTBT 発効要件国としての米国

実験モラトリアムの維持とともに、将来の CTBT 批准を見据えた基礎が整った。SSP を担う機関の一つである LANL では、SSP をして「科学的基盤に基づく備蓄管理計画」と呼び、ごく小規模な物理実験と理論分析とを組み合わせて、核爆発やその流体力学的な性質、材料挙動に対する科学者の理解を深め、より精緻な核兵器物理モデルの開発を実現できるとした[545]。第 1 章で検討してきたように、米国にとっても、元来は核実験こそ核兵器の開発を行う土台であり、かつ、その安全性や信頼性を確認する手段であったことを踏まえれば、これは歴史的な転換だと言ってよかった。そして、SSP のもとで LEP が実施されるようになると、核実験を行うことなく、備蓄された核兵器の安全性、セキュリティ及び信頼性を確実なものとすることが現実の課題となった。

2001 年のブッシュ政権期の「NPR 報告」では、「セーフガード」に関連して核実験再開までの期間を短縮できるよう、待機能力の強化に言及があった[546]。しかし、2009 年の米国エネルギー省会計検査報告では、予算縮減の影響により、核実験再開の待機能力は質的低下を余儀なくされていると指摘[547]している。

オバマ政権期に発表された 2010 年の「NPR 報告」では、安全で信頼性ある核弾頭の維持・認証を行い、オリジナルに近い形で核弾頭の刷新（refurbish）を行うとの SSP の役割を確認した。そして、既存の核弾頭の寿命延長を行うべく、先々の核不拡散も睨んだ 30 年後までの見通しを述べた[548]。その一方で、2010 年の「NPR 報告」では核実験再開にかかる「セーフガード」には一切言

---

[545] Raymond J. Juzaitis, "Science-Based Stockpile Stewardship An Overview," *Los Alamos Science*, November 28, 2003, permalink.lanl.gov/object/tr?what=info:lanl-repo/lareport/LA-UR-03-5302, p.34.

[546] Amy F. Woolf, "The Nuclear Posture Review: Overview and Emerging Issues," *CRS Report for Congress*, January 31, 2002, www.dtic.mil/dtic/tr/fulltext/u2/a477933.pdf, pp.5-6.

[547] U.S. Department of Energy, Office of Inspector General Memorandum, "Audit Report No. OAS-L-10-02: Report on the 'Follow-up Audit of the Test Readiness at the Nevada Test Site," U.S. Department of Energy website, October 21, 2009, energy.gov/sites/prod/files/igprod/documents/OAS-L-10-02.pdf, p.3.

[548] "Nuclear Posture Review Report," U.S. Department of Defense website, April 2010, www.defense.gov/Portals/1/features/defenseReviews/NPR/2010_Nuclear_Posture_Review_Report.pdf, p.xiv.

第 7 章　CTBT 発効の見通し

及がなされなかった。

　SSP における中核的な要素とは，安全性，信頼性，人材の確保，備蓄監視，核兵器サブシステムの再加工能力，非核コンポーネントの開発と製造，核兵器設計能力の維持などであるが，なかでも核兵器の非核コンポーネントとは，備蓄核兵器の信頼性維持を目的とした経年状況の調査や，故障部品の検証の対象として重要視される[549]。こうした SSP にかかる技術の発展には，LEP の導入から 10 年余を経た 2007 年の JASON 報告で，プルトニウムピットの寿命は最低でも 85 年から 100 年あると評価されたことが大きかった。核弾頭プライマリのピットの寿命について，特にプルトニウムの経年劣化の観点から包括的な調査を実施した JASON[550]とは，1960 年に発足して以来，米国の軍事科学技術について活動する専門的な独立諮問組織である。もともと核弾頭のピットの寿命を巡っては，NNSA の支援のもとに，LANL 及び LLNL が過去の地下核実験アーカイブと実験室レベルでの実験，そしてコンピュータシミュレーションに基づき，プルトニウムの老朽化が核兵器システムに及ぼす影響を巡る余裕と不確実性の定量化（Quantification of Margins and Uncertainty: QMU）分析を行っていた。これに対して，JASON による調査結果では，大多数の種類の核弾頭プライマリにおいて，その耐用年数が 1 世紀に及ぶことが指摘されたばかりでなく，プルトニウムの老朽化が核弾頭プライマリのパフォーマンスに影響を及ぼすとする，LANL や LLNL の分析結果を裏付ける証拠は見つからなかったことが明らかにされた[551]。さらに 2012 年の NRC 報告によれば，JASON 報告が明らかにした上記のプルトニウムピットの寿命に関するアップデートに加えて，核兵器の設計や備蓄を巡る問題に対して，ペタ級の処理能力を持つ高性能なコンピュータと優れたアプリケーションが利用可能になったこと，国立点火施設（National Ignition Facility: NIF）の完成や，メガジュール規模の大型レーザー実験施設の導入，二軸 X 線流体力学的な実験にかかる施設

---

[549] National Academy of Sciences, *Technical Issues Related to the Comprehensive Nuclear Test Ban Treaty*, National Academy Press, 2002, pp.25-28.

[550] "JASON Defense Advisory Panel Reports," FAS website, fas.org/irp/agency/dod/jason/.

[551] R. J. Hamley, et. al., "JSR-06-335 Pit Lifetime," The MITRE Cooperation JASON Program Office website, July 11, 2007, fas.org/irp/agency/dod/jason/pit.pdf, pp.1-2.

(Dual-Axis Radiographic Hydrodynamic Test Facility: DARHT) やマイクロシステム・エンジニアリング科学応用施設（Microsystem and Engineering Sciences Application Facility: MESA）などのSSP関連の研究施設の設置などがそれぞれ貢献したとされている[552]。これらの取り組みに関連して，実証研究，設計・モデリング及びシミュレーション，そして核兵器の製造がパンテックス（Pantex）やY-12，LANLやLLNL，サンディアといった核関連施設や国立研究所で実施されている。これらに対する予算的手当や人的基盤の維持などで課題はある[553]一方で，核弾頭の信頼性維持にかかる取り組みは，技術的見地からも概ね評価されている[554]と言ってよいであろう。

SSPやLEPが20年に及ぶ実績を積み重ねる一方で，核実験の再開に備えた「セーフガード」も同時に存続していることは，動かしようのない事実である。そして，この「セーフガード」が予算縮減のなか，1992年以降に雇用された核実験の実施経験のない科学者や技術者らによって担われていることもまた，米国が直面している現実である[555]。米国の場合，現在保有している核弾頭は，古いもので1970年（W62核弾頭），最も新しいものでも1996年（B61核弾頭）に備蓄が開始されており，前者はまもなく備蓄開始から50年を迎えようとしている。冷戦期以来の小型軽量化が突き詰められ，マージンが少ない窮屈な設計がなされた従来型の米国の核兵器は，技術的な問題発生の確率が高く，品質管理にかかるコストも高いとされる。ブッシュ政権期にRRWが提唱された背景の一つとなったこれらの課題[556]は，核兵器の開発や組み立てに関わる人的資源の手当とともに，SMPにおいても依然重要なチャレンジであり続けている。

---

(552) National Research Council of the National Academies, *The Comprehensive Nuclear Test Ban Treaty Technical Issues for the United States*, National Academies Press, 2012, p.17.
(553) Ibid., pp.16-19.
(554) Ibid., pp.20-29.
(555) Dakota L. Wood, ed., "2017 Index of U.S. Military Strength," Davis Insititute for National Security and Foreign Policy, The Heritage Foundation website, 2016, ims-2017.s3.amazonaws.com/2017_Index_of_Military_Strength_ASSESSMENT_MILITARY_NUCLEAR.pdf, pp.337-338.
(556) 太田昌克『アトミック・ゴースト』講談社，2008年，208-209頁。

第7章　CTBT発効の見通し

　近い将来，米国が核実験を巡る「セーフガード」を行使し，ネバダ核実験場で核実験を再開する可能性を予見することは容易ではない。しかし，こうした核実験再開論が米国国内に根強く存在しているのも事実である。近年の米国における核実験再開論として，モンロー（Robert Monroe）退役海軍中将による提言[557]は，具体的で興味深い内容となっている。モンローは，コンピュータシミュレーションは完全に核爆発を複製できるものではなく，また25年にわたる核実験モラトリアムによって核実験を知悉した技術者や科学者の多くが現役を退き，後継者の養成もままならないとの前提に立ち，①トライデント（SLBM）用W76核弾頭，②ミニットマンⅢ（ICBM）用のW78核弾頭，③欧州NATO諸国に配備している戦術核B61核爆弾について，それぞれ製造年月日の最も古いものからランダムに核爆発実験を行い，信頼性を検証すべきと指摘する[558]。その上で，④ロシアが先行する核融合技術にキャッチアップするために低出力の核実験を行うこと，⑤地中深くの硬化目標の破壊を目的に，残余放射能を低減した核兵器の設計・生産のための核実験を行うこと，⑥頓挫したRRWの後継として，高核出力の戦略抑止兵器の設計・開発のための核実験を行うこと，⑦生物・化学兵器の破壊に用いるのに最適な核兵器を設計するための核実験を行うこと，⑧万が一，米国の核兵器が盗取された場合に，それがいかなる敵であろうとも起爆ができないようにする先進的なセキュリティシステムの開発のための核実験をそれぞれ行うことを論じている[559]。

　核実験再開にかかるモンローの主張について，その①から③は，既存の核弾頭が争点であり，即ちSMPやLEPをどこまで信頼するかにかかっている。しかし前述したとおり，既に2002年のNAS報告によって地下核実験に対するSSPの優位性は明らかにされている。他方，④から⑦の論点は，いずれも新型核兵器の開発・製造に関わる問題であり，1992年以来の核実験モラトリアムを撤回するという，政治的にも大きな舵切りが要求されることになる。

---

[557]　Robert Monroe, "Facing the grave nuclear risk: America must resume underground nuclear testing," *Washington Times*, January 26, 2017, www.washingtontimes.com/news/2017/jan/26/america-must-resume-underground-nuclear-testing/.
[558]　Ibid.
[559]　Ibid.

2012年のNRC報告は，米国にとって核実験の再開で達せられる目的について，(ア)核実験によってのみ確認可能な新たな技術的特性を持つ兵器を開発すること，(イ)核兵器の備蓄に関わる問題の確認や，解決策の認証を行うこと，(ウ)技術的な奇襲として他国のとった行動（他国による核実験を指す）の理解を確実なものにすること，(エ)安全手順を検証することの4点であると指摘している[560]。これら(ア)から(エ)のいずれも，モンロー提案がある種の合理性のもとに，核実験の再開を訴えていることを示していると言えよう。他方，これは言わずもがなであるが，モンローによる論点の④から⑦を実行に移すことは，すなわち対外的にCTBTの価値を毀損する政治的行為であり，他のN5諸国のCTBT離れを促す可能性が高い。無期限延長されてから25年を迎えようとするNPT体制のもとで，核兵器廃絶に向けて誠実に交渉を行うN5の核軍縮義務と引き換えの核不拡散の「グランドバーゲン」[561]を受け入れた非核兵器国の行動にも，少なからぬ影響が及ぶであろう。無論，2017年に国連で採択された核兵器禁止条約の支持国や，市民社会から強い反発や批判を受けるであろうことも，想像に難くない。こうした様々な影響を考慮せずして，新型の核兵器開発を行うことにどれだけのメリットや必然性があるかは，米国国内でも慎重に検討されねばならないだろう。

　さらに付言するならば，1996年にCTBTが署名開放された時点を以て，N5諸国は新型核兵器の開発に大きな掣肘を受けることを相互に甘受すると暗に合意したのではなかったのだろうか。そして，かかる合意を米国が破れば，N5諸国はもとより，インドやパキスタンの核実験モラトリアムも立て続けに失われる可能性を考慮せねばならなくなる。また，北朝鮮の核実験に対する国際社会の批判も，そのトーンが下がるのは不可避だと言わざるを得まい。このように，一度定めた原理原則を曲げて，新たに核実験を再開しようというのであれば，相応のリスクとコストを負う覚悟が要求されるのは，本来無理からぬこと

---

(560) National Research Council of the National Academies, *The Comprehensive Nuclear Test Ban Treaty: Technical Issues for the Untied States*, National Academies Press, 2012, p.30.
(561) 秋山信将「核兵器不拡散条約（NPT）の成り立ち」秋山信将（編）『NPT核のグローバル・ガバナンス』岩波書店，2015年，21-22頁。

第 7 章　CTBT 発効の見通し

である。

　しかし，核実験のモラトリアムが米ロ双方から宣言され，核軍縮への議論に弾みがつき，CTBT 交渉が妥結した冷戦終結後の 1990 年代から既に 20 年余が経過した。ロシアがクリミア併合の際に核兵器の展開を示唆し，中国が戦略核及び戦術核の近代化を加速させ，北朝鮮が米国に到達可能な ICBM 開発に邁進し，また水爆実験と主張する核実験を繰り返すなか，米国を巡る安全保障環境も大きく変動している。こうしたなかで，モンローの指摘するような核実験再開論がより多くの理解を集めてゆく可能性は，多分にあると言わざるを得ないであろう。また，こうした核実験再開論ほど直裁的でなくとも，CTBT を批准せず，戦略的予備としての核実験再開オプションである「セーフガード」を保持・強化すべきという議論は，米国においても根強い。その一方で，核実験再開に対して依然として強い政治的な抵抗があり，米国の CTBT 批准を訴える動きが見られることもまた事実である。そして，こうした米国国内での議論に高い透明性があるからこそ，その他の発効要件国，とりわけ米国の CTBT 批准を条件に自国の批准を考慮しようとする国々の動向が著しく停滞して見えるのは，ある種の皮肉だと言えよう。

2　その他の発効要件国の姿勢

　本書執筆時点で CTBT 附属書二の発効要件国のうち，未署名・未批准国は米国も含めて 8 カ国のみである。これら 8 カ国を地域別に分類すると，以下のとおりとなる[562]。

表 8：未署名・未批准の CTBT 発効要件国の地域分布

北東アジア地域	北朝鮮（未署名・未批准），中国（未批准）
中東・南アジア地域	イスラエル（未批准），イラン（未批准），インド（未署名・未批准），パキスタン（未署名・未批准），エジプト（未批准）
北米・西欧地域	米国（未批准）

（筆者作成）

---

[562]「CTBT 署名・批准——地域別の状況」外務省 Web サイト，2016 年 9 月，www.mofa.go.jp/mofaj/files/000021240.pdf。

2 その他の発効要件国の姿勢

　ここから明らかなように，CTBTを署名・批准完了していない発効要件国の大半（5ヵ国）は中東・南アジア地域に固まっている。2016年1月，CTBTO準備委員会・漸定技術事務局のゼルボ事務局長は，イランの核問題を巡る2015年のJCPOAの成立を踏まえて，イランとイスラエルがともに政治的リーダーシップをとってCTBTを批准すべき好機が到来したこと，さらに両国の批准達成はエジプトの批准を促し，以て中東非核実験地帯（middle east nuclear test free zone）の将来の設置に期待がかかる旨の談話を発表した[563]。また，CTBTO準備委員会・暫定技術事務局でかつて行財政局長を務めたコーエン（Pierce S. Corden）が2014年に発表した論文のなかで，米中両国は中東や南アジア地域で批准の動きが生じる前に，自らCTBT批准を行う可能性があること，中東地域ではイランの核問題の解決，地域の安全保障環境の安定化，そしてイスラエルの役割の変化がCTBT批准に向けた域内発効要件国間の行動を占う鍵であることなど，それぞれの発効要件国の間に存在する政治的リンケージの存在を指摘している[564]。

　こうした議論がある一方で，インドやパキスタンが核実験モラトリアムから一歩進んでCTBTに署名・批准する動きが生じている訳ではない。北朝鮮も核兵器開発を急加速させるなか，包括的な核実験の禁止に同国がコミットするとは考えにくい状況が続いている。以下，これらの点も踏まえて，米国以外のCTBT発効要件国の置かれた状況について若干の考察を試みたい。

⑴　イスラエル，エジプト，イラン

　イスラエルは，1996年9月25日にCTBTを署名しているが，本書執筆時点で未批准である。同国には2ヵ所の補助的地震観測施設（Eilath, AS048; Mount Meron, AS049）に加えて，放射性核種実験施設（Soreq Nuclear Research Centre Yavne, RL09）が置かれ，これらの全てについて，CTBTO準備委員会

---

(563) CTBTO News Room, "UN Official: Iran, Israel could Ratify Nuke Test Ban Treaty (AP)," January 29, 2016, newsroom.ctbto.org/2016/01/29/un-official-iran-israel-could-ratify-nuke-test-ban-treaty-ap/.
(564) Pierce S. Coden, "Histrical Context and Steps to Implement the CTBT," in Mordechai Melamud, Paul Meerts and I. William Zartman, eds., *Banning the Bang or the Bomb?* Cambridge University Press, 2014, p.27.

第 7 章　CTBT 発効の見通し

との施設合意（facility agreement）が 2014 年 2 月 20 日を以て締結済みとなっている[565]。イスラエルは核実験監視技術，とりわけ地震学的な検証技術について，多年にわたって米国 LLNL との共同研究を実施し，成果を上げてきたことで知られている[566]。また，イスラエルが OSI の整備に関心を寄せてきたことも，既に言及したとおりである。なお，2015 年にイスラエルのザファレイ・オディズ（Merav Zafary-Odiz）大使が述べたところでは，同国として CTBT の批准に向けてコミットしている一方で，中東地域の政治的なリアリティ，CTBT の検証制度を巡る懸念，条約発効後の政策意思決定における平等性への不安（執行理事会メンバーの構成問題）などから，条約批准の時期が定まらないとしている[567]。

　一方，エジプトは 1996 年 10 月 14 日に CTBT を署名しているものの，本書執筆時点でやはり批准の動きはない。同国は補助的地震観測施設（Kottamya, AS029）及び主要地震観測所（Luxor, PS16）の二つの IMS 設置を設置予定としているが，これらに関する CTBTO 準備委員会との施設合意は未締結である[568]。2012 年の CTBT 発効促進会議において，エジプトは CTBT 批准には直接言及しないまでも，中東地域において唯一 NPT を批准していない国としてイスラエルを暗に批判したほか，CTBT 発効促進と平行して，シャノンマンデートに基づいた兵器用核分裂性物質生産禁止条約（Fissile Material Cut-off Treaty: FMCT）の早期交渉開始の重要性を指摘した[569]。これらは，いずれも

---

[565] "Country Profile: Israel," CTBTO Preparatory Commission website, www.ctbto.org/the-treaty/country-profiles/?country=84&cHash=f1079edd1136fbdc7341acd9b5db86bb.

[566] Arnie Heller, "Dead Sea Explosions Trigger International Cooperation," Lawrence Livermore National Laboratory website, str.llnl.gov/str/pdfs/03_00.3.pdf.

[567] Mary Beth D. Nikitin, "Comprehensive Nuclear-Test-Ban Treaty: Background and Current Developments," *CRS Report for Congress*, September 1, 2016, fas.org/sgp/crs/nuke/RL33548.pdf, pp.13-14.

[568] "Country Profile: Egypt," CTBTO Preparatory Commission website, www.ctbto.org/the-treaty/country-profiles/?country=54&cHash=653d3fa82ea07d20ce309b24d2d41e77.

[569] Statement by the Delegation of the Arab Republic of Egypt before the Conference on Facilitating the Entry into Force of the Comprehensive Nuclear-Test-Ban Treaty (CTBT), New York, September 23, 2011, www.ctbto.org/fileadmin/user_

NPT に加盟することなく，核兵器を保有するイスラエルを問題視した政治的な鞘当てだと見なされている(570)。こうした背景に鑑みれば，イスラエルが CTBT を批准しない状況で，エジプトが先んじて批准を行う可能性は低い状況にあると言えよう。

イランは 1996 年 9 月 24 日に CTBT を署名しているものの，本書執筆時点で批准の動きはない。同国には 1 カ所の認証済み主要地震観測施設（Tehran, PS21），2 カ所の設置済み補助的地震観測施設（Kerman, AS046; Shushtar, AS047），建設計画のある微気圧振動観測施設（Tehran, IS29），放射性核種観測施設（Tehran, RN36）及び放射性希ガス観測施設（Tehran）が各 1 カ所ずつある。これらのいずれの施設も，CTBTO 準備委員会との施設合意は未締結である(571)。

かつてイランが CTBT に署名した際，同国はインドが CTBT に対して行った批判を支持するとともに，イスラエルが中東及び南アジア地域からの執行理事会メンバーになることに反対意見を表明している(572)。また，当時のイラン国会では，CTBT のもとでの国際法上のコミットメントに疑義があるとして，条約批准が否定された(573)経緯がある。その後，2002 年に露見した地下の濃縮ウラン施設及び重水施設の問題や，独自の核燃料サイクルの実用化問題などによって，イランは多年にわたって核兵器開発を疑われる国となった。2015 年には前述した JCPOA の締結に至り，疑惑にも一定の区切りがついた形となったが，イランの核問題を巡る国際社会との交渉過程で，CTBT の批准が特に争点化された形跡は見られない。こうしたなか，長年，国際社会の懸念事項であった核問題を巡って，イランが原子力の平和利用に真にコミットしているの

---

upload/Art_14_2011/Statements/Egypt.pdf.

(570) Daryl Kimball, "Keeping Test Ban Hopes Alive: The 2005 CTBT Entry-Into-Force Conference," *Disarmament Diplomacy*, No.81, 2005, www.acronym.org.uk/dd/dd81/81dk.htm, p.5.

(571) "Country Profile: Iran," CTBTO Preparatory Commission website, www.ctbto.org/the-treaty/country-profiles/?country=81&cHash=c783371ceaff26e3477b721f0906c0fe.

(572) Etel Solingen, *Nuclear Logics: Contrasting Paths in East Asia & the Middle East*, Prinston University Press, 2007, p.171.

(573) Ibid.

を裏付ける一つの根拠として，CTBT に批准することは，結果的に同国の将来に大きく利するだろうと考えられている(574)。また，イランが CTBT 批准に踏み出すことができれば，同国の核兵器開発に強く反発してきたイスラエルも，CTBT の批准へと一歩進む可能性も期待できよう。地域情勢が安定化して安全保障環境が好転すれば，CTBT に対するイスラエル側の姿勢も変化する可能性は，予てより指摘されてきたとおりである(575)。そしてイスラエルが CTBT に批准すれば，エジプトとして，自国の批准を保留し続ける必要性は大きく低減することになる。

(2) 中 国

中国は核実験のモラトリアムの維持と，CTBT の早期発効への支持を公式に表明しており，既に全国人民代表者会議にて批准法案に関する審議を行っているとされる(576)。米国に次ぐ第 2 番目の署名国として，中国は 1996 年 9 月 24 日に CTBT を署名しているが，本書執筆時点で，批准に向けた具体的な動きは見られない。中国は 4 カ所の設置済み補助的地震観測施設（Baijiatuan, AS020: Kunming, AS021, Sheshan, AS022: Xi'an, AS023），いずれも建設中の 2 カ所の微気圧振動観測施設（Beijing, IS15: Kunming, IS16），建設中および設置済みの 2 カ所の主要地震観測施設（Hailar, PS12: Lanzhou, PS13），放射性核種実験施設（Beijing, RL06）と 2 カ所の放射性核種観測施設（Lanzhou, RN21：Guangzhou, RN22）に加えて，2 カ所の放射性希ガス観測システム（Beijing: Guangzhou）の設置を完了している。これらのいずれの施設も，CTBTO 準備委員会との施設合意は未締結である(577)。

なお，これまで CTBT の IMS ネットワークの暫定運用には否定的であった

---

(574) Kelsey Davenport, "Arms Control Now: The P5+1 and Iran Nuclear Deal Alert," Arms Control Association website, September 17, 2015, www.armscontrol.org/blog/ArmsControlNow/2015-09-17/The-P5-1-and-Iran-Nuclear-Deal-Alert-September-17.
(575) 堀江訓「包括的核実験禁止条約（CTBT）の現状と展望」『軍縮・不拡散問題シリーズ』第 9 号，2000 年，www.iijnet.or.jp/JIIA-CPDNP/pdf/mondai/horie.pdf，6 頁。
(576) 『日本の軍縮・不拡散外交（第 6 版）』外務省軍縮不拡散・科学部，2013 年，29 頁。
(577) "Country Profile: China," CTBTO Preparatory Commission website, www.ctbto.org/the-treaty/country-profiles/?country=36&cHash=a717722f0760c8896472db273fc128c9.

中国だが，近年は IMS データの提供を開始するなど，協力的な姿勢を見せ始めている[578]とされる。CTBTO 準備委員会・暫定技術事務局のゼルボ事務局長は，中国による IMS データの提供開始が CTBT としてのグローバルな核実験監視網の範囲拡大に繋がるとして称賛し，かかる中国の協力は，これまで国内の IMS データを送信してきていないイランにも協力を要請する端緒となり得ること，さらにエジプトに対して，IMS 観測施設の建設を促す契機にもなると述べている[579]。

なお，中国と CTBT との関係について，同条約は冷戦後の中国が多国間での軍縮・不拡散条約に正面から向き合った最初期のケースであったとの理由から，これまでの同国による消極的姿勢を擁護する意見[580]もある。実際に，中国が多国間の軍縮・不拡散条約に関与し始めたのは1992年の NPT からであり，1996年の中国による CTBT 署名は，同年の CWC とともに，米国主導のアイデアや価値に基づき形成された国際規範を甘受しようとした時期とも符合する[581]。しかし，クリントン政権が推進した CTBT は米国上院によって批准否決され，その後ブッシュ政権は第3回気候変動枠組条約締約国会議（地球温暖化防止京都会議, The 3rd Session of the Conference of the Parties to the United Nations Framework Convention on Climate Change: COP3）が採択した気候変動枠組条約に関する議定書への参加を拒否し，また ABM 条約を廃止することで，その時々の国益にそぐわない国際条約による拘束を忌避してみせ，国際制度を無視し，或いは脱退することも厭わない姿勢を示した[582]。その結果，中国でこ

---

(578) 広瀬訓「包括的核実験禁止条約（CTBT）の意義と現状」広島市立大学広島平和研究所監修，吉川元，水元和実（編）『なぜ核はなくならないのかⅡ「核なき世界」への視座と展望』法律文化社，2016年，71頁。

(579) "News: Nuclear Test Ban Treaty Gains Momentum with New and Upcoming Measures," *EOS*, Vol.95, No.2, January 14, 2014, onlinelibrary.wiley.com/doi/10.1002/2014EO020002/pdf, p.13.

(580) Alastair Iain Johnson, "Learning Versus Adaptation: Explaining Change in Chinese Arms Control Policy in the 1980s and 1990s," *China Journal*, January 1996, p. 54.

(581) Ting Wai, "The Potential Flashpoint: Taiwan," in Paul J. Bolt and Albert S. Willner eds., *China's Nuclear Future*, Lynne Rienner Publishers, 2006, pp.159-161.

(582) Ibid.

第7章　CTBT発効の見通し

うした多国間の軍縮・不拡散条約への取り組みに強い欲求不満を感じる状況が生じてしまったと指摘されている[583]。

ちなみに，中国はジュネーブのCDでCTBT交渉が行われていた際，同条約は完全な核軍縮の第一歩であるべきだと主張[584]する一方で，平和目的核爆発を容認するよう強く求めていた[585]。また，CTBTの交渉当時より，中国はインドと並び，他の核兵器国との技術格差が固定されてしまう核実験禁止に対して，あまり積極的ではなかったとも指摘されている[586]。核戦力の近代化を進めるN5最後発の中国の立場では，CTBTの署名に伴って，新型の核兵器開発や，核弾頭の小型化に間違いなく制約を受けることになる[587]。こうした背景から，同国で国防問題の意思決定において中核的な存在である中国人民解放軍（People's Liberation Army: PLA）では，1996年に中国外務省がCTBTの署名を後押ししようとした際，同条約は中国の安全保障上の利益には合致しないとして，署名に反対したとされる[588]。当時，PLAの一部の幹部将校から，中国として核兵器の能力強化や安全性の維持のための核実験がまだまだ必要な時期に，CTBTによって戦略的にも経済的にも不利益がもたらされることへの強い批判が寄せられたとの指摘もある[589]。

1999年，米国上院がCTBT批准を否決した直後にオルブライト（Madeleine Albright）米国務長官が米国外交評議会で行った講演では，将来のCTBTの発

---

(583) Ibid.
(584) Dingli Shen, "China," In Eric Arnett ed., *Nuclear Weapons after the Comprehensive Test Ban Implications for Modernization and Proliferation*, Oxford University Press, 1996, p.25.
(585) NTI, "Comprehensive Nuclear Test Ban Treaty (CTBT)," NTI Research Library Databases, www.nti.org/db/china/ctbtorg.htm.
(586) Martin Kalinowski, "INESAP: A Working Group of the International Network of Engineers and Scientists (INES)," York University Department of Mathematics and Statistics website, www.math.yorku.ca/sfp/subcritical.html.
(587) Robert A. Manning, Ronald Montaperto and Brad Roberts eds., *China Nuclear Weapons, and Arms Control: A Preliminary Assessment*, Council on Foreign Relations, 2000, p.25.
(588) Ming Zhang, *China's Changing Nuclear Posture: Reactions to the South Asian Nuclear Tests*, Carnegie Endowment for International Peace, 1999, pp.22-23.
(589) Ibid.

効が世界の核兵器開発に及ぼす肯定的な影響として、北朝鮮の核開発と並べて、特に中国で核兵器のMIRV化が困難になるだろうと言及している(590)。もともと中国は米国の開発した本土ミサイル防衛（National Missile Defense: NMD）に対抗し、核戦力のMIRV化を進め、核抑止力の信頼性向上を目指してきた経緯(591)があった。しかし、CTBTの発効後に中国がMIRVを導入する場合、その実証のための核実験は全く行わずにMIRV化された核戦力を部隊に配備する事態となる。中国の未臨界実験能力（流体核実験能力）に対する2012年のNRC報告上の評価は既に述べたとおりだが、これまでのところ、中国は核実験を再開する必要性やその意図について表明したことはない(592)とされる。

こうした点に関連するものとして、フィッツパトリック（Mark Fitzpatrick）の指摘は興味深い。同氏によれば、中国政府当局者らは米国が1,000回以上にわたり核爆発実験を繰り返したのに対して、自国が僅か45回しか核実験を実施できていないなか、米国の外交圧力でCTBTが署名開放されたことへの不満を持っており(593)、未だ核兵器開発技術の習得途上にある中国が、遙かに技術優位性を有する米国に先立ってCTBTを批准するインセンティブなど持ち得ないと考えているという(594)。また、CTBT交渉時に中国のジュネーブ軍縮代表部大使を務めたズカン（Sha Zukang）も、中国がCTBTを批准しない背景について、フィッツパトリックの指摘と同様の論理を示しつつ、CTBT交渉の結実とN5による核実験モラトリアムへの合意後に、上院が批准を否決し、続くブッシュ政権でのCTBT批准の完全否定といった米国の行動が原因で、中国国内ではCTBTへの疑念が一気に高まってしまったとの見解を述べてい

---

(590) "Albright before Chicago Council on Foreign Relations: Secretary of State discusses CTBT and ABM treaties," USIS Washington File website, November 12, 1999, fas.org/nuke/control/ctbt/news/991110-ctbt-usia11.htm.
(591) NTI, "China's Opposition to US Missile Defense Programs," NTI Research Library Databases, www.nti.org/db/china/mdpos.htm.
(592) Ola Dahlman, Svein Mykkeltveit and Hein Haak, *Nuclear Test Ban: Converting Political Visions to Reality*, Springer, 2009, p.234.
(593) Mark Fitzpatrick, "Why China will Wait on Nuclear Test Ban Ratification," Politics and Strategy: The Survival Editors Blog, October 28, 2013, www.iiss.org/en/politics%20and%20strategy/blogsections/2013-98d0/october-5e39/test-ban-china-162e.
(594) Ibid.

第 7 章　CTBT 発効の見通し

る(595)。

　いずれにしても，オバマ政権ですら米国上院での CTBT 批准再審を実現できなかった以上，中国が現在の米国に先んじて CTBT 批准を行う可能性は高くないと見なさざるを得ない。中国の CTBT 批准の先行きを考えるにあたっては，核実験禁止の国際規範の行方のみならず，その核戦力の近代化の方向性，とりわけ核弾頭にかかる MIRV 化の問題や，新型の水爆開発に向けて核実験を必要とするか否かといった観点も考慮せねばならないであろう。

(3)　インド・パキスタン

　インドとパキスタンは，2000 年の NPT 運用検討会議の最終文書において，CTBT 署名及び批准をそれぞれ言明した(596)。また，1998 年以降，インドは核実験のモラトリアムを宣言しており，これは 2008 年のムカジー (Shri Pranab Mukherjee) インド外務大臣による民生用原子力イニシアティブにかかる声明(597)などでも確認することができる。なお，パキスタンもインドと同様に，1998 年に核実験のモラトリアムを宣言(598)し，今日に至っている。

　インドにとって，国境を接する中国の存在は大きい。アジア地域において経済力・軍事力ともに中国はインドを凌駕し，1964 年に最初の核実験を行って以来，インドの安全保障に対する主たる脅威と見なされてきた(599)。一方，パキ

---

(595)　Sha Zukang, "The Entry into Force of the CTBT: The Chinese Perspective," European Leadership Network website, August 27, 2014, www.europeanleadershipnetwork.org/the-entry-into-force-of-the-ctbt-the-chinese-perspective_1790.html.

(596)　NPT/CONF.2000/28 (Parts I and II), unoda-web.s3-accelerate.amazonaws.com/wp-content/uploads/assets/WMD/Nuclear/pdf/finaldocs/2000%20-%20NY%20-%20NPT%20Review%20Conference%20-%20Final%20Document%20Parts%20I%20and%20II.pdf.

(597)　"Statement by External Affairs Minister of India Shri Pranab Mukherjee on the Civil Nuclear Initiative," Ministry of External Affirs, Government of India website, September 5, 2008, www.mea.gov.in/Speeches-Statements.htm?dtl/1692/statement+by+external+affairs+minister+of+india+shri+pranab+mukherjee+on+the+civil+nuclear+initiative.

(598)　Hugh Pope, "Pakistan Declares a Moratorium On Nuclear Tests, Releases Budget," *Wall Street Journal*, June 12, 1998, www.wsj.com/articles/SB897579699660853500.

(599)　Rajesh M. Basrur, "Nuclear India at Crossroads," *Arms Control Today*, Vol.33, No.7, 2003, www.armscontrol.org/act/2003_09/Basrur.asp, p.7.

216

2 その他の発効要件国の姿勢

スタンにおいては、第6章第2項で述べたように度重なるインドとの戦争を経験するなかで、1974年に行われたインドの平和目的核爆発を目の当たりにして、同国としての核兵器開発に舵が切られたと考えられている。

核軍縮・不拡散との関係について見れば、インドは長年密かに核兵器開発を進めてきた一方で、1950年代から核実験禁止を熱心に訴え続けてきた国でもあった[600]。インドは1963年のPTBTに加盟しており、平和目的核爆発の実施後も大気圏内核実験の禁止にはコミットし続けてきた。その後、CDでのCTBT交渉にも積極的に取り組んだものの、交渉終盤で、中国と豪州の要請によって国際条約として例のない44ヶ国の発効要件国リストが条約ドラフトに盛り込まれると、CTBTはインドの国益と両立しないとして、これに強く反発し、コンセンサス合意をブロックした。他方のパキスタンもPTBTの加盟国であり、CDでのCTBT交渉に参加し、インドのCTBT批判に呼応した経緯があったことは前述したとおりである。そして、1998年のインドの核実験に続く同国の核実験までの間、パキスタンも大気圏内核実験の禁止には明確にコミットしてきた。

CTBT署名開放からほどなくして行われた1998年のインドの核実験だが、CTBTが発効し、核実験に対して制裁が加えられる事態へと至る前に、インド政府として核実験の実施を急いだ[601]ことは既に述べたとおりである。当時、クマール・グジュラル（Inder Kumar Gujral）インド外務大臣は、「CTBTがN5に対してのみ核のヘゲモニーを維持できるようにさせており、反対にCTBTはインドの核オプションを封じる結果を生むことから、同条約にはあくまでも抵抗する」旨の声明を発出している[602]。このことを裏付けるものとして、CTBT交渉の過程で、未臨界実験が条約の禁止対象から外れたことにイ

---

(600) Anupam Srivastava and Seema Gahlaut, "The Influence of Bereaucratic Politics on India's Nuclear Strategy," in Toshi Yoshihara and James R. Holmes, eds., *Strategy in the Second Nuclear Age: Power, Ambitionm, and the Ultimate Weapon*, Georgetown University Press, 2012, p.151.
(601) Ibid., pp.136-137.
(602) Tom Sauer, *Nuclear Arms Control Nuclear Deterrence in the Post-Cold War Period*, Macmillan Press, 1998, p.83.

第 7 章　CTBT 発効の見通し

ンドが不満であったとの指摘[603]や，査察制度が潜在的に有する侵入度の高さについて，特に偵察衛星などの NTM 情報が締約国から技術事務局へと提供される可能性にインドが懸念を示した[604]ことなども指摘されている。

　CTBT を署名・批准せず，あくまでも核実験モラトリアムの宣言に留まるのが現在のインドの政治姿勢だが，同国は NPT や CTBT とは距離をとる一方で，米国をはじめとする二国間原子力協定をはじめ，2008 年の原子力供給国グループ（Nuclear Suppliers Group: NSG）における例外化決定[605]など，時間をかけながらも，少しずつ NPT 体制の内側へと踏み込んで来ている。特に，後述するように正規加盟を試みている NSG との関係においては，仮にインドが新たな核実験を行った場合，NSG メンバーの 45 カ国は，インドに対する全ての原子力協力を凍結・停止させることができる。そのため，結果的にインドの不拡散政策上の選択肢は，近年，非常に狭まっているとの見方[606]もある。

　それではパキスタンはどうかと言えば，2005 年以来，南アジア地域で最初に核実験を再開する国にはならないとの姿勢を明らかにしており，また 2007 年にはアジズ（Shaukat Aziz）首相自ら，インドと国境を接する以上，パキスタンのみが単独で CTBT を批准することはあり得ないと述べている[607]。

　インドの地域安全保障の観点からすれば，領土問題を抱える隣国パキスタンは別としても，その最大の仮想敵国である中国とは，保有する核弾頭数でも核出力の規模においても彼我の格差は依然大きい。トライアドの確立を目指し，

---

(603)　T.V. Paul, "The Systemic Bases of India's Challenge to the Global Nuclear Order," *Nonproliferation Review*, Vol.6, No.1, 1998, p.6.

(604)　Sean West, "The CTBT: Lack of Progress in the Middle East and South Asia," *Trust & Verify*, No.121, 2005, www.vertic.org/assets/TV121.pdf#search=%22intrusiveness%20on-site%20inspection%20CTBT%22, p.2.

(605)　INFCIRC/734 (Corrected), September 19, 2008, www.iaea.org/sites/default/files/publications/documents/infcircs/2008/infcirc734c.pdf.

(606)　Anupam Srivastava and Seema Gahlaut, "The Influence of Bereaucratic Politics on India's Nuclear Strategy," in Toshi Yoshihara and James R. Holmes, eds., *Strategy in the Second Nuclear Age: Power, Ambitionm, and the Ultimate Weapon*, Georgetown University Press, 2012, p.151.

(607)　Mary Beth D. Nikitin, "Comprehensive Nuclear-Test-Ban Treaty: Background and Current Developments," *CRS Report for Congress*, September 1, 2016, fas.org/sgp/crs/nuke/RL33548.pdf, p.12.

第二撃能力の強化に邁進するインドが，先行する中国に先立って核兵器開発上の不利益を甘受し，CTBT を署名・批准する可能性は，現時点では低いと言わざるを得ないであろう。これとは反対に，インド・パキスタンの2国間関係にのみ注目すれば，核実験を巡ってインドが動けばパキスタンも後に続くと考えてよく，さらにインドの CTBT 署名・批准については，中国が（※米国の批准を踏まえて）インドに先立って批准し，それにパキスタンが続くか，或いはインドとパキスタンが同時期に署名・批准することが前提だと考えるのが妥当ではないだろうか。

この関係で，近年，CTBT の批准がインドに対する新たな政治的な牽制材料として，再び注目されるようになってきているのは特筆すべきであろう。2016 年 9 月，パキスタンのアハタル（Mohammad Kamran Akhtar）外務省軍縮局長は，共同通信とのインタビューに答えて，中国などの反対でインドが失敗した NSG 加盟について，インドとパキスタン両国が今後 NSG に参加するとなった場合に，その条件として NSG メンバー国から CTBT の署名・批准が要求されるなら，検討せざるを得ないであろう旨を語っている[608]。NSG に対するインドの正式加盟は過去 2 回試みられ，いずれも NSG メンバー国から核不拡散の国際規範，とりわけ NPT 体制との兼ね合いで同国の政治姿勢への強い懸念が示された結果，加盟は実現せずに終わっている[609]。この流れに，インドとの格差拡大を嫌うパキスタンが新たに加わり，同様に NSG の正規加盟を求めたとして，それが具体的な成果を生む見通しは現時点で大きくないと考えられるが，パキスタンの背後に中国の支援があることは確実視されており，また NSG に対するインドの正式加盟を遮ってきた行為主体の一つは中国だとの指摘[610]もある。いずれにしても，核不拡散の国際規範に関する疑義を払拭し，

---

[608] 「パキスタン，核実験禁止で署名も検討か NSG 加入で不拡散強化へ前進も」『産経ニュース』2016 年 9 月 15 日，www.sankei.com/world/news/160915/wor1609150018-n1.html。

[609] "U.S. Overrides Objections of Pakistan and China, Says India Ready for NSG Membership," *The Hindu*, September 15, 2016, www.thehindu.com/news/international/U.S.-overrides-objections-of-Pakistan-and-China-says-India-ready-for-NSG-membership/article14319309.ece.

[610] "India's NSG membership will touch a raw nerve in Pakistan: Chinese daily," *The Indian Express*, June 14, 2016, indianexpress.com/article/india/india-news-india/india-

第 7 章　CTBT 発効の見通し

NSG への正規加盟を果たすためには，NPT への非核兵器国としての加盟や，従来の核実験モラトリアムを一歩進めた CTBT の署名・批准といった行動を伴うことが本来は不可欠であろう。このとき，具体的な行動を示すものとして，NPT と CTBT のいずれが乗り越えやすいハードルかは，自ずと明らかだと考えられる。また，この点において，インドとパキスタンの CTBT 署名・批准問題を考える際，両国が同じタイミングで行動を共にすることが問題解決の鍵であるとの論理には，一定の妥当性を認めることができよう。

(4) 北朝鮮

最後に北朝鮮だが，同国は CTBT に署名も批准もしておらず，また条約発効に対する姿勢についても，これまでのところはっきりとした声明はない。

しかし，そうしたなかでも北朝鮮の核軍縮や CTBT に対する認識を伺わせるような参考情報は存在している。この一例として，モスクワで 2012 年に開催された核軍縮と核不拡散に関する国際会議の場における，北朝鮮代表団長の CTBT に関する発言内容は興味深い。同代表団長（注：朝鮮中央通信（KCNA）の報道内容では，代表団長の姓名は明らかにされていない）によれば，「核兵器を世界規模で完全に撤去するとの前提条件において，CTBT が発効すれば，全ての国々に実質的な平等と権利義務が与えられる」とし，CTBT の存続（Vitality）を確実なものにするよう呼びかけている(611)。これは北朝鮮としての具体的な CTBT の署名・批准にかかる意向を示した内容ではないものの，グローバルな核軍縮を前提条件として強調しつつ，CTBT の取り組みを容認するかのような姿勢を見せた点が注目される。

2017 年 2 月のミュンヘン安全保障会議（Munich Security Conference）において，CTBTO 準備委員会・暫定技術事務局のゼルボ事務局長は，米中及び北朝鮮による新たな対話のプラットフォームとしての CTBT の意義を提唱し

---

　　in-nsg-will-hurt-south-asia-security-dynamic-chinese-daily-2852616/.
(611)　"Nuclear Weapon Should Be Completely Removed: DPRK Official," *Korea News Service*, September 13, 2012, www.kcna.co.jp/item/2012/201209/news13/20120913-30ee,html.

た(612)。同会議に参加したユンビョンセ（Yun Byuug-se）韓国外交部長官は，北朝鮮は5回（当時）の核実験を通じて，機能面での核兵器能力（functional nuclear weapon capability）に達しようとしていると述べた(613)が，もし北朝鮮の核実験が当座の目的を達しつつあるとするならば，CTBTの署名・批准に向けて，ゼルボ事務局長の指摘するように，いずれは北朝鮮が対話のテーブルにつく可能性も生じると考えたいところである。

逆に言えば，確信犯的に核兵器開発の敷居を乗り越え，「ブレイクアウト」段階に到達した(614)北朝鮮に対して，自発的なCTBTの署名・批准を期待する余地は少ない。寧ろ，2006年以来の一連の核実験に北朝鮮が自ら終止符を打つ，或いは北朝鮮を取り巻くステイクホルダーの間で，相互不可侵などの踏み込んだ合意が形成されない限り，CTBTの署名・批准が北朝鮮の核問題を巡る交渉の遡上に載る可能性は殆どないと言わざるを得ないのではないだろうか。

---

(612) "The CTBT and North Korea Disccussed at Munich Security Conference," CTBTO Preparatory Commission website, February 17-19, 2017, www.ctbto.org/press-centre/highlights/2017/the-ctbt-north-korea-disccussed-at-munich-security-conference/.
(613) Ibid.
(614) 一政祐行「核不拡散と経済制裁を巡る諸問題」『防衛研究所紀要』第19巻第2号，2017年3月，40頁。

第 8 章 終　章

1　包括的な核実験禁止を巡る取り組みの現在と未来

　2016 年 9 月 23 日，国連安保理において，CTBT に関する決議（UNSCR2310, 以下安保理決議第 2310 号）(615)が採択された。外務省の発表によれば，9 月 23 日の安保理における同決議の採択状況は，賛成 14，反対 0，棄権 1（エジプト）であった（※日本を含む 42 か国が共同提案国であった）。同決議の要点として指摘されているポイントのなかには，以下が含まれている(616)。

> 　全ての国に対し核実験その他の核爆発の自制及び核実験モラトリアムの維持を求め，そのようなモラトリアムが，国際的な平和及び安定に貢献する責任ある国際的な行動の一例であり，継続されるべきであることを強調。核兵器の実験的爆発その他の核爆発が CTBT の趣旨及び目的を損なうこととなる旨の 5 核兵器国による 2016 年 9 月 15 日付けの共同声明に留意。（主文パラ 4）

> 　CTBTO の検証体制による監視・分析が，信頼醸成措置として地域的な安定に寄与し，核不拡散・軍縮体制を強化していることを認識。（主文パラ 7）

　これらの勧告は法的拘束力を持つ訳ではないが，核実験禁止の国際規範を強化する観点から有益だと評価(617)されている。実際に，米国のオバマ政権及び，

---

(615) S/RES/2310（2016），www.un.org/en/ga/search/view_doc.asp?symbol=S/RES/2310（2016）．
(616) 「包括的核実験禁止条約（CTBT）に関する安保理決議（第 2310 号）の採択」外務省 web サイト，2016 年 9 月 27 日，www.mofa.go.jp/mofaj/dns/ac_d/page25_000543.html．
(617) 黒澤満「オバマ大統領の広島訪問と核軍縮の課題」『阪大法学』第 66 巻第 3・4 号，

第 8 章 終　章

　同決議案を支持した関心国も，署名開放から 20 年を迎える CTBT に梃子入れする意図があったであろうことは想像に難くない。米国のイニシアティブによって CTBT に関する安保理決議を採択せんとする意向が報じられた当初は，国連憲章第 7 章に基づき，全ての核実験を禁止する安保理決議を提案するとの期待もあった。こうしたアプローチにより，1999 年以来，CTBT を批准拒否してきた米国上院の立憲上の力を損なわしめる可能性が論じられ，メディアや有識者から様々な議論が交わされた。しかし，採択された安保理決議第 2310 号はいかなる法的な義務も伴わなかったことから，交渉段階で決議内容を薄めるために，ロシア及び中国から外交的な圧力がかけられた可能性が示唆された[618]。

　この安保理決議第 2310 号について米国国務省が発表した声明によれば，同決議は「核の危険」の削減に貢献し，CTBT の早期発効促進に必要な準備を進め，核兵器のない世界に向けて NPT の強化に資するものだと説明されている[619]。同時に，同決議が核実験に対していかなる法的規制も行うものではなく，核兵器への依存を低減し，核兵器国間での競争を減少させ，責任ある核軍縮を遂行するべく，CTBT の広範な所掌範囲をより強化するものだと指摘している[620]。また，より重要なポイントとして，同決議は CTBT の発効に取って代わるものではなく，米国にとって CTBT 批准は同国の上院のアドバイスと合意に基づきなされるものだと強調している[621]。

　前章でも述べたように，オバマ大統領は 2009 年のプラハ演説で米国による CTBT の早期批准を訴えたのを皮切りに，折に触れて CTBT 発効に向けて米国が果たすべき役割を強調してきた。しかし，それにも関わらず，米国上院における CTBT 批准が再審される目処は立たないまま，2017 年 1 月に遂にその

　　　　2016 年 11 月 30 日，719 頁。
(618)　Dan Joyner, "UNSCR 2310 and the CTBT: Some Thoughts," Arms Control Law website, October 17, 2016, armscontrollaw.com/2016/10/17/unscr-2310-and-the-ctbt-some-thoughts/.
(619)　U.S. Department of State Office of the Spokesperson "Media Note: Adoption of UN Security Council Resolution 2310," September 23, 2016, www.state.gov/r/pa/prs/ps/2016/09/262343.htm.
(620)　Ibid.
(621)　Ibid.

大統領任期を満了した。CTBT の発効に向けて発効要件国である米国の批准が占める政治的なウェイトは大きい。米国が条約を批准してこなかった背景は，前章で紹介した様々な CTBT 否定論に見て取れるとおりである。しかし，将来の核兵器開発を阻害する合意はすべきではない，という核抑止及びその持続性にかかる論理に基づく根深い CTBT 拒否の考え方の存在が，他の核兵器国にも重いメッセージを突き付けていると言わざるを得ない。米国自身が批准できないにも関わらず，CTBT の発効促進を謳った安保理決議案に対して，既に条約を批准済みのロシアや英国，フランスはどのような思いでこれを支持したのか。そして，米国と同様に未批准の中国は，こうした米国オバマ政権の姿勢をどう受け止めたのか。

核実験禁止の国際規範強化が重要であることは，言を俟たない。しかし，肝心の米国や中国が批准しない CTBT の発効促進を，その当事国によって構成される国連安保理が加盟国に訴えかけることには違和感を禁じ得ない。そして，より重要な問題は「核実験はなぜ禁止されなければならないのか」という根本的な問題を，未だ見通しの立たない CTBT の発効促進のスローガンに紛れさせてしまうことに，一抹の懸念を抱かざるを得ない点にある。

CTBT を巡る環境のみならず，核不拡散や核軍縮を取り巻く状況は，近年いずれも非常に厳しいものがある。2017 年 2 月，米国のトランプ大統領は，米国の核戦力が凋落しているとの認識のもと，「核兵器のない世界が理想だが，もし核兵器を持とうとする国々が存在するのならば，米国がその頂点に立つだろう（"It would be wonderful, a dream would be that no country would have nukes, but if countries are going to have nukes, we're going to be at the top of the pack."）」と述べ[622]，核戦力の近代化や増強を志向するとも取れる姿勢を示した。

この点に関連して，米国科学者協会（FAS）が発表した 2017 年の世界の核兵器備蓄に関するグラフ 1 に明らかなとおり，核兵器備蓄のピークであった 1980 年代後半から比べれば，現在の備蓄数は大きく減少している。しかし，

---

[622] "Donald Trump says US could expand nuclear arsenal to stay 'top of the pack'," *Independet*, February 23, 2017, www.independent.co.uk/news/world/americas/us-politics/donald-trump-us-president-nuclear-arsenal-weapons-defence-top-of-pack-a7596641.html.

第 8 章　終　章

未だに全世界で 15,000 近くの核兵器が存在しているのは厳然たる事実である。この備蓄核兵器の規模が多いか少ないかの議論は別として，本書が強調せねばならないのは，その性質が存在することに意義のある兵器であろうと，戦場で実際に使用するための兵器であろうと，核兵器が「兵器」として備蓄されている以上，それらが自発的な核軍備の整理・縮小の対象にならない限り，耐用年数を過ぎれば，いずれ更新されていく可能性が否定できない点である（※なお，グラフ 1 では備蓄分に加えて，退役し，解体を待つ核兵器もカウントされている）[623]。

グラフ 1：2017 年の世界の核兵器備蓄

出典：米国科学者協会（FAS）Web サイト

　本書で度々引用してきた 2002 年の NAS 報告は，SSP の有効性について，地下核実験を行うよりも効率的に弾頭の信頼性を検証することが可能であると評価した。そして，NAS 報告から 10 年後の 2012 年に発表された NRC 報告においても，NAS 報告の内容を裏付けつつ，20 年に及ぶ SSP の蓄積の成果と LEP に関する新たな技術的進歩について，前向きに評価を行った。しかしながら，本当に核実験を行わずとも備蓄核兵器の信頼性を維持し，かつ必要に応じて新たな核兵器の開発が可能なのか，という懸念といかに向き合っていくかは，核兵器を保有し，核実験のモラトリアムを宣言する全ての国にとって，多かれ少なかれ共通した問題意識であり続けているのではないだろうか。

---

(623)　グラフ「2017 年の世界の核兵器備蓄」については，以下の Web サイトを参照した。Hans M. Kristensen and Robert S. Norris, "Status of World Nuclear Forces," FAS website, fas.org/issues/nuclear-weapons/status-world-nuclear-forces/.

2016年9月26日にN5によって発出されたCTBT共同声明は、N5として CTBTO準備委員会・暫定技術事務局が取り組むIMS、IDCなどの試験的及び暫定的な措置に対して、CTBTO準備委員会と緊密にその構築に努め、OSIにも関与すると言及しつつ、「備蓄核兵器の信頼性維持や備蓄管理計画がNPTやCTBTの目的にも合致している」旨を述べた[624]。この最後の点について言えば、未臨界実験や備蓄核兵器の信頼性維持にかかる措置は、N5諸国それぞれに核実験モラトリアムを宣言して以来、既に20年強の実績を有している。しかし、これらの手段が将来にわたって核抑止力を維持するのに盤石な措置であり続けるか否かが、核兵器国の誠実な核軍縮交渉義務を明記するNPTと、包括的な核実験禁止にかかるCTBTの目的がN5の核抑止力維持のニーズに沿い続けるかどうかの分水嶺になると言わねばならない。

2013年8月に発足したCTBT賢人グループ（Group of Eminent）は、2015年8月に広島県で会合を開催し、『広島宣言』を発出した。同宣言の第4項では、「政治指導者、各国政府、市民社会及び国際的な科学者団体に対して、核軍縮・不拡散の観点及び核兵器使用の人類に対する壊滅的な結末を防止する観点から、CTBTが必要不可欠な役割を有していることについて、認識を高めることを呼びかける」と明記した[625]。この同4項の「核兵器使用の人類に対する壊滅的な結末」との一節には、当時大きく盛り上がりを見せた核兵器使用の人道的結末（Humanitarian Impact of Nuclear Weapons）を巡る国際的議論の影響や、2017年に交渉が妥結した核兵器禁止条約を巡る論点も念頭におかれているような印象を受ける。

そして、2017年7月7日に国連総会で採択された核兵器禁止条約草案[626]では、その前文で「核軍縮及び核不拡散体制の中核的要素として、包括的核実験

---

[624] Media Note: Joint Statement on the Comprehensive Nuclear-Test-Ban Treaty by the Nuclear Nonproliferation Treaty Nuclear-Weapon States, Office of the Spokesperson, Washington, DC, September 15, 2016, www.state.gov/r/pa/prs/ps/2016/09/261993.htm.

[625] 「包括的核実験禁止条約『賢人グループ』（GEM）による『広島宣言』」外務省webサイト、www.mofa.go.jp/mofaj/files/000096258.pdf。

[626] "United Nations Conference to Negotiate a Legally Binding Instrument to Prohibit Nuclear Weapons, Leading Towards their Total Elimination," United Nations website, www.un.org/disarmament/ptnw/.

第 8 章　終　　章

禁止条約とその検証制度が極めて重要であることを認識する」(Recognizing the vital importance of the Comprehensive Nuclear-Test-Ban Treaty and its verification regime as a core element of the nuclear disarmament and non-proliferation regime)[627]として，CTBT に言及した。また同条約草案第 1 条(a)において，「核兵器或いは核爆発装置の開発，実験，製造，生産，その他の方法での取得，保持若しくは備蓄することをいかなる環境のもとでも決して行わないことに同意する」(Each State Party undertakes never under any circumstances to develop, test, produce, manufacture, otherwise acquire, possess or stockpile nuclear weapons or other nuclear explosive devices) としている[628]。ここで注目されるのは，「核兵器或いは核爆発装置の実験」であり，より踏み込んで言うならば，「実験」の定義である。同条約草案の交渉過程では，CTBT では禁止対象に含まれなかったコンピュータシミュレーションや流体核実験，レーザー核融合実験や未臨界実験も新たに禁止すべきか否かが争点になった[629]とされる。この点に関して，同条約草案前文で（上述のとおり）CTBT に言及しており，よってゼロイールド概念に則った核実験の禁止だと読めるとの指摘[630]もあるが，第 1 条(a)では同時に「核兵器及び核爆発装置の製造，生産」も禁じていることを踏まえると，実質的な意味では CTBT の禁止対象以上の措置が同条約草案の意図であると理解せねばならないのではないだろうか。本書執筆時点で，核兵器禁止条約は未発効であり，同条約発効後に起こる議論を見通すことは予想の域を出ない。しかし，核兵器禁止条約草案を巡る交渉で核実験の定義の見直しにかかる議論が行われている以上，今後将来にわたり，CTBT に対する国際社会の認識に一切変化が起こらないというのは楽観に過ぎるであろう。

---

(627)　A/CONF.229/2017/L.3/Rev.1, www.undocs.org/en/a/conf.229/2017/L.3/Rev.1.
(628)　Ibid.
(629)　John Burroughs, "Key Issues in Negotiations for a Nuclear Weapons Prohibition Treaty," *Arms Control Today*, June 2017, www.armscontrol.org/act/2017-06/features/key-issues-negotiations-nuclear-weapons-prohibition-treaty.
(630)　Oliver Meier, Sira Cordes and Elisabeth Suh, "What Participants in a Nuclear Weapons Ban Treaty（Do Not）Want," Bulletin of the Atomic Scientists website, June 9, 2017, thebulletin.org/what-participants-nuclear-weapons-ban-treaty-do-not-want10829.

1　包括的な核実験禁止を巡る取り組みの現在と未来

　当初，同条約を巡る議論では，N5諸国や日本[631]をはじめとした「核の傘」国が従来のNPTを中心とした核軍縮・核不拡散の枠組みを一つ一つ積み重ねてゆく「ブロック積み上げ方式（building blocks）」を提唱したのに対して，非同盟諸国（NAM）を中心とした核兵器禁止条約推進派の国々や市民社会は，「包括的アプローチ（comprehensive approach）」[632]を主張した。その後，日本は2017年3月以降，核兵器禁止条約交渉に参加せず，同条約の採択にも関与しない方針をとった。こうして「ブロック積み上げ方式」を採り，安全保障の視点も踏まえ，現実的な核軍縮を推進する立場にある「核の傘」国の一員として，そして広島・長崎の被爆経験を有する唯一の国として，従来の状況に変化を求める核兵器禁止条約推進派の国々に日本がいかに説得力のある核軍縮の論理を示してゆくかは，大きな課題になっている。

　それと同時に，かかる議論においては，今日の日本が直面する安全保障環境の大きな変動にも注目しないわけにはいかない。ロシアや中国といった近隣のN5諸国は，いずれも核戦力の近代化を推進している。クリミア情勢やシリア問題，南シナ海問題など，地域の安全保障環境も先行き不透明な状況にある。国際社会の強い批判のなかで核兵器開発に邁進する北朝鮮は，米国とその同盟国である日本や韓国に核兵器の先行使用を示唆する発言を行いつつ，核実験やミサイル発射試験などの軍事的な挑発行為を繰り返してきている。こうした国際情勢の下で，核抑止力の存在を否定するような国際条約の交渉に参加することは，その長期的な価値は認められども，短中期的に妥当な外交・安全保障政策だと言えるのか，国内外で大きな議論になるのは当然のことだと言えよう。

　ここで大事なことは，核軍縮を求める国際社会の動きを停滞させず，かつ安全保障戦略上の抑止の信頼性を損なうことへの危険性にも目を配り，核兵器国と「核の傘」国，そして「核の傘」と無縁の非核兵器国との間で，市民社会も交えた対話を真摯に継続することにある。現状では，核兵器禁止条約に対して，

---

(631)　Statement by Toshio Sano, Ambassador of Japan to the Conference on Disarmament at the 3rd Conference on Humanitarian Impact of Nuclear Weapons, December 9, 2014, www.mofa.go.jp/mofaj/files/000062696.pdf.

(632)　Nuclear Disarmament: Humanitarian Approach Background Paper, CNS Critical Issues Forum 2014-2015 website, sites.miis.edu/criticalissuesforum/files/2014/12/CIF2014-2015-Background-paper-Humanitarian-Approach-final-12-2.pdf.

第 8 章　終　章

N5 や実質的な核兵器保有国,「核の傘」国の大半が参加しない公算が高いと考えられる。しかし,将来に至るまでこうした国々の方針が不変のままである保障はない。いずれにせよ,一つ確実なことは,これから数年以内に核兵器を法的に禁止すべきとする国々が国際社会の大半を占める時代が到来するであろうという事実である。そして,こうした国々が求めるものは,CTBT はもとより,NPT の範疇すら超えて,核兵器禁止条約という一つの条約によって,一定の期限を設けて全ての核兵器を廃絶しようとする「包括的アプローチ」である(633)。一貫して核軍縮を推進してきた唯一の被爆国として,そして不安定さを増す北東アジアの安全保障環境下で,依然米国の核抑止力に依存している「核の傘」国として,日本外交が N5 や実質的な核兵器保有国と「核の傘」国,そして「包括的アプローチ」を求める非核兵器国との「架け橋」の役割を果たすためには,多くの課題があると言わねばならないだろう。

最後に,本書において検討した核兵器開発と核実験の戦略的含意,包括的な核実験禁止の取り組み,検証のアプローチや発効要件国の動向などを踏まえ,以下に今後の核実験禁止を巡る国際社会の取り組みで考慮されるべき七つの要件を提案したい。

① CTBT の条約前文に明記されているとおり,核実験の禁止（核兵器の全ての実験的爆発及び他の全ての核爆発を終了させること）が核軍縮に向けた有意義な一歩だということは,条約発効促進の過程で今後も常に強調されねばならない。

② 核軍縮には大きな波があり,進展する時期もあれば,停滞する時期もあることを踏まえ,核実験実施国の動向に一喜一憂せず,包括的な核実験禁止とその検証に対する取り組みの手を緩めないことが重要である。

③ ただし,PTBT や TTBT,PNET と一歩一歩前進してきた核実験禁止の取り組みに明らかなように,CTBT もいずれは歴史の一頁となる。今後,グローバルな核軍縮に向けて,核実験禁止の取り組みにさらなる前進が期待される時代が来る可能性は否定できないし,否定するべきでもない。

---

(633) 黒澤満『核兵器のない世界へ：理想への現実的アプローチ』東信堂,2014 年,107 頁。

④　ゼロイールド概念によって未臨界実験をCTBTの禁止対象から除外したのは歴史的な合意事項である。しかしながら，2017年の核兵器禁止条約であらゆる核実験を禁止するべきとの議論が行われたのに鑑み，いずれ時期が来れば，未臨界実験にも何らかの形でメスが入る可能性は想定すべきである。

⑤　「信頼すれども検証する」という概念は，軍備管理・軍縮の世界において普遍的な物の見方である。検証なき制限や禁止の合意は無力であり，その意味で現在のCTBTが有する核実験探知・検証のためのインフラは，今後も一定の価値を持ち続けると言えよう。

⑥　核実験に伴って多くの関心を集める核出力の推定は，現状ではCTBTOのマンデートではない。しかし，こうした推定に寄与するNTM情報を提供し，或いは公表するのは締約国の自由であり，将来的にこのような新しい意味での「透明性」向上への国際社会の期待は，一層高まると予想される。

⑦　CTBTO準備委員会としても，条約発効に向けて弛まずアウトリーチを追求する一方で，検証インフラと技術の近代化や刷新，或いは新たな「透明性」向上への期待にどう向き合うのか，オープンに議論し続けるべきである。

2　日本国内における核実験監視の取り組み

ここで，核実験監視に対する日本の取り組みについても言及しておきたい[634]。日本がCTBTに署名・批准を行った後，締約国としての義務を果たすべく立

---

(634)　なお，北朝鮮の核実験については，その放射能影響を中心に，内閣官房副長官を議長とする放射能対策連絡会議（平成15年11月12日官房長官決裁）が設置され，国外における原子力関係事象発生時の対応要領（平成17年2月23日放射能対策連絡会議）に基づき，モニタリングの強化などの措置が図られている。本書で言及した自衛隊機による大気収集などもこうした一環であり，その一部は日本のNTMと位置付けることができる。しかし，これらは本書が焦点を当てるCTBTのもとでの核実験監視・検証にかかる取り組みとは前提が異なる（放射能影響）ことから，敢えて注として付記することとした。

第 8 章　終　　章

ち上げたのは，CTBT の国内当局にあたる外務省及び気象庁，文部科学省の監督のもとに，日本国際問題研究所軍縮・不拡散促進センター，日本原子力研究所（当時。現在は日本原子力研究開発機構），日本気象協会という三つの組織から構成される CTBT 国内運用体制であった。こうした組織が形作られた背景として，香川は全世界に 337 カ所ある IMS のうち 10 カ所を日本の領域内に設置し運用するために，その運用主体である施設運用者を指定する必要があったこと，そして日本が CTBT の執行理事会で常任的に選出される理事国になる可能性に備え，条約違反の疑いのある事象のデータを独自に解析・評価・判断する能力を持つため，NDC の設置が必要であったことを指摘している[635]。なお，この 10 カ所の IMS 施設（図 7[636] 参照。）とは，地震学的監視施設として松代（PS22，主要観測所），大分（AS51，補助観測所），国頭（AS52，補助観測

図 7：日本国内の IMS 施設

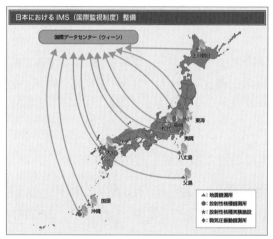

出典：外務省 Web サイト

---

(635)　香川美治「包括的核実験禁止条約（CTBT）」日本国際問題研究所軍縮・不拡散促進センターにおける「軍縮・不拡散問題講座」（2004 年 9 月 1 日）議事録，www.cpdnp.jp/004-01-003-05.html。
(636)　「包括的核実験禁止条約（CTBT）採択から 20 年——国際監視制度（IMS）構築の意義」外務省 web サイト，2016 年 3 月 16 日，www.mofa.go.jp/mofaj/press/pr/wakaru/topics/vol141/index.html。

所），八丈島（AS53，補助観測所），上川朝日（AS54，補助観測所），父島（AS55，補助観測所）の計6カ所のほか，放射性核種監視施設として，沖縄（RN37），高崎（RN38）に加えて，放射性核種の公認実験施設として東海（RL11）の計3カ所，そして微気圧振動観測施設として，夷隅（IS30）から成り立っている。

　外務省の整理によれば，NDCは具体的にNDC-1（日本気象協会）及びNDC-2（日本原子力研究開発機構）として，CTBTOのIDCから得られる各種の検証関連データの解析・評価を行うことになる。またCTBT国内運用体制事務局（日本国際問題研究所軍縮・不拡散促進センター）は，これらのNDC-1及びNDC-2の整備状況を調査・分析するとともに機能評価を行い，二つのNDCの整備・運営にかかる技術的問題などの解決に関する調整・支援を行うこととなっている[637]。CTBTが発効すれば，各締約国はIDCから入手した未処理の生データ及び処理済みデータ，そしてIDCが作成した資料を解析・評価し，核実験に起因すると思われる事象を抽出し，OSIの必要性及びその実施結果について，国の責任で判断を行わねばならない[638]。その意味においてCTBT国内運用体制が担う役割は重要であり，中長期的な視座のもとに，核実験の探知・検証にかかる専門的知見を磨き上げてゆく必要があると言えよう。このとき，核実験の探知・検証に関連した国際会議や学会などの場で，内外の専門家との交流を深め，ネットワークの形成を進めるとともに，主要各国のNDCと連携して最新の分析技術を導入し，精度の高い核実験の探知・検証体制を追求してゆく弛まぬ姿勢が不可欠となる。

　今日，日本のみならず各国のNDCは検証関連データの分析や解析を行う局面で，ますますその存在感を高めている。実際に，疑わしい事象に対しては，IDCが発出するREBを精査し，或いは生データとIDCの分析結果を比較し，国内当局に報告することがNDCの担うべき重要な役割であるとされている[639]。また，将来CTBTが発効し，OSIが発動される事態に至った場合には，これ

---

(637) 「包括的核実験禁止条約（CTBT）国内運用体制の概要」外務省webサイト，2016年6月9日，www.mofa.go.jp/mofaj/gaiko/kaku/ctbt/unyo.html。

(638) 「CTBTO準備委員会の概要：国際監視制度」日本国際問題研究所軍縮・不拡散促進センターwebサイト，www.cpdnp.jp/002-01-002.html。

(639) Malcolm Coxhead and David Jepsen, "Putting the CTBT into Practice," *VERTIC Brief*, No.10, December 2009, www.vertic.org/media/assets/Publications/VB10.pdf, p.5.

第 8 章　終　章

らの各国 NDC が執行理事会メンバーに対して，それぞれ査察報告書を精査し，科学的根拠に基づく正しい判断が行えるよう，支援する役割を担うものと考えられている[640]。他国の例で言えば，米国では既に本書執筆から 10 年以上前の時点で 100 人規模の解析要員から成る NDC を立ち上げ，核実験の監視にあたっているとされる[641]が，こうした体制を継続的に維持してゆくことは，容易ならざる挑戦だと言わざるを得ない。核実験の探知・検証にかかる技術的基盤は，ウィーンの CTBTO 準備委員会・暫定技術事務局だけに委ねるべきものではない。地理的にも近い北朝鮮で核実験が相次いで行われるなか，日本の CTBT 国内運用体制の果たすべき役割は，一層その重要性を増していることを広く認識される必要がある。

---

[640]　Ibid., pp.6-7.
[641]　小山謹二「第 7 章核兵器を拡散させない」「原子力のすべて」編集委員会（編）『原子力のすべて』内閣府 web サイト，2003 年，www.aec.go.jp/jicst/NC/sonota/study/aecall/book/pdf/7syou.pdf，243 頁。

あとがき

　2017年の夏，様々な意味で歴史的な核軍縮条約になりうる核兵器禁止条約の国連での採択を横目に見ながら，本書の執筆を終えた。しかし，その後も核兵器の開発や核実験の禁止を巡る国際社会の動きは止むことがない。そこで，特に大きな動きについては，このあとがきにおいて簡潔に言及することとしたい。

　まず，2017年11月，米国の核実験再開に向けた「セーフガード」について，ひっそりと方針の変更が打ち出されたことに触れねばならない。具体的には，米国NNSAが発表した2018年度のSSMPに関する報告書[642]で，新たにシンプルな核実験（simple test）を行うと決定した場合，6－10ヶ月のリードタイムで核実験再開が可能になる核実験準備態勢の導入が盛り込まれた。報道によれば，このシンプルな核実験とは，敵対国による核兵器開発に対抗するために，政治的目的のもとで行う米国の地下核実験ではないかとの見方も示されている[643]。同報告書では，従来どおりに核弾頭の信頼性確認にかかる核実験で24－36ヶ月，また新たな能力開発のための核実験では60ヶ月のリードタイムをそれぞれ設けている。しかし，ここで注目すべきは核実験再開までのリードタイムの長短そのものではなく，政治的な要因で核実験を再開するための地ならしが進められている現実であろう。

　それでは，米国のCTBT批准に対する姿勢はというと，2018年2月に米国で発表されたトランプ政権のNPR（NPR2018）では，オバマ前政権期とは打って変わり，「CTBTの批准は追求しないが，IMS及びIDCとともにCTBTO

---

[642] "Fiscal Year 2018 Stockpile Stewardship and Management Plan: Report to Congress," National Nuclear Security Administration United States Department of Energy, November 2017, www.energy.gov/sites/prod/files/2017/11/f46/fy18ssmp_final_november_2017[1]_0.pdf, para 3.8.

[643] Masakatsu Ota, "Trump administration moving to beef up nuclear test readiness," *Kyodo News*, December 4, 2017, english.kyodonews.net/news/2017/12/206015ba6bbf-trump-administration-moving-to-beef-up-nuclear-test-readiness.html.

あとがき

準備委員会への支援を継続する」ことが明記された[644]。核実験禁止の取り組みだけに着目すれば，これはかつてのブッシュ政権期に見られたCTBT政策に回帰したのに等しい。また，NPR2018は地政学的な挑戦をキーワードに，ロシアや中国の脅威を背景として強調し，柔軟な核オプションの必要性を打ち出す一方で，核兵器のない世界への取り組みや核軍縮の推進という面では，オバマ政権期のそれよりも明確な後退を示している。しかし，NPR2018は細かい部分で米国を取り巻く安全保障環境の変容に強く警鐘を鳴らし，いくつもの新たな方針を盛り込みつつも，歴代の米国政権が採用してきた核兵器を巡る「教義」自体に根本的な見直しが行われた訳ではない[645]ことにも付言しておく必要があろう。なお，米国の核実験に関して，NPR2018は「米国は核兵器の安全性と有効性を確保するために必要な場合を除いて，核実験を再開することはない。また，核兵器を保有するすべての国に対して，核実験のモラトリアムを宣言し，またはそれを維持するよう求める」と述べている。

　米国による将来の核実験再開との兼ね合いで，新たに懸念されるところがあるとすれば，NPR2018が「低核出力での選択肢を含めるために，柔軟な米国の核兵器オプションを拡張することは，地域的な侵略に対して信頼できる抑止力を維持する上で重要だ」として，「短期的には少数の既存のSLBM弾頭を改良し，低核出力の核兵器オプションを提供するとともに，長期的には近代的な核弾頭搭載可能な海洋発射巡航ミサイル（nuclear-armed Sea-Launched Cruise Missile: SLCM）を追求する予定である」ことを明らかにした点であろう。こうした新たな核兵器開発計画を実行に移す段階で，国際政治上の反発が生じると容易に予想されるモラトリアムの撤回をしてまで，米国が新たな地下核実験に踏み切るのか否かは注視してゆく必要がある。しかし，本当に難しい局面が生

---

(644) U.S. Office of the Secretary of Defense, "Nuclear Posture Review," U.S. Department of Defense website, February 2018, media.defense.gov/2018/Feb/02/2001872886/-1/-1/1/2018-NUCLEAR-POSTURE-REVIEW-FINAL-REPORT.PDF, p.XVII.

(645) Anna Peczeli, "Continuity and change in the Trump administration's Nuclear Posture Review," Bulletin of Atomic Scientists website, February 20, 2018, thebulletin.org/commentary/continuity-and-change-trump-administration%E2%80%99s-nuclear-posture-review11528.

あとがき

じるとすれば，それは実際に地下核実験が再開された後であろう。「地域的な侵略に対して信頼できる抑止力」の維持という名のもとに新型核兵器の開発に米国が踏み込み，地下核実験へと至った場合，果たしてそうした行為をNATO諸国や日本，韓国，豪州をはじめとするCTBT批准済みの「核の傘」国は，公然と批判できるのであろうか。これは備蓄核兵器の老朽化を巡る課題とあわせて，今後時間が経過すればするほど，より現実味を伴った論点として浮き彫りになってくると予想される。

核兵器や核実験を巡る動きはこれだけに留まらない。NPR2018の公開後，ロシアのプーチン（Vladimir Vladimirovich Putin）大統領は，年次教書演説で既存のミサイル防衛システムを無力化しうる原子力推進の極超音速巡航ミサイルなど，新たな核兵器運搬システムを公開[646]し，あたかも冷戦期に逆戻りしたかのような米露の駆け引きに，国際社会からの注目が集まった。一方，相次ぐ核実験や弾道ミサイル発射試験を通じて，国際社会への挑発的姿勢を強めてきた北朝鮮でも，大きな変化が生じている。2018年2月の韓国・平昌オリンピック開催以降の北朝鮮による「微笑み外交」を経て，2018年4月27日に歴史的な南北首脳会談が実現し，朝鮮半島の完全な非核化を謳った共同宣言[647]が発出された。こうして，本書のあとがきを執筆している時点では，朝鮮半島非核化や平和協定の締結などをアジェンダにのせた米朝首脳会談開催への期待と不安が高まる状況にある。

北朝鮮では非核化に向けたアプローチとして，ICBM発射試験の中止とともに，北部核実験場を閉鎖・放棄する明確な意思を示しており，これを受けた韓国の文在寅大統領は，グテーレス（Antonio Manuel de Oliveira Guterres）国連事務総長に核実験場閉鎖検証への国連の参加を要請した[648]。核実験情報の閉

---

[646] "Russia's Putin Unveils 'Invincible' Nuclear Weapons," *BBC News*, March 1, 2018, www.bbc.com/news/world-europe-43239331; "Putin Shows off New Nuclear Weapons, Warns West to 'Listen'," *Bloomberg*, March 2, 2018, www.bloomberg.com/news/articles/2018-03-01/putin-calls-for-raising-living-standards-in-annual-address.

[647] "The full text of North and South Korea's agreement, annotated," *The Washington Post*, April 27, 2018, www.washingtonpost.com/news/worldviews/wp/2018/04/27/the-panmunjom-declaration-full-text-of-agreement-between-north-korea-and-south-korea/?utm_term=.3acc9ed53738.

[648] 「韓国大統領，国連の参加を要請＝北朝鮮の核実験場閉鎖検証で」『時事ドットコ

あとがき

鎖・放棄については，結果的には一部の海外報道陣による立ち会いのもとで，核実験場とされる坑道の爆破を公開したが，その直後から核実験に使用可能な複数のトンネルが未だ残されているとの指摘も出されている[649]。

　2018年初夏までの段階で，非核化に向けた交渉や個別の取り組みだけを取り上げれば，北朝鮮側がその意思を行動によって裏付けようとしているかに見えるかもしれない。しかしながら，これまでの朝鮮半島枠組み合意や六者会合において，国際社会は何度も北朝鮮側の合意不履行を経験してきただけに，CVIDの道筋に対する懸念は依然として根強いのも事実である。CVIDの達成には，生産された核兵器備蓄の全容を含む完全な申告（包括性）をはじめ，申告内容の検証に必要な全てのアクセスの提供（検証可能性）や，濃縮・再処理施設など核関連施設や核実験場の閉鎖，核物質の管理と継続的監視への許容（不可逆性），そして生産された核弾頭に対する核物質と爆薬の分離・管理を含めた一連の廃棄プロセスの透明化（核廃棄）が不可欠の措置となる。これほどの侵入度の高い措置に北朝鮮が合意し，成果を伴うかたちで履行できるかどうかが今後の焦点になるであろうし，政治的な折衝の末に，非核化とCVIDが切り離されてしまわぬよう，注視が必要となろう[650]。そして，もし本当に北朝鮮が非核化に向けた一歩を踏み出すのであれば，早晩，「信頼すれども検証する」の概念が全ての関心国に再認識されねばならなくなるだろう。前述した核実験場の閉鎖・放棄との関連で付け加えれば，CVIDへの関与を示す意思表示として，北朝鮮に対してCTBTの署名・批准を強く求める必要性も指摘されよう。

　このように，好むと好まざるとに関わらず，核兵器とその抑止力によって支えられた安全保障体制が存続している以上は，核実験とその禁止を巡る国際社会の動きが止まることはない。歴史的に，核軍縮にはある種の「波」があることを本書でも述べたが，「波」の高低を定めるのは核兵器に対する国際社会の

　　ムニュース』2018年5月1日，www.jiji.com/jc/article?k=2018050100732&g=prk。
(649) "North Korea 'destroys' nuclear test site as world's media watches," *The Guardian*, May 24, 2018, www.theguardian.com/world/2018/may/24/north-korea-destroys-nuclear-test-site-as-worlds-media-watches.
(650) 一政祐行「識者評論：北朝鮮の非核化　完全な申告不可欠　前例なき難題」『神戸新聞』2018年4月26日。

あとがき

厳しい目線であり，かつ核兵器を保有する国々，そして核抑止力にその安全保障を依存するより多くの国々であることを忘れてはならない。また将来，核軍縮への世界的な合意がなされた後でも，再び他国に抜け駆けして核兵器を開発しようとする国にとって，核実験は避けては通れないプロセスになる。核実験の禁止とその検証に向けた取り組みも，国際安全保障環境の変動のなかで，或いは姿形を変えてゆく可能性もあるだろう。こうした核抑止力と核軍縮の大きな「波」の相関関係や，核兵器禁止条約が議論される時代の新たな核実験禁止の在り方などについては，今後も研究課題として継続的に取り組んでいきたいと願い，ここで筆を置きたい。

謝　辞

　包括的核実験禁止条約（CTBT）の署名開放から20年以上を経て，核実験が身近な安全保障の問題として注目を集めるタイミングで刊行された本書は，多くの方々のご教示とご助力無しには実現しなかった。

　本書の土台となったのは，2007年3月に大阪大学に提出した博士論文『包括的核実験禁止条約（CTBT）現地査察制度』であった。同論文を指導して下さった指導教官の黒澤満先生（現・大阪女学院大学教授，大阪大学名誉教授）をはじめ，星野俊也先生（現・国際連合日本政府代表部大使・次席常駐代表），姫野勉先生（現・在ガーナ大使館特命全権大使），栗栖薫子先生（現・神戸大学教授）にはここに記して改めて学恩に感謝申し上げたい。大学時代からの恩師である植田隆子先生（国際基督教大学教授）には，ジュネーブでの核実験禁止交渉史についてご教示を頂いた。また，核実験の検証技術や査察制度論については小山謹二先生（前・日本国際問題研究所軍縮・不拡散促進センター客員研究員）から多くの薫陶を頂いた。防衛研究所の金子譲（前）統括研究官，坂口賀朗（前）研究幹事，橋本靖明政策研究部長，片山善雄（前）防衛政策研究室長，小野圭司防衛政策研究室長には核兵器開発史や核実験禁止の歴史にかかる調査研究を行うにあたり，様々なアドバイスとご支援を頂いた。平和・安全保障研究所理事長の西原正先生，山本吉宣先生（東京大学名誉教授），土山實男先生（青山学院大学副学長）には核軍縮政策と核抑止論との関係について研究を深める上で貴重なご教示を頂いた。浅田正彦先生（京都大学教授），菊地昌廣先生（核物質管理センター理事），秋山信将先生（一橋大学教授），広瀬訓先生（長崎大学教授），北野充大使（在ウィーン国際機関日本政府代表部大使），倉田秀也先生（防衛大学校教授），太田昌克先生（共同通信編集委員・論説委員），福井康人先生（広島市立大学准教授）をはじめとする日本軍縮学会会員の方々からは，核実験禁止や核軍縮を巡る課題について，多くのご示唆を頂いた。佐渡紀子先生（広島修道大学教授），戸崎洋史先生（日本国際問題研究所主任研究員），山根達郎先生（広島大学准教授），中内政貴先生（大阪大学准教授），山本慎一先生（香川大学准教授），堀部純子先生（名古屋外国語大学准教授）にも学会や研究会を通じて多くのご助言を頂いた。CTBTの査察団員養成課程に参加中の陸上自衛隊化学学校の錦戸雄樹3等陸佐には，核実験査察のための人材育成の現状や課題についてご助言を頂いた。本書の草稿段階では，防衛研究所の同僚である伊豆山真理

謝　辞

グローバル安全保障研究室長，渡邊武主任研究官，栗田真広研究員からインドやパキスタン，北朝鮮の核実験や核抑止政策に関して，また山下光政治・法制研究室長には研究成果の出版についてそれぞれ個別にアドバイスを頂いた。その他，筆者がこれまで発表した諸論文への匿名の査読者の方々や，学会発表に対してご指摘を下さった方々も含めて，この場でお名前を挙げきれない多くの方々のご助言やご教示にも深謝申し上げたい。

また，筆者がCTBTの研究に携わるきっかけとなった外務省在ウィーン国際機関日本政府代表部では多くの上司と同僚からアドバイスを得たが，特に蒲原正義氏（前・駐カザフスタン特命全権大使）と石塚英樹氏（現・外務省瀋陽総領事），そして香川美治氏（前・日本国際問題研究所軍縮・不拡散促進センター客員研究員）には改めて感謝申し上げたい。日本国際問題研究所軍縮・不拡散促進センターの関係者の方々，特に須藤隆也大使，阿部信泰大使，樽井澄夫大使，松本洋氏（現・外務省軍縮不拡散・科学部不拡散・科学原子力課企画官），横山佳孝氏（現・外務省オークランド総領事），米澤仲四郎氏（同センター主任研究員），坂本豊美氏（同センター主任研究員），大杉茂氏（同センター研究員）にはCTBTと核実験監視にかかる調査研究に従事する間，多くのご教示を頂いた。日本原子力研究開発機構核不拡散・核セキュリティ総合支援センターの篠原伸夫氏，小田哲三氏，山本洋一氏，日本気象協会の新井伸夫氏（現・名古屋大学特任教授），乙津孝之氏には核実験監視技術に関する国際的な動向について様々なアドバイスを頂いた。無論，本書で記した内容の事実関係や分析・考察の責任は，全て筆者一人が負うものである。

本書の出版にあたって，㈱信山社の袖山貴社長，稲葉文子取締役編集第2部長，編集者の今井守氏，高畠健一氏には内容について鋭いご指摘を頂くとともに，暖かい励ましを賜った。本書の意義について共感下さったこととあわせて，非常に勇気付けて頂いた。ここに記して深い感謝の念と敬意を表したい。

最後に，研究と執筆を支えてくれた妻史織，そして学生時代から勉学の全てにわたって後押しをしてくれた父一政祐輔と今は亡き母一政満子に本書を捧げたい。

　2018年6月

一　政　祐　行

索　引

あ　行

アーガス作戦 ……………………………… *30*
アイヴィ作戦 …………………… *18, 21, 39*
アクセス制限区域 ………………… *117, 127*
アズィール実験 …………………………… *80*
アップショット・ノットホール作戦 … *22, 23*
アドホック委員会 ……………………… *62, 63*
アトムズ・フォー・ピース ……………… *44*
アルゴン ……………………… *77, 85, 112*
アルメンドロ実験 ………………………… *33*
アレイ …………………… *23, 72, 73, 77, 101*
アンクル実験 ……………………………… *19*
安保理決議
　　第1172号 ……………………………… *166*
　　第1718号 ……………………… *171, 172*
　　第1874号 ……………………………… *171*
　　第2087号 ……………………………… *171*
　　第2094号 ……………………………… *171*
　　第2270号 ……………………………… *171*
　　第2310号（CTBTに関する決議）…… *202, 223-225*
　　第2321号 ……………………………… *171*
　　第2371号 ……………………………… *171*
　　第2375号 ……………………………… *171*
イージー実験 ……………………………… *18*
イスラエル
　　――とCTBT交渉 ……………………… *109*
　　――と未臨界実験 ……………………… *92*
　　――による空爆 ………………… *183, 184*
　　――の核実験 ………………… *10, 41-49, 81*
　　――の核実験とその戦略的含意 ……… *189*
　　――のCTBT批准問題 …… *68, 193, 208-212*
一点危険防止技術 ……………… *25, 26, 28, 29, 34, 90, 91, 187*
イラン
　　――の核問題 …………………… *184, 194*
　　――のCTBT批准問題 ……… *150, 193, 208, 209, 211, 212, 213*
　　――の地質 ……………………………… *76*
インテリジェンス（諜報） …… *54, 59, 132, 133, 134, 136, 140, 143*
インド
　　――とCTBT交渉 ………… *63, 65, 109, 184, 194, 211, 214, 217, 218*
　　――とPTBT交渉 ……………………… *55*
　　――と未臨界実験 ………………… *92, 218*
　　――の核実験 ………… *4, 6, 10, 71, 81, 95, 96, 110, 159-166, 184, 186, 187, 188, 189, 217*
　　――の核実験禁止論 …………………… *51*
　　――の核実験とその戦略的含意 ……… *189*
　　――の核実験モラトリアム …… *207, 209, 216, 218*
　　――の核戦力 ………………… *185, 219*
　　――のCTBT批准問題 …… *68, 150, 193, 208, 216, 218-220*
　　――への経済制裁 ……………… *183, 184*
インレット実験 …………………………… *33*
ウィグワム作戦 …………………………… *25*
ヴィーナス実験 …………………………… *29*
ヴェラ（Vela）衛星 ………… *13, 86, 138, 140*
ヴェラ事件 ………………………… *47, 48, 49*
宇宙空間での核実験 …………… *47, 51, 71, 85, 87*
ウラヌス実験 ……………………………… *29*
英　国
　　――とCTBT交渉 ………………… *63, 193*
　　――とTTBT交渉 ……………………… *59*
　　――とPTBT交渉 ………………… *51, 52, 193*
　　――の核実験 ……………… *11, 12, 13, 81*
　　――の未臨界実験 ……………………… *91*
衛星写真（と衛星画像解析）…… *75, 77, 80, 82,*

243

索引

　　　　　　　　 83, 106, 134, 135-137, 140, 174, 178
エクソン・ハットフィールド・ミッチェ
　ル９ヶ月核実験モラトリアム法…… 62, 193
エジプトの CTBT 批准問題………… 150, 193,
　　　　　　　　　　　　　　 208-213, 223
エス実験……………………………………… 24
エスチェリー実験………………………… 33
X　　線……………………… 47, 87, 91, 138
エネルギー弁別解析………………… 100, 118, 119
遠隔探知……………………… 53, 82, 95, 138, 165
欧州通常戦力 (CFE) 条約……… 122, 133, 140
オーク実験………………………………… 30
オープンスカイズ条約……………………… 106
オープンソース情報…… 106, 133-135, 137, 143
オレンジ実験………………………………… 30

か　行

外交関係に関するウィーン条約……… 112, 129
科学専門家グループ (GSE) ……………… 72, 74
化学兵器禁止条約 (CWC) … 99, 121, 122-125,
　　　　　　　 127, 133, 141, 142, 148, 213
化学兵器禁止条約機関 (OPCW) …… 122, 141,
　　　　　　　　　　　　　　　 142, 152
核エネルギー探知システム………………… 54
核実験監視網……………… 7, 189, 196, 197, 213
核実験禁止の国際規範……… 115, 189-191,
　　　　　　　　　　　 193, 216, 223, 225
核実験再開の「セーフガード」……… 191, 197,
　　　　　　　　　　　　　 202-206, 208
核実験再開論……………………………… 206, 208
核実験場……………… 5, 17, 24, 47, 48, 55, 57, 58,
　　　　　　　　 75, 76, 79-82, 89, 90, 106,
　　　　　　　 130, 132, 135, 137, 155, 156,
　　　　　　　　 160, 161, 165, 167, 168, 178
核実験探知……… 13, 19, 27, 53, 54, 57, 74-76,
　　　　　　　　　 79, 86, 87, 102, 104, 105,
　　　　　　 135, 137, 138, 200, 201, 231
核実験探知 (NUDET) システム………… 47
核実験に関する共同検証実験 (JVE) … 57, 58
核実験の戦略的含意……… 3, 13, 186, 189, 191, 230

核実験モラトリアム……… 4, 26, 31, 62, 63, 186,
　　　　　　　　　 191, 195, 199, 203, 206, 207,
　　　　　　　　 209, 215, 216, 218, 220, 223, 227
核戦力化のリードタイム……………… 187, 188
核態勢見直し (NPR) 報告…………… 199, 203
核弾頭の寿命延長計画 (LEP) ……… 199, 201,
　　　　　　　　　　　　　 203-206, 226
カクタス実験……………………………… 30
核の傘国………………………… 69, 229, 230
核兵器開発競争……………………… 5, 6, 40, 51
核兵器禁止条約………………… 68, 207, 227-231
核兵器の効果…………… 10, 13, 14, 16, 23, 31, 87
核兵器のない世界…… 88, 198, 199, 202, 224, 225
核兵器の備蓄運用計画 (SMP) ……… 200, 205
核弾頭の備蓄管理運用計画 (SSMP) … 91, 201
核兵器の備蓄管理計画 (SSP) …… 195, 199,
　　　　　　　　　　　　　 201-206, 226
核兵器の備蓄管理に関する大統領令
　(PDD/NSC-15) ………………………… 202
核兵器の保有を肯定も否定もしない
　(NCND) 政策…………… 42, 43, 46, 164
核兵器不拡散条約 (NPT) …… 4, 41, 55, 61, 62,
　　　　　　 64-67, 91, 160, 161, 163, 166, 167, 182,
　　　　　　 184, 194, 196, 198, 199, 202, 207, 210,
　　　　　　 211, 213, 216, 218-220, 224, 227, 229, 230
ガジェット………………………………… 14
画像解析 (IMINT) ………… 134, 135, 137, 142
仮想的核戦力……………………………… 164
カッセリ実験……………………………… 33
カマンベール実験………………………… 33
韓国地質資源研究院 (KIGAM) ………… 169
慣性閉じ込め式核融合実験装置…………… 91
完全で検証可能，かつ不可逆的な廃棄
　(CVID) ………………………………… 171
観測所………………… 18, 86, 93, 94, 97, 98,
　　　　　　　　　　 105, 108, 160, 232
間諜 (HUMINT) … 134, 135, 139, 140, 142, 144
ガンバレル型………………… 14, 44, 46, 164, 165
ガンマ (γ) 線………………… 19, 47, 84, 87
γ 線監視………………… 59, 100, 117, 118

244

索　引

管理されたアクセス………… *99, 113, 116, 121,*
　　　　　　　　　　124-128, 144-147, 149
気球からのつり下げ………………………… *14*
キセノン……………………… *77, 84, 85, 95, 111*
北朝鮮
　——の核実験……… *6, 10, 71, 75, 95, 110, 140,*
　　　　　　168, 172, 182, 186-189, 207, 221
　——の核実験場………………………… *135, 178*
　——の核実験とその戦略的含意… *189-191*
　——の核兵器開発（核問題）……… *167, 172,*
　　　　　　　　　　　181-184, 186, 214
　——のCTBT批准問題……………… *220, 221*
　——の弾道ミサイル発射………… *171, 174*
　——への制裁…………………………………… *171*
規範起業家………………………………………… *41*
機微情報………………… *79, 106, 113, 118, 122,*
　　　　　126-131, 135, 140, 142-149, 151, 152
機微情報保護…… *79, 113, 122, 129, 131, 140, 152*
キャッスル作戦…………………………… *23, 24, 27*
キューバ危機……………………………………… *51*
協議と説明（C&C）……………………………… *67*
共同実験…………………………… *11 13, 36, 59*
共鳴地震計測………………………… *100, 101, 155*
拒否権………………………………………… *53, 107*
拒否的抑止……………………………………… *185*
キング実験……………………………………… *21*
空中投下…… *14, 15, 17-24, 27, 31, 32, 38, 39*
空中爆発…………………………………………… *14*
掘　削……………………… *31, 36, 45, 47, 59, 75,*
　　　　　　　　79, 80, 83, 100, 146, 155
グリーレイ実験………………………………… *32*
グリーンハウス作戦………………… *18, 38, 39*
グリーンライト方式……………… *99, 124, 125*
クリーンスレイト実験………………………… *31*
グレイブル実験……………………………… *22, 23*
クレーター………………… *19, 24, 31, 36, 76, 159*
クレーター型地下核実験……………… *32, 35, 36*
グローバル通信基盤（GCI）…………… *95, 197*
クロスローズ作戦……………………… *15, 16*
クーロン実験…………………………………… *28, 29*

クーン実験……………………………………… *23*
軍事的制裁…………… *172, 182-184, 186, 190*
軍事ドクトリン………………………………… *22*
軍縮委員会会議（CCD）………………………… *72*
経済制裁……………… *165, 166, 183, 185, 190*
計時測距航行衛星（NAVSTAR，いわゆ
　るGPS衛星）………………………………… *139*
現　象………………………… *25, 76, 77, 79, 155, 157*
検証手段……………… *7, 57, 61, 64, 71, 85, 95, 106, 201*
原子力供給国グループ（NSG）… *218, 219, 220*
現地査察………… *57-59, 61, 63, 67, 71, 77-79,*
　　83, 85, 93, 95-100, 102-105, 107, 109-131,
　　　136, 137, 139, 140, 142, 144-152, 154-157,
　　　　159, 197, 198, 200, 201, 210, 227, 233
現地査察（OSI）運用手引書…… *110, 111, 112,*
　　　　　　113, 119, 120, 128, 144, 146, 154
現地査察（OSI）関連情報……………… *147-149,*
　　　　　　　　　　　　151, 153, 154
現地査察（OSI）局…………………… *111, 157*
限定戦争…………………………………………… *22*
コア実験………………………………………… *30*
高速過渡事象記録（FORTE）衛星… *138, 140*
公認実験施設……………………………… *86, 93, 232*
5核兵器国（N5）…………………… *4, 10-13, 37, 55,*
　　　　　64, 65, 68, 69, 76, 80, 91, 92, 107,
　　　　　118, 155-157, 187-191, 196, 202,
　　　　207, 214, 215, 217, 223, 227, 229, 230
国際監視制度（IMS）……… *67, 68, 74, 75, 84-88,*
　　　93-98, 104, 105, 107, 108, 110, 111,
　　　131, 135, 136, 143, 156, 157, 160,
　　　161, 181, 182, 186, 191, 194, 196,
　　197, 198, 201, 210, 212, 213, 227, 232
国際監督委員会……………………………… *52, 54*
国際管理システム…………………………… *52, 54*
国際原子力機関（IAEA）……… *10, 45, 94, 124,*
　　　　　　127, 133, 134, 140-142, 151, 153
国内データセンター（NDC）……… *73, 95, 136,*
　　　　　　150, 151, 168, 182, 232, 233, 234
国連軍縮研究所（UNIDIR)……………… *123*
個別目標誘導複数弾頭（MIRV）……… *60, 167,*

245

索　引

　　　　　　　　　　　　　　215, 216
コールドテスト………………… 44, 163, 164
コルビー実験……………………………… 33
痕　跡………………… 77, 78, 80, 82, 83, 103,
　　　　　　　106, 117, 118, 124, 154, 200
コンセンサス………………… 65-67, 87-89,
　　　　　　　　　　　160, 163, 194, 217
コンピュータシミュレーション…… 89, 91, 92,
　　　　　　　　　　　190, 204, 206, 228

さ　行

最小限抑止……………………………… 185
作業部会………………… 62, 63, 113, 120, 150
査察関連情報の同定…………… 128, 145-147
査察技術………… 78, 99-101, 109, 111, 117,
　　　　　　　118, 137, 138, 146, 152, 155, 200
査察基地………… 129, 130, 131, 145, 146, 151, 152
査察区域………… 53, 99, 100, 102, 103, 105, 109,
　　　　　　　111, 113, 115-117, 121, 125-127,
　　　　　　　130, 131, 143-148, 151, 153-155
査察計画…………………………… 114-116
査察制度………………… 53, 54, 63, 109,
　　　　　　　　　　112, 119, 125, 154, 218
査察待機体制……………………………… 111
査察団員………… 53, 58, 99, 105, 110, 111, 114,
　　　　　　　119, 126, 127, 130, 144, 145, 155-157
査察団と被査察国の権利義務………… 113,
　　　　　　　　　　116-121, 123, 140
査察への協力…………………………… 146, 147
査察報告書…………… 128, 129, 136, 140,
　　　　　　　　　143, 145-150, 154, 233
査察命令… 111, 114, 115, 118, 125, 126, 130, 146
暫定運用………… 68, 79, 94, 105, 110, 156,
　　　　　　　　　159, 182, 189, 191, 198, 212
暫定調査結果（とりあえずの調査結果）… 131,
　　　　　　　　　　　　147, 148
暫定適用…………………………………… 107
暫定発効…………………………………… 107
サンドストーン作戦……………………… 15, 16
サンビーム作戦…………………………… 31

G77＋中国…………………………… 150, 151
ジェルボワーズブルー核実験………… 187
試験的な国際データセンター（EIDC）… 73, 74
試験用運用手引書（OSI Test Manual）… 120
自国の検証技術手段（NTM）………… 47, 54,
　　　　　　　57, 86, 87, 106, 128, 130-140,
　　　　　　　142, 144, 161, 198, 201, 218, 231
事実関係の調査結果………… 129, 143, 145-148
地震学的監視………………… 53, 58, 73, 76, 85,
　　　　　　　　　　86, 93, 95, 135, 232
地震波……………… 19, 53, 72, 76, 78, 83, 86,
　　　　　　　　95, 101, 115, 160, 161, 168, 169
自然地震と人工地震の識別…… 53, 72, 82, 95
執行理事会………………… 99, 110, 116, 123,
　　　　　　　　125, 129, 131, 145, 146,
　　　　　　　148-151, 154, 210, 211, 232, 233
磁　場……………………… 100, 102, 103, 118
市民社会………………………… 9, 207, 227, 229
事務局長………………… 99, 116, 125, 129, 131, 133,
　　　　　　　　141, 144, 145, 148, 149, 153, 154
シャフト（縦坑）型地下核実験…… 24, 29, 35,
　　　　　　　　36, 45, 47, 55, 75, 78, 82, 159
シャリカシュヴィリ元統合参謀本部議長
　（John Shalikashvili）………………… 35
18カ国軍縮委員会（ENDC）…………… 72
重力場………………… 59, 100, 102, 103, 118
シュガー実験……………………………… 19
ジュネーブ軍縮会議（CD）……… 62-66, 72, 87,
　　　　　　　112, 117, 121, 122, 132, 135, 137,
　　　　　　　139, 152, 160, 184, 186, 194, 214, 217
準備委員会……… 5, 65, 74, 94, 95, 106-108, 110,
　　　　　　　111, 113, 119, 141, 150, 154-157,
　　　　　　　160, 161, 168, 170, 182, 191,
　　　　　　　197, 200, 209-212, 227, 231, 234
上空飛行………… 99, 103, 106, 116-118, 121
詳細解析報告（REB）…………… 94-96, 233
条　約……………………………… 197, 213
条約附属書一……………………………… 151
条約附属書二……………………………… 66
触媒抑止…………………………………… 46

索　引

ジョラム実験 ·· 33
ジョニーボーイ実験 ······································ 32
ジョンズホプキンス大学米韓研究所
　"38North" プロジェクト ··············· 137, 174
深海での核実験 ······································ 25, 86
新議定書 ··· 57-59
信号解析（SIGINT）···············134, 137, 139,
140, 142, 144
侵入度 ········· 57, 63, 79, 104, 109, 112, 114, 115,
117, 121, 124, 128, 130, 140, 218
信頼醸成措置（CBM）···············67, 93, 97, 98
信頼すれども検証する（trust but
　verify）··110, 231
信頼できる代替核弾頭（RRW）開発計
　画 ···197, 199, 200, 205, 206
水中音波 ·· 83, 94
水中音波監視 ···································· 85-87, 93
水中核実験 ···························11, 14, 23, 29, 51, 52,
65, 71, 82, 85, 86
水中聴音器観測所 ··································86, 93
垂直拡散 ··· 66
水　爆 ········· 13, 18, 21-23, 26, 27, 31, 34, 39, 40,
44, 161, 169, 170, 172, 185, 208, 216
水平拡散 ··· 43, 65
スウェーデン国防研究所（FOI）··············· 10
スカエボーラ実験 ·· 30
スターフィッシュ・プライム／フィッシュ
　ボウル作戦 ·· 31
スターリング実験 ·· 80
ストックホルム国際平和研究所（SIPRI）
　······································ 3-6, 10, 13, 133, 181
ストラックス作戦 ·· 31
ストレイト実験 ·· 33
スモールボーイ実験 ···································· 32
生物兵器禁止条約（BWC）······················· 197
セダン実験 ··· 31
Ｚマシン ··· 91
セミノール実験 ·· 27
ゼロイールド ············· 26, 64, 87-89, 196, 228, 230
宣言政策としての公然の地下核実験 ······· 96,

188, 189
戦術核兵器 ······························· 20, 22, 32, 38, 41,
48, 165, 188, 206, 208
潜水艦発射型弾道ミサイル（SLBM）········· 40,
162, 174-177, 206
戦略核兵器 ·············· 30, 38, 40, 41, 90, 208
戦略爆撃 ·· 15, 22
戦略爆撃機 ········· 17, 22, 24, 26, 31, 38, 39, 162
戦略兵器削減条約（START）············· 122, 133
戦略兵器制限交渉（SALT）······················· 56
　第二次──（SALT2）····························· 62
捜査論理 ·············· 79, 111, 112, 119, 154, 157
測定及び痕跡解析（MASINT）········· 134, 142
ソ　連
　──勢力の台頭 ·· 46
　──と CTBT 交渉 ·················· 62, 63, 68, 193
　──と PNET 交渉 ····································· 61
　──と PTBT 交渉 ···················· 51, 52, 53, 54
　──と TTBT 交渉 ······················· 56, 58, 59
　──に対する抑止 ···································· 43
　──の NTM ··· 47
　──の核実験 ··· 3, 5, 11, 17, 18, 39, 55, 56, 80
　──の核実験監視 ······························ 85, 132
　──の核実験場 ······························ 75, 81, 155
　──の核実験モラトリアム ················ 31, 62
　──の核戦力 ·· 40
　──の核兵器開発 ············· 16, 18, 20, 21, 38, 41
　──の平和目的核爆発 ···························· 60
　──の未臨界実験 ···································· 90

た 行

第 1 回 GSE 技術試験（GSETT-1）··········· 73
第 2 回 GSE 技術試験（GSETT-2）··········· 73
第 3 回 GSE 技術試験（GSETT-3）······ 73, 74
第 56 計画 ··· 25
第 57 計画 ··· 28
第 58 計画 ··· 29
大気圏内核実験 ·············· 4, 6, 11-15, 21, 23, 27,
29-32, 35, 42, 47, 52,
54, 81-83, 85, 86, 190, 217

247

索　引

大気収集 ································ 17, 18, 19, 139
大気収集機 ······························· 18, 139, 140
大気輸送モデル（ATM） ························· 83
第五福竜丸 ·· 23
対弾道ミサイル・システム制限（ABM）
タイボ実験 ·· 33
大量報復戦略 ······································· 30, 40
大陸間弾道ミサイル（ICBM） ···· 40, 162, 170,
174, 179, 180, 182, 183, 206, 208
ダブルトラックス実験 ····························· 31
探知能力 ························ 86, 87, 95, 105, 189, 201
タンブラースナッパー作戦 ················ 18, 20
チェシャー実験 ······································· 33
チェロキー実験 ······································· 27
地下核実験 ·········· 6, 11-13, 19, 24, 28, 29, 31-37,
40-42, 45-47, 52-57, 60, 62-64, 71,
72, 74-83, 85, 89-91, 95, 96, 98, 101,
102, 111, 118, 131, 135, 138, 156, 157,
159, 160, 162, 165, 166, 168, 188-191,
193, 194, 198, 200, 201, 204, 206, 226
地中レーダー ······································· 100, 103
地　表 ·· 14
中距離核戦力全廃条約（INF） ········· 110, 122
中　国
　──と CTBT 交渉 ··················· 109, 214, 217
　──と PTBT 交渉 ······························ 55, 190
　──に対する抑止 ···················· 161, 162, 166,
184, 185, 216, 218
　──の核実験 ····························· 12, 55, 185, 215
　──の核実験場 ···································· 75, 81
　──の核実験モラトリアム ··········· 189, 212
　──の核戦力 ························· 208, 215, 216, 229
　──の可搬型アルゴン測定装置
　　（MARDS システム） ························· 85
　──の軍備管理・軍縮外交 ···· 213, 219, 224
　──の CTBT 批准問題 ···· 68, 107, 191, 193,
199, 202, 208, 212, 215, 216, 219, 225
　──の対北朝鮮経済制裁 ················ 172, 178
　──の弾道ミサイル技術協力 ············· 163
　──の未臨界実験 ···························· 91, 215

注釈付きローリングテキスト（ADRT）… 120
中性子 ··························· 4, 19, 26, 47, 59, 85, 87
中東非核実験地帯 ································· 209
地理情報システム（GIS） ················ 104, 105
追加的上空飛行 ························· 103, 117, 118
通常査察 ······················ 98, 122, 124, 141, 152
低エネルギー X 線画像化センサーアレイ
　（ALEXIS）衛星 ································· 138
T 相観測所 ··· 86
ディバイダー実験 ································ 32, 33
ティーポット作戦 ·································· 24
デカップリング ···················· 79, 80, 82, 96, 161
デザートロック演習 ················· 20, 23, 24, 28
鉄塔上 ······················ 14, 17-20, 22, 24, 27, 28, 187
テワ実験 ·· 27
電気伝導度 ······································· 100-103
電磁パルス ············· 24, 31, 54, 87, 138, 140, 170
統合野外演習（IFE） ············ 120, 154-157, 200
特別査察 ··· 124
特権免除 ······················· 112, 115, 129-131, 151
ドミニク作戦 ·· 31
トライアド ······························· 40, 162, 219
ドラフトモデル文書（DMT） ············· 120
トリニティ実験 ·························· 14, 15, 81
トンネル型地下核実験 ··········· 28, 29, 35, 36,
78, 82, 103

な　行

生データ ·· 96, 233
熱核兵器（水爆） ·································· 13
熱　線 ·· 19, 20
ネバダ核実験場 ············ 11, 12, 17, 18, 22, 24-26,
28-32, 55, 57, 58, 75, 76, 78, 81, 206
ヌガー作戦 ·· 31
能動的地震探査 ······························ 100, 101
ノバヤゼムリア核実験場 ·········· 11, 81, 89, 137

は　行

パキスタン

248

——と CTBT 交渉 ………… 65, 109, 163,
　　　　　　　　　　　　184, 186, 217
　　　——と PTBT ……………………………… 217
　　　——の核実験 ……………… 6, 95, 96, 110,
　　　　　　　　　　　　163, 165, 184, 187
　　　——の核実験場 ………………………… 81, 165
　　　——の核実験とその戦略的含意 ‥ 4, 188, 189
　　　——の核実験モラトリアム ……… 186, 193,
　　　　　　　　　　　　207, 209, 216
　　　——の核戦力 ………… 164, 167, 184, 185
　　　——の核兵器開発 ……… 163, 164, 187, 217
　　　——の CTBT 批准問題 ……… 150, 160, 193,
　　　　　　　　　　　　208, 218-220
　　　——の弾道ミサイル発射 ……………………… 159
　　　——の未臨界実験 ……………………………… 92
　　　——への経済制裁 …………………… 166, 183
爆縮型 …………………………… 15, 33, 38, 44
爆　風 ………………………… 19, 20, 23, 24, 28
はしけ ………………………… 14, 24, 25, 27, 29, 30
パスカル実験 …………………………………… 29
バスタージャングル作戦 ………………… 18, 20
発効促進会議 ………………… 65, 66, 197, 210
発効要件 ………………………… 7, 63, 65, 67
発効要件国 … 42, 66, 68, 71, 107, 119, 150, 193,
　　　　　　　201, 202, 208, 209, 217, 225, 230
ハードタックⅠ作戦 ……………………… 29, 30
ハードタックⅡ作戦 ………………………………… 30
ハーフビーク実験 ……………………………… 32
ハンドレー実験 ………………………………… 33
微気圧振動 ………………… 19, 47, 54, 83, 94
微気圧振動監視 ………………… 53, 85, 86, 94,
　　　　　　　　　　　168, 211, 212, 233
非ブースト型核兵器 ……………………………… 34
広島宣言（CTBT 賢人グループ） ……………… 227
ファットマン ……………………………… 15, 38
フィズル ………………… 22, 23, 34, 90, 161
封じ込め失敗 ………………… 36, 37, 81, 83
フォルティナ実験 ………………………………… 33
ブースト型核兵器 …………………… 34, 161
部分的核実験禁止条約（PTBT）… 4, 6, 7, 26,

　　　　　　　　　　　30-32, 36, 42, 45, 47, 51, 52, 54-56, 62, 63,
　　　　　　　　　　　72, 85, 87, 91, 104, 137, 190, 191, 217, 230
プラウシェア実験 ……………… 13, 36, 44, 60
ブラボー実験 ……………………………………… 23
プラムボブ作戦 …………………………… 28, 29
フランス
　　　——と PTBT 交渉 ……………………… 52, 55
　　　——の核実験 ………………………… 12, 37, 187
　　　——の核実験場 ………………………………… 81
　　　——の核実験モラトリアム ……… 189, 190, 191
　　　——の核兵器開発 ……………………… 187, 188
　　　——の未臨界実験 ……………………………… 91
プール実験 ………………………………………… 33
フルスコープ保障措置協定
　　　（INFCIRC/153）……………………… 124, 134
プルトニウム拡散検証実験 ……………………… 91
プルトニウムピット ……………………………… 204
ブレイクアウト ……………………… 183-185, 221
ブロック積み上げ方式 ………………………… 229
プロトタイプの IDC（PIDC）……………… 74, 160
分担金 …………………………… 106, 107, 197
米　国
　　　——と核実験禁止のための検証・査察
　　　　　制度 ………………… 72, 74-76, 85, 106,
　　　　　　　　　　　119, 121, 156, 168, 200
　　　——と CTBT 交渉 ……… 62, 64, 87, 193, 194
　　　——と PNET 交渉 ……………………………… 61
　　　——と PTBT 交渉 ……………………… 51-54
　　　——と TTBT 交渉 ……………………… 56-59
　　　——に対する抑止 ……… 46, 161, 172, 208
　　　——による制裁 ……………………… 166, 171, 172,
　　　　　　　　　　　179, 182, 184, 185
　　　——の NTM ………………… 19, 47-49, 132, 134,
　　　　　　　　　　　135, 137-140, 159, 160,
　　　　　　　　　　　164, 168, 200, 201, 234
　　　——の核実験 ………………… 4-6, 11, 13-33, 35-37,
　　　　　　　　　　　78-80, 83, 187, 201, 207, 208
　　　——の核実験場 …… 15, 17, 18, 32, 75, 81, 206
　　　——の核実験モラトリアム ……… 191, 193,
　　　　　　　　　　　197, 203, 206

249

索　引

——の核戦力 ················· 16, 21, 40, 41,
　　　　　　　　　　　201, 206, 225, 226
——の核兵器開発 ·········· 16, 17, 21-24,
　　　　　　　　　　　　26, 27, 38-41
——の核抑力 ············· 21, 22, 30, 230
——の軍備管理・軍縮外交 ····· 68, 197-199,
　　　　　　　　　　　202, 207, 215, 224
——の CTBT 批准問題 ······· 107, 194-202,
　　　　　　　　　　　208, 213, 214, 216, 224, 225
——の未臨界実験 ············ 3, 88-91, 204, 205
米国科学アカデミー（NAS）····· 33-35, 75, 76,
　　　　　　　　　　　86, 181, 190, 201, 206, 226
米国科学者協会（FAS）················ 225, 226
米国国立ネバダ安全保障サイト（NNSS）200
米国国家核安全保障局（NNSA）········· 89, 91,
　　　　　　　　　　　137, 200, 204
米国地質学研究所（USGS）·········· 168-170
米国地震学研究機関連合（IRIS）········· 136
米国ロスアラモス国立研究所（LANL）····· 17,
　　　　　　　　　　　76, 200, 203-205
兵器用核分裂性物質生産禁止条約
（FMCT）···································· 210
平和目的核爆発 ······· 11, 13, 24, 31, 32, 36, 44,
　　　　　　　　45, 54, 56, 60, 61, 81, 159, 163, 214, 217
平和目的核爆発条約（PNET）····· 57, 58, 60, 61,
　　　　　　　　　　　62, 76, 140, 230
ベンハム実験 ································ 33
ベーンベリー実験 ······························ 37
包括的アプローチ ······················ 229, 230
包括的核実験禁止条約（CTBT）···· 4, 6, 7, 10,
　　　　　　26, 35, 41, 52, 59, 61-69, 71-75, 78, 79,
　　　　　　82, 84, 85, 87-98, 104-107, 109-113,
　　　　　　118, 121-129, 131, 132, 135-137, 139,
　　　　　　140, 144, 145, 147-150, 152, 154, 156,
　　　　　　157, 159-161, 163, 166, 181, 182, 184,
　　　　　　186, 188, 189, 191, 193-203, 207-221,
　　　　　　223-225, 227, 228, 230, 231, 233
包括的共同作業計画（JCPOA）···· 184, 209, 211
放射性核種 ············ 37, 53, 77, 79, 82-85, 93, 94,
　　　　　　　　100, 103, 118, 139, 145, 168, 232

放射性核種監視 ············· 54, 78, 82, 84,
　　　　　　　　　　　85, 86, 93, 95, 232
放射性核種の封じ込め ········· 29, 36, 53, 83
放射性希ガス ············· 77-79, 83, 93, 95, 105,
　　　　　　　　　　　111, 139, 168, 182, 211, 212
放射性降下物 ············ 16, 18, 19, 21, 23-25,
　　　　　　　　　　　27-29, 48, 51, 52, 81
放射線 ··················· 19-21, 23-25, 35, 52,
　　　　　　　　　　　78, 81, 100, 118, 133, 138
保障措置追加議定書（INFCIRC/540）····· 127,
　　　　　　　　　　　134, 141, 153
ポルックス（Pollux）実験 ················ 88
本土ミサイル防衛（NMD）··············· 215

ま　行

マイク実験 ······························ 21, 39
マスト実験 ································ 33
マルチスペクトル画像 ········· 100, 117, 118
ミサイルギャップ論争 ···················· 40
南アフリカ ················· 10, 42, 44-49, 81
ミュンスター実験 ·························· 33
未臨界実験 ········· 6, 33, 68, 69, 71, 75, 87-92, 189,
　　　　　　　　190, 194, 215, 218, 227, 228, 231
民間防衛 ···································· 24
目隠し（blind）···························· 119
申し立て査察（申し立てによる査察，
　チャレンジ査察）········· 98, 99, 121, 122, 123,
　　　　　　　　　　　124, 125, 133, 148, 152
目　視 ············· 76, 77, 80, 100, 106, 117, 155

や　行

要請締約国 ···· 93, 97, 99, 116, 123, 128, 139, 147
抑止と強要 ································· 43
抑止力 ············ 3, 20, 43, 46, 67, 91, 115, 156,
　　　　　　　　162, 167, 172, 188, 189, 191,
　　　　　　　　195, 196, 215, 227, 229, 230
四賢人 ······························· 198, 199

ら　行

ラクロス実験 ······························ 27

索　引

ラス実験 ·· 22
ラテンアメリカ及びカリブ地域における
　核兵器の禁止条約（トラテロルコ条約）
　··· 107, 125
ラテンアメリカ核兵器禁止機構
　（OPANAL）······························ 125
リトルフェラー実験 ·················· 32
リトルボーイ ······································ 15
流体力学的実験（流体核実験）· 26, 33, 75, 88,
　　　　　　　　　　　　　　　90, 91, 215, 228
流体力学的手法 ·············· 57, 58, 61

レイニア実験 ······························ 28, 29
レッドウィング作戦 ·············· 26, 27, 29, 30
レッドライト方式 ················ 99, 123, 125
レンジャー作戦 ·································· 17, 18
ロケット ············· 14, 15, 29-32, 38, 39, 173, 174
ロシア ················ 11, 13, 63, 76, 81-91, 104, 106,
　　　　　　　　　　137, 139, 166, 168, 179, 195,
　　　　　　　　　　196, 206, 208, 224, 225, 229
ロフテッド軌道 ···························· 177, 179, 180
ロメオ実験 ···································· 24
ローラーコースター作戦 ·················· 31

―――　＊　＊　＊　―――

AEDS ·· 54
CORRTEX ······························ 58, 76
CTBT ········ 4, 6, 7, 10, 26, 35, 41, 52, 59, 61-69,
　　　　71-75, 78, 79, 82, 84, 85, 87-98, 104-107,
　　　　109-113, 118, 121-129, 131, 132, 135-137,
　　　　139, 140, 144, 145, 147-150, 152, 154,
　　　　156, 157, 159-161, 163, 166, 181, 182,
　　　　184, 186, 188, 189, 191, 193-203, 207-221,
　　　　223-225, 227, 228, 230, 231, 233
CTBTO ············· 5, 67, 99, 107, 131, 136, 141,
　　　　　　　　　142, 151, 154, 223, 231, 233
CTBTO 準備委員会 ············· 5, 65, 74, 94, 95,
　　　　105-108, 110, 111, 113, 120, 141, 150,
　　　　157, 161, 168, 182, 197, 209-212, 227, 231
CTBTO 準備委員会・作業部会 B ············· 113,
　　　　　　　　　　　　　　　　119, 150
CTBTO 準備委員会・暫定技術事務局 ······ 74,
　　　　　　　94, 95, 110, 111, 119,
　　　　　　　141, 154-157, 160, 170, 191,
　　　　　　　200, 209, 213, 220, 227, 234
CTBT 共同声明 ······································ 227
CTBT 賢人グループ ························ 227
CTBT 交渉 ··············· 63-65, 74, 107, 109,
　　　　　　　　　137, 152, 160, 163, 184,
　　　　　　　　　186, 194, 208, 214, 215, 217, 218
CTBT 国内運用体制 ···················· 232-234

CTBT 国内運用体制事務局 ······················ 233
IAEA ············· 10, 45, 66, 94, 124, 127, 133,
　　　　　　　　134, 140, 141, 142, 151, 153
IAEA 保障措置 ······················ 42, 46, 127, 134,
　　　　　　　　　　　　　　141, 152, 153
IAEA 保障措置モデル協定 ·········· 124, 127
IFE08 ·· 154, 155
IFE14 ·· 155, 200
IFE サイクル ···································· 154, 156
JASON 報告 ···································· 204
JVE ·· 57, 58
MARDS システム ···································· 85
N5 ············ 4, 10-13, 37, 55, 64, 65, 68, 69, 76, 80,
　　　　91, 92, 107, 118, 155-157, 187-191, 196,
　　　　202, 207, 214, 215, 217, 223, 227, 229, 230
NDC-1 ·· 168, 233
NDC-2 ·· 233
NPT ············· 4, 41, 55, 61, 62, 64-67, 91, 160,
　　　　　　161, 163, 166, 167, 182, 184, 194,
　　　　　　196, 198, 199, 202, 207, 210, 211,
　　　　　　213, 216, 218-220, 224, 227, 229, 230
NPT 運用検討会議 ····· 61, 64, 91, 194, 196, 216
NPT 無期限延長 ······ 64, 160, 161, 163, 194, 207
NTM ·············· 47, 54, 57, 86, 87, 106, 128,
　　　　　　　130-140, 142, 144, 161, 198, 201, 218, 231
OSI ······ 57-59, 61, 63, 67, 71, 77-79, 83, 85, 93,

251

索　引

　　　　　　　　　　　　95-100, 102-105, 107, 109-131, 136,　　PNET ············· *57, 58, 60, 61, 62, 76, 140, 230*
　　　　　　　　　　　　137, 139, 140, 142, 144-152, 154-157,　PTBT ············· *4, 6, 7, 26, 30-32, 36, 42, 45, 47,*
　　　　　　　　　　　　159, 197, 198, 200, 201, 210, 227, 233　　　　　　　*51, 52, 54-56, 62, 63. 72, 85, 87,*
OSI 運用手引書 ············ *110, 111, 112, 113, 119,*　　　　　　　　　　　*91, 104. 137, 190, 191, 217, 230*
　　　　　　　　　　　　　　　　120, 128, 144, 146, 154　　SALT1 ·· *56*
OSI 関連情報 ················· *147-149, 151, 153, 154*　　SALT2 ·· *62*
OSI 局 ··· *111, 157*

252

〈著者紹介〉

一 政 祐 行（いちまさ・すけゆき）

防衛研究所 政策研究部防衛政策研究室 主任研究官

専門分野は軍備管理，軍縮・不拡散，安全保障論。2000 年に国際基督教大学卒業，2007 年に大阪大学大学院国際公共政策研究科博士後期課程を修了，国際公共政策博士（博士論文「包括的核実験禁止条約（CTBT）現地査察制度」）。この間，在ウィーン国際機関日本政府代表部専門調査員，国際基督教大学 COE リサーチアシスタント，公益財団法人日本国際問題研究所軍縮・不拡散促進センター研究員等を経て，2010 年に防衛研究所入所，2012 年より現職。現在，一貫して核軍縮や核不拡散，核テロリズム問題，核抑止論などを中心に研究を進めている。

〈主　著〉

一政祐行「非伝統的安全保障課題としての CBRN に対する 2 国間・多国間協力の展望」神余隆博，星野俊也，戸崎洋史，佐渡紀子（編）『安全保障論 平和で公正な国際社会の構築に向けて――黒澤満先生古稀記念――』信山社，2015 年。

日本軍縮学会（編）『軍縮辞典』信山社，2015 年。（編纂委員／執筆）

一政祐行「軍備管理・軍縮における戦術核問題」『国際安全保障』第 40 巻第 4 号（2013 年），71-85 頁。

一政祐行「核兵器のない世界を巡る日米関係」簑原俊洋（編）『戦争で読む日米関係 100 年 日露戦争から対テロ戦争まで』朝日新聞出版，2012 年。

一政祐行「変化する抑止力の概念と『核兵器のない世界』に向けた日本の安全保障政策への一考察」『軍縮研究』第 3 号（2012 年），18-28 頁。

一政祐行「日本と核兵器問題」簑原俊洋（編）『ゼロ年代 日本の重大論点』柏書房，2011 年。

Sukeyuki Ichimasa, "Japan's Nuclear Disarmament and Non-Proliferation Policy. Multilateral Approaches, Regional Efforts and Region-to-Region Cooperation," in Éric Remacle and Takako Ueta, eds., *Tokyo-Brussels Partnership: Security, Development and Knowledge-based Society*, Peter Lang Publishing Group, 2008.

一政祐行「核実験の禁止と検証」浅田正彦，戸崎洋史（編）『核軍縮核不拡散の法と政治』信山社，2008 年。

学術選書
160
国際法

✻❉✻

核実験禁止の研究
――核実験の戦略的含意と国際規範――

2018 年（平成 30 年）7 月 20 日　第 1 版第 1 刷発行
6760-0：P264 ¥6500E　012-030-005

著　者　　一　政　祐　行
発行者　　今井　貴　稲葉文子
発行所　　株式会社　信　山　社
〒113-0033　東京都文京区本郷 6-2-9-102
Tel 03-3818-1019　Fax 03-3818-0344
henshu@shinzansha.co.jp
笠間才木支店　〒309-1611　茨城県笠間市笠間 515-3
Tel 0296-71-9081　Fax 0296-71-9082
笠間来栖支店　〒309-1625　茨城県笠間市来栖 2345-1
Tel 0296-71-0215　Fax 0296-72-5410
出版契約 2018-6760-0-01011　Printed in Japan

©一政祐行, 2018　印刷・製本／ワイズ書籍（M）・牧製本
ISBN978-4-7972-6760-0 C3332 分類329.401.6010 安全保障

JCOPY　〈(社)出版者著作権管理機構 委託出版物〉
本書の無断複写は著作権法上での例外を除き禁じられています。複写される場合は，そのつど事前に，(社)出版者著作権管理機構（電話 03-3513-6969，FAX 03-3513-6979，e-mail: info@jcopy.or.jp）の許諾を得てください。

軍縮辞典　日本軍縮学会 編

核軍縮と世界平和　黒澤　満

軍縮国際法　黒澤　満

核軍縮入門　黒澤　満

安全保障論 ― 平和で公正な国際社会の構築に向けて
黒澤満先生古稀記念
神余隆博・星野俊也・戸崎洋史・佐渡紀子 編

核軍縮不拡散の法と政治 ― 黒澤満先生退職記念
浅田正彦・戸崎洋史 編

軍縮国際法の強化　福井康人

原子力外交 ― ＩＡＥＡの街ウィーンからの視点
加納雄大

環境外交 ― 気候変動交渉とグローバル・ガバナンス
加納雄大

サイバー攻撃の国際法 ― タリン・マニュアル2.0の解説
中谷和弘・河野桂子・黒﨑将広

―― 信山社 ――